Cyflwynaf y gyfrol hon
i
Nêst, Aron Rhys ac Ilan Rhys

Sganiwch y cod hwn, neu ewch i'r linc isod:
https://carreg-gwalch.cymru/rhys-mwyn-95-c.asp
er mwyn lawrlwytho'r tudalennau taith i'ch ffôn
neu'ch cyfrifiadur.

CAM I'R DEHEUBARTH

Llyfrgelloedd Caerdydd
www.caerdydd.gov.uk/llyfrgelloedd
Cardiff Libraries
www.cardiff.gov.uk/libraries

Cam i'r Deheubarth:

Safleoedd archaeolegol yn ne-orllewin Cymru

Rhys Mwyn

Argraffiad cyntaf: 2019

ⓗ Rhys Mwyn/Gwasg Carreg Gwalch

Rhif rhyngwladol: 978-1-84527-6911

Mae'r cyhoeddwr yn cydnabod cefnogaeth ariannol
Cyngor Llyfrau Cymru

Cynllun clawr: Elgan Griffiths
Darlun clawr: Pentre Ifan gan Jeb Loy Nichols
Lluniau ychwanegol Jeb Loy Nichols:
tud.119: Llech y Trybedd
tud.269: Coetan Arthur
tud.299: Carreg Samson
www.jebloynichols.co.uk

Cyhoeddwyd gan Wasg Carreg Gwalch,
12 Iard yr Orsaf, Llanrwst, Conwy, LL26 0EH.
Ffôn: 01492 642031
e-bost: llyfrau@carreg-gwalch.cymru
lle ar y we: www.carreg-gwalch.cymru

Argraffwyd a chyhoeddwyd yng Nghymru.

Cynnwys

Rhagair

Maddeuwch i mi am fod mor hy' ag awgrymu bod darllen fy nwy gyfrol flaenorol, *Cam i'r Gorffennol, Safleoedd archaeolegol yng ngogledd Cymru*, (2014) a *Cam Arall i'r Gorffennol, Safleoedd archaeolegol yng ngogledd-ddwyrain Cymru a'r gororau* (2016), ochr yn ochr â'r gyfrol hon, yn syniad da. Nid er mwyn cynyddu gwerthiant fy llyfrau y dywedaf hyn (wir!) ond er mwyn i chi gael blas ar y cyd-destun ehangach.

Yn raddol bach, rydw i'n gweithio fy ffordd o amgylch Cymru. Gyda'r gyfrol hon dyma gyrraedd y de-orllewin, ac fe welwch fod nifer o'r testunau yn gorgyffwrdd, yn pontio ac yn ysgogi trafodaeth sydd y tu hwnt i ffiniau rhanbarthol neu sirol. Efallai mai'r cyfnod neu'r pwnc dan sylw sy'n eu cysylltu, yn hytrach na'r elfen ddaearyddol.

Fe sylwch yn y gyfrol hon fod ogofau Paleolithig y de-orllewin yn mynnu fy sylw ym Mhennod 1, ond er mwyn cael gwell darlun rwy'n cynnwys trafodaeth ar ogofâu yr ardaloedd calchfaen yng ngogledd-ddwyrain Cymru hefyd. Doedd dim modd eu cynnwys yn y cyfrolau blaenorol, ond byddai peidio â'u crybwyll yn gwneud cam â'r cyfrolau fel cyfanwaith. Does fawr o olion Paleolithig yng Nghymru gyfan, felly teimlaf y byddai neilltuo pennod gyfan i'r hyn rydym yn ei wybod amdanynt yn gwneud llawer mwy o synnwyr.

Felly hefyd gyda'r tair amffitheatr Rufeinig yng Nghymru. Doedd dim modd trafod tref Rufeinig Caerfyrddin, Moridunum, a'r amffitheatr gyfagos heb grybwyll amffitheatrau Tomen y Mur a Chaerllion. Eto, y cyd-destun ehangach sy'n bwysig ac angenrheidiol er mwyn i ni ddod i ddeall pethau'n well.

Rwyf am ofyn cwestiynau mwy sylfaenol yn y gyfrol hon: pam mae mwy o gerrig Ogam yn y de-orllewin? Y rhain yw'r cerrig beddau sy'n dyddio o'r 5ed – 6ed ganrif gydag ysgrifen ddwyieithog, mewn Lladin ac Ogam (yr Wyddeleg gynnar), arnynt. Mae canran sylweddol o'r holl gerrig Ogam sydd wedi eu darganfod yng Nghymru wedi eu lleoli yn y de-orllewin: Sir Benfro a de Ceredigion yn bennaf. Pam felly? Rhaid codi'r cwestiwn: a fu mwy o fudo o Iwerddon i dde-orllewin Cymru, felly, yn ystod y cyfnod ôl-Rufeinig? Anodd yw cynnig atebion pendant i gwestiwn o'r fath, ond teimlaf fod hon yn drafodaeth sydd heb ei gwyntyllu'n iawn – ac mae hi'n drafodaeth o bwys.

Awgrymaf yn garedig hefyd fod tywysogion Gwynedd, y ddau Lywelyn, wedi hawlio mwy na'u siâr o sylw yng nghyd-destun hanes Cymru – a hynny, o bosib, ar draul tywysogion Deheubarth. Ydi, mae'r Arglwydd Rhys yn ddigon cyfarwydd, ond prin iawn yw'r drafodaeth am ei feibion, yn eu mysg Rhys Gryg, sy'n debygol o fod yn gyfrifol am godi nifer o gestyll carreg tywysogaeth Deheubarth.

Parhau hefyd mae'r elfen o annog y darllenydd i fynd am dro ac i grwydro'r lonydd bach cefn-gwlad diarffordd. Ein cyfaill bob amser yw'r Map OS, a bydd angen y map arnoch yn aml er mwyn darganfod rhai o'r safleoedd llai amlwg.

Mae'r cyfrolau felly yn gyfanwaith, yn ddilyniant o drafodaeth a dadl. Lle nad oes ateb pendant bydd angen bodloni ar y cwestiynau perthnasol. Dim ond drwy ofyn cwestiynau y bydd ein dealltwriaeth o'r dirwedd hanesyddol Gymreig yn gwella.

Ewch i grwydro a mwynhewch.

Rhys Mwyn
Mehefin 2019

Pennod 1

Ogofâu

Cyfnod: Paleolithig, 230,000 – 9,600 o flynyddoedd yn ôl, Mesolithig 8000 – 4000 Cyn Crist

Prin iawn yw'r olion o'r cyfnod Paleolithig yng Nghymru – rydym wedi darganfod ambell wrthrych ac ambell ogof ag ynddynt dystiolaeth o ddefnydd yn ystod y cyfnod hwn, ond dim llawer mwy. Yn y bennod hon, byddaf yn trafod yr ogofâu ar Benrhyn Gŵyr ac yn Sir Benfro, ond er mwyn ceisio deall y cyfnod yn well a chreu gwell darlun o'r hyn sydd wedi ei ddarganfod rwyf hefyd am grybwyll ogofâu Kendrick yn Sir Conwy ac ogof Pontnewydd yn Sir Ddinbych. Felly, er mai cyfrol am y de-orllewin yw hon, teimlaf fod cyn lleied o hanes Paleolithig yma yng Nghymru mai gwell fyddai taflu golwg sydyn ar yr holl hanes er mwyn gwella ein dealltwriaeth o'r cyfnod.

Oherwydd y cyfnodau o iâ a gafwyd yn ystod y cyfnod Paleolithig, mae'r rhan fwyaf o'r dystiolaeth archaeolegol wedi ei dinistrio, a dim ond mewn ogofâu mae modd darganfod olion o'r cyfnod hwn. Byddai Cymru wedi cael ei gorchuddio gan rew am amseroedd hir ac oer, a bu cyfnodau eraill cynhesach (*interglacials*), tebyg i heddiw, rhwng y cyfnodau oer hynny.

Mae awgrym bod un o'r cyfnodau oer dan sylw wedi digwydd tua 22,000 o flynyddoedd yn ôl, pryd y byddai wedi bod yn amhosib i unrhyw un fyw ym Mhrydain – byddai de Ynysoedd Prydain wedi bod yn dwndra, a'r gogledd dan rew. O ganlyniad, mae'n debyg fod pobl wedi symud i'r de, am Ffrainc a Sbaen, yn ystod y cyfnod hwn. Tua 13,000 o flynyddoedd yn ôl dechreuodd yr hinsawdd wella, gan ganiatáu i blanhigion ailsefydlu ac i rai pobl fentro'n ôl yma, ond cafwyd cyfnod oer arall tua 10,800 o flynyddoedd yn ôl, gan orfodi'r boblogaeth i symud o Brydain drachefn. Tua 9,600 o flynyddoedd yn ôl y sefydlodd dyn yma'n barhaol – dyma'r cyfnod Mesolithig cynnar lle roedd pobl yn hela neu'n fforio am fwyd.

Dylwn egluro cyn mynd gam ymhellach fy mod yn cyfeirio at 'Brydain' neu 'Ynysoedd Prydain' fel y darn hwn o dir er na ffurfiwyd Ynysoedd Prydain fel yr ydym ni'n eu hadnabod tan ar ôl y cyfnodau o rew rydw i'n eu trafod uchod. Ni chyfeiriaf at Brydain na Chymru fel unedau gwleidyddol yn y cyswllt hwn.

Oherwydd mai mewn ogofâu yn unig mae olion wedi tueddu i oroesi, does dim syndod felly mai mewn ardaloedd o galchfaen yng Nghymru, lle mae mwy o ogofâu, yr ydym wedi dod ar draws olion Paleolithig, megis Conwy, Sir Ddinbych, Gŵyr a Sir Benfro.

Yr enwocaf ohonynt, o bosib, yw Ogof Pen-y-fai (Paviland), a elwir hefyd yn lleol yn 'Twll yr Afr', ar Benrhyn Gŵyr (Cyfeirnod Map OS: 159 SS 437859) lle cafwyd y gladdedigaeth ffurfiol gyntaf i'w darganfod yng ngorllewin Ewrop, oddeutu 29–26,000 o flynyddoedd yn ôl. Dyma'r enwog 'wraig goch' a ddarganfuwyd gan yr hynafiaethydd William Buckland yn Ionawr 1823.

Bellach, gwyddom mai esgyrn gŵr yn ei ugeiniau a ddarganfuwyd yn hytrach na rhai benywaidd, a'u bod yn lliw coch oherwydd yr ocr a roddwyd dros neu o amgylch y corff. Yr hyn oedd yn hynod am gladdedigaeth y 'wraig goch' oedd bod gofal a defod ynghlwm â'r broses gladdu, a gwrthrychau wedi eu gosod gyda'r corff. Dyma'r tro cyntaf i ni weld olion claddedigaeth ffurfiol yn y dystiolaeth archaeolegol ym Mhrydain.

Daethpwyd o hyd i'r corff mewn bedd nad oedd yn ddwfn iawn, ac er bod y safle wedi erydu dros y blynyddoedd darganfuwyd cregyn môr gyda thyllau wedi'u torri'n fwriadol ynddynt, a thros ddeugain darn cerfiedig o ifori mamoth yno hefyd. Dyma brawf felly bod cryn ofal ac elfen o ddefod ynghlwm â'r gladdedigaeth – a tybed a wasgarwyd yr ocr dros y corff er mwyn cadw'r dillad rhag pydru am gyfnod?

Ymhlith gwrthrychau mwyaf eiconaidd Amgueddfa Genedlaethol Cymru mae darn o asgwrn coes ceffyl wedi'i gerfio (tua 163.7mm o hyd) wedi'i ffurfio ar gyfer ei ddefnyddio fel sbatiwla, o bosib. Roedd tri o'r ysbydolau hyn ger y corff ym Mhen-y-fai.

Ogof Pontnewydd

Yn Ogof Pontnewydd (Cyfeirnod Map OS: 116 SJ 015711), sydd yn y clogwyn calchfaen uwch afon Elwy ger Trefnant, Sir Ddinbych, y darganfuwyd rhai o'r olion dynol cynharaf yng Nghymru – yn wir, mae olion Pontnewydd ymhlith yr olion cynharaf ar Ynysoedd Prydain gyfan. Dyddia olion Pontnewydd o un o'r cyfnodau rhwng yr iâ mawr oddeutu 230,000 o flynyddoedd yn ôl.

Bu Stephen Aldhouse Green (1945–2016) yn gwneud gwaith cloddio archaeolegol yma ar ran Amgueddfa Genedlaethol Cymru (cyhoeddwyd yr adroddiad yn 1991), a darganfuwyd esgyrn yn perthyn i o leiaf bum unigolyn. Gan ein bod yn sôn am gyfnod sydd 230,000 o flynyddoedd yn ôl, bron i chwarter miliwn o flynyddoedd, nid perthyn i ddyn cyfoes *Homo sapien* mae'r esgyrn hyn ond i ffurf Neanderthalaidd gynnar iawn.

Datblygodd y Neanderthaliaid go iawn rhwng 115,000 a 30,000 o flynyddoedd yn ôl, felly byddai'r rheiny'n ddisgynyddion i'r bobl y cafwyd hyd iddynt ym Mhontnewydd. Heddiw, rydym yn derbyn nad yw'r dyn cyfoes yn ddisgynnydd o'r Neanderthal ond yn hytrach yn gangen wahanol o ran esblygiad.

Un o'r darganfyddiadau mwyaf rhyfeddol ym Mhontnewydd oedd dau ddant a darn o ên gysylltiedig oedd yn perthyn i blentyn Neanderthal Cynnar. Gwyddom mai plentyn ydoedd gan fod un o'r dannedd yn ddant cyntaf neu ddant sugno – awgrym bod yr unigolyn penodol hwn wedi colli ei fywyd rhwng tuag wyth a deg oed. Mae dwy o nodweddion amlwg y Neanderthal yn y dant oedolyn cysylltiedig, sef ceudod sylweddol yng nghanol y dant, a'r ffaith fod y gwreiddiau ynghlwm â'i gilydd. Disgrifir y nodweddion dannedd hyn fel *taurodont*. Daethpwyd o hyd i offer o garreg yno hefyd, yn cynnwys bwyeill llaw ar gyfer bwtsiera, crafwyr i lanhau crwyn a chyllyll a blaenau gwaywffyn ar gyfer hela.

Byddai anifeiliaid megis eirth, rhinosoriaid, llewpartiaid a bleiddiaid yn gyffredin ym Mhrydain yn y cyfnod, ac mae'n ymddangos bod eirth hefyd wedi defnyddio'r ogofâu calchfaen ym Mhontnewydd ar gyfer gaeafgysgu ar adegau. Dychmygaf nad oedd yr eirth a'r Neanderthaliaid yn defnyddio'r ogof ar yr un nosweithiau! Cofiwch mai anifeiliaid cynhanesyddol fyddai'r rhain – byddai anifeiliaid tebyg heddiw wedi gweld effaith esblygiad dros y chwarter miliwn o flynyddoedd.

Bellach mae ceg yr ogof wedi ei chau â drysau a wal, ond mae modd cael argraff o faint ceg yr ogof drwy sefyll y tu allan i'r drws rhyw ddeng medr uwchlaw'r ffordd am Cefn. Efallai mai'r peth gorau i'w wneud yma yw ceisio dychmygu'r Neanderthaliaid yn eistedd y tu allan i geg yr ogof yn gweithio callestr neu'n coginio dros y tân.

Ogof arall o ddiddordeb yw Ogof Kendrick yn Llandudno (SH 779 828) ar ymyl ddeheuol Pen y Gogarth. Bellach mae'r ogof mewn gardd breifat a does dim mynediad cyhoeddus iddi, ond hyd at yn ddiweddar roedd nifer o bobl ddigartref yn defnyddio'r ogof fel lloches. Mae ogof arall yn ogystal, ychydig yn uwch ar y clogwyn, o'r enw Ogof Kendrick Uchaf (SH 780828) lle cafwyd olion callestr ac esgyrn sy'n awgrymu defnyddio'r safle yn ystod y cyfnod cyn hanes.

Cafodd yr ogof ei henwi ar ôl gŵr o'r enw Thomas Kendrick a oedd yn gweithio yn y gwaith copr ar Ben y Gogarth.

Ogof Kendrick, Pen y Gogarth

Defnyddiwyd yr ogof fel 'gweithdy' gan Kendrick, ac yn ôl y sôn perswadiwyd ef gan gyfaill iddo o'r enw Mr Eskrigge y dylai agor yr ogof ar gyfer ymwelwyr.

Wrth archwilio'r ogof darganfuwyd naw o ddannedd ceirw ac auroch (math o wartheg gwyllt sydd bellach wedi diflannu) wedi eu haddurno gyda thyllau ynddynt er mwyn eu defnyddio fel cadwyn wddw neu fwclis. Bu'r auroch olaf farw yng ngwlad Pwyl yn y flwyddyn 1627, a bellach mae'r dannedd yng nghasgliad Amgueddfa Genedlaethol Cymru. Mae'r marciau syth, cerfiedig ar wraidd y dannedd a'r tyllau ar gyfer eu dal ar y mwclis ar waelod y gwreiddyn i'w gweld yn glir arnynt.

Darganfyddiad pwysig arall gan Kendrick oedd asgwrn gên ceffyl wedi ei addurno â llinellau onglog (*chevrons*). Gellir gweld y gwreiddiol yn yr Amgueddfa Brydeinig, ond mae copi ohono yn Amgueddfa Llandudno, ar Stryd Gloddaeth. Dyma un o'r enghreifftiau cynharaf o 'gelf' yng Nghymru, ond does dim sicrwydd beth oedd pwrpas yr ên addurnedig. Gall fod yn wrthrych a oedd yn gysylltiedig â chladdedigaeth – ond beth bynnag ei ddefnydd neu bwrpas, yn sicr roedd arwyddocâd i'r cerfiadau.

Wrth gyfeirio at yr asgwrn gên cerfiedig mae Redknap (2011) yn defnyddio'r geiriau '*reportedly found*', sy'n awgrymu nad yw wedi ei argyhoeddi gant y cant fod yr asgwrn wedi'i ddarganfod yn yr ogof. Ar ôl marwolaeth Kendrick mae sôn bod ei gasgliadau wedi eu gwerthu, ac yn ddiweddarach, yn 1957, fod rhywun wedi ailddarganfod ac adnabod yr asgwrn mewn siop ail-law yn Llundain. Rhyfeddol a dweud y lleiaf.

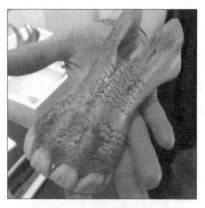

Gên ceffyl o Ogof Kendrick, Amgueddfa Llandudno

Drwy edrych yn ofalus o Church Walks neu Ffordd Tan-yr - Ogof, mae'r ddwy ogof i'w gweld ar ymyl y Gogarth – ar ochr orllewinol Gwesty'r Empire wrth i chi edrych i fyny am y Gogarth. Gwelir Ogof Kendrick Uchaf gyda bariau metal yn cau ei cheg, a gwelir *façade* Kendrick sy'n gorchuddio ceg Ogof Kendrick. Mae'n debyg mai hen *façade* banc ar Stryd Mostyn a ddefnyddiwyd gan Thomas Kendrick ar gyfer ei weithdy yn yr ogof.

Os ydych am ddysgu mwy am yr ogof a dehongli'i chynnwys, byddwn yn awgrymu mai ymweliad ag Amgueddfa Llandudno yw'r man cychwyn delfrydol. Mae yno ystafell yn canolbwyntio ar hanes Kendrick a'r ogof, gyda nifer o hen luniau a gwrthrychau y gallwch eu cyffwrdd.

The Wogan, Castell Penfro

Cyfnod: 8000 Cyn Crist – 12fed ganrif Oed Crist

O dan Gastell Penfro mae ogof anferth Wogan (mae mynediad cyhoeddus i'r ogof drwy'r castell). Mae'r ogof hon dros ddeng medr o uchder yn y galchfaen naturiol, yn edrych draw dros afon Penfro, ac mae iddi hanes hir o gael ei defnyddio – awgryma offer callestr a ddarganfuwyd yno i'r ogof gael ei defnyddio yn ystod y cyfnod Mesolithig (8000–4000 Cyn Crist). Awgryma

Rees (1992) fod yr enw 'Wogan' yn tarddu o'r gair 'ogof' neu 'cave'.

Yn ddiweddarach, wrth i'r castell ei hun gael ei adeiladu, mae'n rhaid bod yr ogof yn fan gwan yn amddiffynnol, felly adeiladwyd wal gerrig i gau'r fynedfa iddi ac ychwanegwyd grisiau o'r castell ei hun i lawr at yr ogof. Mae'n bosib bod y Normaniaid hefyd wedi defnyddio'r ogof fel stordy ac ar gyfer cadw cychod, a bod ffos yn cysylltu'r ogof a'r afon.

O safbwynt hanes Cymru mae Castell Penfro yn lleoliad arwyddocaol. Yma y ganed Harri Tudur (Harri VII) yn 1457, ac am gyfnod bu'r Iarll Jasper Tudur, oedd yn ewythr i Harri ac yn fab i Catherine De Valois, gweddw Harri V, yn gyfrifol am y castell. Ar ôl marwolaeth Harri V priododd Owain Tudur, Penmynydd, Ynys Môn, â Catherine; a'u mab hynaf hwy, Edmwnd Tudur, oedd tad Harri. Priodas gyfrinachol oddeutu 1429/30 oedd hon a barhaodd hyd farwolaeth Catherine. Roedd Edmwnd a Jasper felly yn frodyr llawn ac yn hanner brodyr i'r brenin Harri VI.

Gwraig Edmwnd Tudur oedd Margaret Beaufort – dynes a

Ogof Wogan, Castell Penfro

hanner a oedd yn sicr am weld ei mab yn dod yn frenin Lloegr. Iddi hi yr adeiladwyd y capel a'r adeiladau Gothig Perpendiciwlar dros Ffynnon Gwenffrewi yn Nhreffynnon.

Ogof Priory Farm, Penfro

Cyfnod: Uwch Baleolithig, 11,800–10,800 mlynedd yn ôl; Cyfnod Meolithig, 8000–4000 Cyn Crist.

Cyfeirir at yr ogof hon, sy'n 30 medr o hyd, fel 'Catshole Cave' ar safle *Archwilio* Dyfed. Mae hwn yn safle Rhestredig Hynafol ar waelod clogwyn o galchfaen ger aber afon Penfro, ychydig i'r gorllewin o Gastell Penfro.

Darganfuwyd gwrthrychau callestr o'r cyfnodau Uwch Baleolithig a Mesolithig yma, a'r mwyaf rhyfeddol ohonynt yw pedwar llafn cyllell callestr o'r cyfnod Uwch Baleolithig. Wedi eu hailnaddu ar ddwy ochr, mae'r llafnau cyllell (neu flaenau gwaewffyn) hyn yn hir ac yn denau, ac yn debyg i ddiemwnt o ran siâp. Dyddir y llafnau Uwch Baleolithig hyn o oddeutu 11,800–10,800 o flynyddoedd yn ôl, tua diwedd Oes yr Iâ, pan oedd coed bedw yn ailboblogi'r dirwedd.

Bu cloddio archaeolegol yn Ogof Priory Farm gan Dr Hurrell Style ac E. E. L. Dixon yn 1906–7 a daethant o hyd i offer callestr a siert (neu gornfaen) yn ogystal â'r pedwar llafn a ddisgrifir uchod. Ymhlith yr esgyrn anifeiliaid roedd esgyrn mamoth, carw, hyena, arth, blaidd, ceffyl ac ychain.

Cafwyd celc o'r Oes Efydd yma hefyd, yn cynnwys darn o fwyell palstaf. Bwyell palstaf yw un lle mae'r fwyell ei hun yn cael ei dal mewn coes bren wedi ei hollti, ac yn aml gwelir bar bach o efydd ar ganol y fwyell er mwyn gwahanu'r llafn oddi wrth y darn sy'n cael ei ddal yn y goes bren. Roedd bwyeill palstaf yn gyffredin yng nghanol yr Oes Efydd a gwelir cylch bach ar ochr rhai enghreifftiau er mwyn clymu'r fwyell wrth y goes.

Defnyddiwyd yr ogof mewn gwahanol gyfnodau ac am wahanol resymau, fel yr awgrymir gan y llestri pridd Canoloesol a ddarganfuwyd yma. Awgrymaf fod unrhyw un sydd â diddordeb mewn ymchwilio ymhellach yn edrych ar erthygl Grimes yn *Archaeologia Cambrensis* 1933, lle gwelir lluniau o'r holl offer callestr a ddarganfuwyd gan Hurrell Style a Dixon.

Ogof Ceg Hoyle (Hoyle's Mouth), Dinbych-y-pysgod

Cyfnod: 25,000 Cyn Crist (?) 11,000–8,000 Cyn Crist a hwyrach.

Ogof naturiol yn y galchfaen yw hon sydd, fel Ogof Priory Farm uchod, yn Safle Rhestredig Hynafol, ac mae tystiolaeth iddi gael ei defnyddio yn ystod y cyfnod Paleolithig. Mae hefyd dystiolaeth o'i defnyddio o'r cyfnodau Mesolithig a'r Neolithig, sy'n awgrymu bod cryn ddefnydd wedi bod o ogofâu fel hyn dros wahanol gyfnodau.

G. N. Smith, Rheithor Gumferston, oedd y cyntaf i archwilio'r ogof a hynny yn hwyr yn y bedwaredd ganrif ar bymtheg. Bu gwaith cloddio yma ganddo yn 1862, yn 1878/9 ac yn ddiweddarach gan H. N. Savory yn 1968 (Savory, 1974). Savory oedd yn gyfrifol hefyd am y gwaith cloddio archaeolegol yn Ninas Emrys ger Beddgelert (gweler *Cam i'r Gorffennol*, 2014). Bu gwaith diweddarach wedyn ar yr ogof gan Stephen Aldhouse Green o Amgueddfa Genedlaethol Cymru (1996) yn ystod 1986, 1990 ac 1996.

Cyhoeddodd Prifysgol Aberystwyth yn 1967 fod bwriad i ddefnyddio'r ogof yn fasnachol, a hyn a ysgogodd waith cloddio Savory. Nid wyf wedi llwyddo i ddarganfod unrhyw fanylion pellach am y gweithgareddau 'masnachol' arfaethedig, ond wrth ddarllen adroddiad Savory mae'n weddol amlwg bod archwilwyr ogofâu y 19eg ganrif wedi creu cryn lanast y tu mewn i'r ogof, gan ddrysu a chwalu'r haenau archaeolegol.

Archwiliodd Savory yr ardal y tu allan i geg yr ogof a'r fynedfa, ond awgrymodd fod gwrthrychau yn aml yn cael eu darganfod mewn haenau wedi eu haildyddio o ganlyniad i dyllu a symud pridd yn yr ogof gan ddyn ac, yn ddiweddarach, gan hynafiaethwyr.

Darganfuwyd offer callestr gan Smith, Savory ac Aldhouse Green, ac mae'n bosib bod cyfnodau gwahanol o ddefnydd i'r ogof yn ystod y cyfnodau Uwch Baleolithig Cynnar a Hwyr (25,000 Cyn Crist –11,000 Cyn Crist). Mae peth o'r offer callestr hwn o'r traddodiad Awrignaciaidd (*Aurignacian*; 32,000 mlynedd yn ôl) a darnau eraill Creswellaidd (*Creswellian*; tua

11,000 Cyn Crist) a dyma rai o'r gwrthrychau cynharaf i'w darganfod yn ardal Dyfed. Diffinnir Awrignaciaidd fel traddodiad o'r cyfnod Uwch Baleolithig sy'n gysylltiedig â dyn cynnar Ewropeaidd, tra mae'r traddodiad Creswellaidd yn un mwy 'Prydeinig' o gyfnod cyn yr Oes Iâ olaf un, ac wedi ei enwi ar ôl gwrthrychau a ddarganfuwyd yng Nghreigiau Creswell, Swydd Derby.

Ogof Hoyle Fechan, (Little Hoyle Cave) Dinbych-y-pysgod

Ogof fechan lle darganfuwyd gwrthrychau o'r cyfnod Uwch Baleolithig. Mae tair mynedfa i'r ogof o'r gogledd ac un o'r de. Cafwyd gwrthrychau Cristnogol yma hefyd.

Ogof Nanna, Ynys Bŷr (Caldey)

Ogof 5 medr o ddyfnder a 3.5 medr o uchder ar arfordir gogleddol Ynys Bŷr. Mae gwahanol adroddiadau yn awgrymu bod gwrthrychau o'r cyfnodau Uwch Baleolithig (Creswellaidd), Mesolithig, Neolithig a chyfnodau diweddarach wedi eu darganfod yma drwy gyfrwng gwaith cloddio archaeolegol a wnaed yn 1911 dan ofal Mr J. Coates Carter, Mr W. Clarke, a gwaith pellach dan ofal A. L. Leach yn 1912. Mae sôn hefyd ar wefan *Archwilio* fod gwrthrychau Paleolithig wedi eu darganfod ger Tŷ Chwarel ar ochr ddeheuol Ynys Bŷr.

Mae ogof arall ar Ynys Bŷr o'r enw Potter's Cave, ychydig i'r gorllewin o Ogof Nanna, gyda dwy fynedfa iddi – eto, darganfuwyd gwrthrychau o'r cyfnod Uwch Baleolithig a chyfnodau diweddarach yma. Ychydig i'r dwyrain wedyn o Ogof Nanna mae Ogof yr Ychen (yn ôl *Archwilio*) lle cafwyd olion Uwch Baleolithig a Mesolithig.

Mae'n debygol y byddai Ynys Bŷr wedi'i chysylltu wrth y tir mawr yn y cyfnod hwnnw, felly does dim arwyddocâd i'r ffaith fod y darn hwn o dir yn ynys heddiw. Yr unig beth perthnasol yw bod yr ogofâu a'r creigiau yn edrych dros dir neu wastadedd yn y cyfnod Paleolithig cyn i lefel y môr godi.

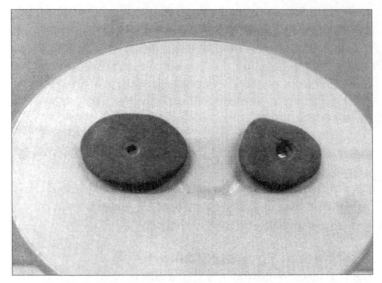

Glain Nab Head yng nghasgliad Castell Henllys
Llun: Sarah Griffiths

Nab Head, (The Nab Head) Sain Ffred, Marloes

Cyfnod: 7000–3000 Cyn Crist

Penrhyn i'r gorllewin o bentref Sain Ffred (St Brides) yw'r Nab Head ar arfordir de-orllewinol Sir Benfro. Mae yma fryngaer drawiadol o Oes yr Haearn, ond y prif reswm pam mae'r ardal o ddiddordeb mawr i archaeolegwyr yw'r gwrthrychau Mesolithig rhyfeddol sydd wedi'u darganfod yma. Does dim olion archaeolegol o'r cyfnod Mesolithig i'w gweld ar wyneb y tir yn Nab Head – byddai pobl wedi byw mewn pebyll o fframiau pren ysgafn a mynd allan i hela – ond mae gwrthrychau carreg y boblogaeth yn cael eu darganfod yn ddigon aml.

Ar benrhyn Nab Head y daethpwyd o hyd i'r unig wrthrych cerfiedig o'r cyfnod Mesolithig ar Ynysoedd Prydain. Ymdebyga'r cerfiad o garreg siâl i ffigwr merch neu ryw fath o symbol ffalig. Yn ôl Rees (1992), mae sawl un wedi nodi bod y ffigwr yn debyg i Fenws neu'r dduwies Gwener, ond byddai'r cysyniad o dduwies Rufeinig fel Fenws yn y cyfnod Mesolithig yn bell o flaen ei amser (er, mae'n siŵr bod pobl y cyfnod

Mesolithig yn syrthio mewn cariad hefyd!). Yn ogystal â'r ffigwr / ffalws, cafwyd dros 500 o ddarnau gleiniau siâl gyda thyllau yn eu canol ar y safle. Yr awgrym yw, gan fod cynifer o'r gleiniau yn rhai anorffenedig, mai yma ar benrhyn Nab Head roedd y gleiniau'n cael eu creu. Mae'n bosib bod gleiniau o'r fath yn gysylltiedig â chladdedigaethau neu hyd yn oed masnach, a gellir gweld enghreifftiau ohonynt yn y ganolfan ymwelwyr yng Nghastell Henllys ger Trefdraeth / Nanhyfer. Mae'r ffigwr siâl cerfiedig yn cael ei gadw yn Amgueddfa Scolton ger Hwlffordd, ond adeg ysgrifennu'r gyfrol hon doedd yr amgueddfa ddim ar agor.

Cafwyd microlithau ar y safle hefyd, sef offer cerrig neu gallestr ar gyfer hela. Mae profion dyddio radiocarbon yn awgrymu defnyddio'r safle yn y cyfnod Mesolithig cynnar, tua 7000 Cyn Crist, a chyfnod arall oddeutu 6000 Cyn Crist pan fu pobl yn preswylio yno. Yn ogystal, darganfuwyd cerrig bychain wedi eu naddu a oedd yn cael eu defnyddio yn ystod y cyfnod oddeutu 6000 Cyn Crist. Credir mai craflwyau yw'r rhain, ar gyfer bwyta pysgod cregyn.

Ogof Coygan, Talacharn (SN 284091)

Cyfnod Paleolithig Canol, 66,000–38,000 mil o flynyddoedd yn ôl.

Yn anffodus, cafodd yr ogof hon, o'r cyfnod Paleolithig Canol, ei dinistrio gan chwarela oddeutu 1971, ond yn ystod y cyfnod Paleolithig byddai ogof fel hon wedi cynnig cysgod a golygfa dros Fôr Hafren.

Bu cloddio ynddi yn 1866 ac yn ddiweddarach yn 1963 gan Charles McBurney a John Clegg, a darganfuwyd tair bwyell law wedi eu gwneud o garreg rhyolit, sy'n garreg addas ar gyfer bwyeill. Mae llun un o'r bwyeill hyn yn ymddangos yn llyfr Mark Redknap, *Discovered in Time: Treasures from Early Wales* (Amgueddfa Genedlaethol Cymru, 2011). Bwyell yn perthyn i'r Neanderthaliaid yw hon a disgrifir yr arddull fel un *bout coupé*, sydd â ffurf triongl lled-grwn wedi ei naddu'n finiog ar y ddwy ochr ac yn perthyn i ganol y cyfnod Paleolithig.

Rywbryd rhwng 66,000 a 38,000 bu'r Neanderthaliaid yn

defnyddio'r ogof. Diflannodd y Neanderthaliaid oddeutu 30,000 o flynyddoedd yn ôl – does neb yn sicr pam, ond roedd dyn modern wedi dechrau cymryd drosodd erbyn hynny, ac mae'n bosib bod newid hinsawdd wedi bod yn ffactor yn eu tranc. Derbynnir bellach fod y Neanderthaliaid yn gangen wahanol i'r dyn modern, er bod rhai archaeolegwyr megis Dr Alice Roberts yn awgrymu'r posibilrwydd fod y dyn modern a'r Neanderthaliaid wedi cael cyfathrach rywiol â'i gilydd ar adegau.

Cafwyd esgyrn hyena (neu udfil) yn yr ogof yn ogystal ag esgyrn rhino, mamoth, ceirw ac eirth, ac mae'n bosib bod yr udfilod wedi defnyddio'r ogof fel lloches yn ystod cyfnodau o rew.

Yr hyn sy'n ofnadwy o ddiddorol am Ogof Coygan yw'r awgrym fod dwy o'r bwyeill wedi eu darganfod yn gorwedd yn erbyn wal yr ogof, fel petaen nhw wedi eu cadw yn saff yno ar gyfer eu defnyddio eto. Roedd y Neanderthaliaid yn debyg iawn i ni mewn rhai ffyrdd, mae'n rhaid – onid dyna yn union y byddem ni wedi ei wneud; cadw'r bwyeill yn saff ar un ochr?

Ogofâu Penrhyn Gŵyr

Does dim llawer o dystiolaeth o'r cyfnod Paleolithig yn Sir Gaerfyrddin – y cyfan sy'n cael ei gofnodi ar wefan *Archwilio* yw bod ambell wrthrych callestr Paleolithig, o bosib, wedi ei ddarganfod yno yn ystod yr 20fed ganrif. Disgrifir lleoliadau'r darganfyddiadau hynny fel '*findspots*' ar y wefan. Ymhlith casgliadau'r Amgueddfa Genedlaethol, er enghraifft, mae llawfwyell a ddarganfuwyd ar hap ar ôl iddi ddisgyn o glogwyni ger Rhosili.

Mae dipyn mwy o ogofâu ar Benrhyn Gŵyr – oddeutu 95 i gyd – gan ei bod yn ardal o galchfaen, ac amcangyfrifir bod oddeutu 22 ogof wedi gweld defnydd yn y cyfnodau cynhanesyddol.

Yn ystod y cyfnod Uwch Baleolithig Cynnar (36,000–25,000 Cyn Crist) mae tystiolaeth fod Ogof Pen-y-fai wedi cael ei defnyddio mewn cyfnod oer, ond di-rew. Byddai pobl yn llochesu neu'n byw yno, ac yn hela anifeiliaid fel mamothiaid (awgrymir yn gryf gan yr holl offer callestr a ddarganfuwyd, dros 5,000 darn, mai hela oedd y bwriad). Ar y pryd, nid oedd fawr mwy na 500 o bobl yn byw ar Ynysoedd Prydain. Ar ôl cyfnod oer arall bu defnydd eto o'r ogof oddeutu 10,000 – 8,000 Cyn Crist. Awgrymir y dyddiadau hyn oherwydd arddull Creswellaidd yr offer callestr a ddarganfuwyd, ac er mai dim ond 27 darn a ddarganfuwyd, mae'n ddigon i awgrymu defnydd yn y cyfnod hwyrach hwn.

Ogof 'Long Hole', Port Einon, Penrhyn Gŵyr

Darganfuwyd 22 o wrthrychau callestr o'r cyfnod Uwch Baleolithig Cynnar yn yr ogof hon, yn ogystal ag esgyrn llwynog, ceffyl a cheirw, yn ystod gwaith cloddio archaeolegol yn 1861 ac 1869. Y tebygolrwydd yw mai lloches dros dro fyddai ogof fel hon, a bod lefel y môr dipyn yn is bryd hynny oherwydd bod yr iâ yn dal dŵr i'r gogledd. Yn aml, defnyddir y term *rock shelters* yn y Saesneg i gyfleu'r syniad hwn o loches dros dro – defnyddio'r ogofâu fel lloches saff fyddai pobl, wrth grwydro'r ardal yn hela.

Ogof 'Cat Hole', Parkmill, Penrhyn Gŵyr

Ogof arall o galchfaen a gafodd ei defnyddio yn y cyfnod Uwch Baleolithig Cynnar, ac yn ddiweddarach yn dilyn cyfnod o rew yn y cyfnod Uwch Baleolithig Hwyr. Awgryma darganfod darnau o offer Creswellaidd fod mwy o ddefnydd wedi bod o'r ogof yn y cyfnod hwyrach hwn, sef 10,000–8,000 Cyn Crist. Defnyddir yr enw 'Twll yr Afr' ar ogof Pen-y-fai a chawn yr enw lleol 'Cat Hole' neu 'Cathole' yma – ymddengys fod cysylltu ogofâu a thyllau anifeiliaid yn arfer digon cyffredin ar un adeg.

Bu cloddio archaeolegol yma yn 1864 ac 1968, a darganfuwyd dros 131 gwrthrych, yn eu plith esgyrn llwynogod Arctig, eirth, lemingod Arctig a llygod gwair yr Arctig. Ymddengys y bu defnydd pellach o'r ogof yn y cyfnod Mesolithig ar ôl i'r hinsawdd wella, a thrachefn yn yr Oes Efydd a'r Canol Oesoedd.

Awgryma Aldhouse-Green, yn dilyn gwaith cloddio diweddarach yn 1984, ei bod yn bosib i'r ogof gael ei defnyddio tua'r un cyfnod ag ogof Pen-y-fai, gan iddo ddarganfod dau flaen gwaywffon yn dyddio o oddeutu 29,000 yn ôl. Rhyw wyth milltir sydd rhwng y ddwy ogof.

Darganfyddiad arall pwysig yn ogof Cat Hole yw'r un a wnaethpwyd gan George Nash yn 2010. Ar ddarn o graig yng nghefn yr ogof cafwyd llun o garw Llychlyn (*reindeer*) wedi ei gerfio – mwy na thebyg gan ddefnyddio offer o garreg bigfain (*awl*). Awgryma'r ffaith fod llinellau cyson o ran dyfnder wedi eu cerfio, a bod y llun yn ymdebygu o ran ffurf i luniau tebyg o geirw Llychlyn mewn ogofâu yn Ewrop, mai llaw dyn sy'n gyfrifol am y llun hwn yn hytrach nag effeithiau naturiol. Gan fod haen ysgafn o galsit yn gorchuddio'r cerfiad, roedd modd awgrymu i'r llun gael ei gerfio rywbryd yn y cyfnod Uwch Baleolithig Hwyr. Byddai'r haen o galsit wedi cael ei ffurfio wrth i ddŵr lifo neu ollwng dros y graig dros y canrifoedd ers hynny. Yr unig enghraifft arall o gelf tebyg yn Ynysoedd Prydain o'r cyfnod hwn yw'r un ddarganfuwyd yn ogof Church Hole, Creigiau Creswell, Swydd Derby.

Trist iawn oedd gweld yr ogof yn cael ei difrodi gan fandaliaid yn dilyn sylw ar y cyfryngau am y darganfyddiad hwn ar Benrhyn Gŵyr, a bellach mae giât haearn yn cloi ceg yr ogof.

Fi yn Ogof Wogan o dan Gastell Penfro

Ogofâu

Ogof Wogan, Castell Penfro
Cyfeirnod Map: OS Landranger 158 SM 982017
Mynediad i'r ogof drwy Gastell Penfro. Codir tâl mynediad.

Ogof Priory Farm, Penfro
Cyfeirnod Map: OS Landranger 158 SM 979018
Ogof ar waelod clogwyn ger aber afon Penfro.

Ogof Hoyle's Mouth, Dinbych-y-pysgod
Cyfeirnod Map: OS Landranger 158 112003
Cymerwch yr A4139 o Ddinbych-y-pysgod i gyfeiriad Penfro. Ar
ôl 1.2 km trowch i'r dde am Penalun (Penally) ger Garej Kiln
Park. Trowch i'r dde eto am Trefloyne Lane. Ar ôl 0.5 km
edrychwch am y llwybr ar y chwith, parciwch yma a chadw at y
llwybr i'r dde drwy'r coed. Tua 50 medr at yr ogof.

Ogof Hoyle Fechan (Little Hoyle Cave), Dinbych-y-pysgod
Cyfeirnod Map: OS Landranger 158 SS 112999
Defnyddiwch Map OS a'r cyfarwyddiadau uchod am Ogof
Hoyle's Mouth

Ogof Nanna, Ynys Bŷr
Cyfeirnod Map: OS Landranger 158 SS 146970
Dal cwch o borthladd Dinbych-y-pysgod

Ogof Potter's Cave, Ynys Bŷr
Cyfeirnod Map: OS Landranger 158 SS 144971
Dal cwch o borthladd Dinbych-y-pysgod

Nab Head, Marloes
Cyfeirnod Map: OS Landranger 157 SM 790108
Mae angen dilyn y B4327 o Hwlffordd am Dale a chymryd
troad St Brides. Pellter o rhyw 9 milltir yw Hwlffordd i St
Brides. Parcio ger y traeth yng nghanol St Brides a dilyn llwybr
yr arfordir i'r gorllewin am rhyw filltir a chyrraedd y fryngaer.

Ogof Pen-y-fai (Paviland), Gŵyr
Cyfeirnod Map: OS Landranger 159 SS 437859
Llwybr at yr ogof o'r B4247 ger Pilton Green rhyw 2 filltir i'r
gogledd-orllewin o Borth Eynon.

Ogof Long Hole, Port Eynon, Penrhyn Gŵyr
Cyfeirnod Map: OS Landranger 159 452851
Teithiwch i Overton o Borth Eynon a dilyn y llwybr i'r
gorllewin ar hyd y clogwyni – bydd angen Map OS arnoch.

Ogof Cat Hole, Parkmill, Penrhyn Gŵyr
Cyfeirnod Map: OS Landranger 159 SS 538901
Parciwch yn Parkmill ger yr A4118. Cerddwch heibio siambr
gladdu Parc le Breos. Mae'r ogof i fyny'r allt wedi hynny ar yr
ochr dde.

Ogof Pontnewydd, Trefnant
Cyfeirnod Map: OS Landranger 116 SJ 015711
Ar y ffordd gul rhwng Bont-newydd a Cefn. Edrychwch am
gilfan o dan y graig – mae llwybr amrwd iawn yn dringo at yr
ogof o'r ffordd neu o giât a llwybr troed ychydig fyny'r allt sy'n
dod yn ôl am yr ogof. Mae'r ogof ar dir preifat – dylid gofyn am
ganiatad gan Stad Cefn.

Ogof Kendrick, Pen y Gogarth, Llandudno
Cyfeirnod Map: OS Landranger 115 SH 780828
Mae'r ogof ar dir preifat ond mae modd ei gweld o gefn
Gwesty'r Empire o dan y clogwyni ar y Gogarth.
Gweler hefyd Amgueddfa Llandudno, 17-19 Stryd Gloddaeth,
Llandudno LL30 2DD

Pennod 2

Siambrau Claddu Dyffryn Nyfer

Cyfnod: Neolithig, pedwerydd mileniwm Cyn Crist.

Pembrokeshire must certainly have been a land of the Druids;
for no county in Wales can boast so many cromlechs
Tegid (1847)

Cyrhaeddodd amaethyddiaeth Ynysoedd Prydain o Ewrop
oddeutu 4000 o flynyddoedd Cyn Crist, ac yn raddol, wrth i'r
amaethwyr cynnar sefydlu ffermydd parhaol a dechrau dod yn
'perthyn i le', datblygodd yr awydd i ddatgan hynny yn y dirwedd.
Erbyn ail hanner y pedwerydd mileniwm dechreuwyd adeiladu
cofadeiliau (cromlechi), sef siambrau claddu cymunedol a oedd
yn fodd, efallai, i gadarnhau ffiniau neu ddatgan perchnogaeth o
dir, neu yn fodd i ddathlu a chofio ble bu cyndeidiau yn byw a
ffermio dros y canrifoedd blaenorol.

Awgryma nifer o archaeolegwyr – gan gynnwys Sian E. Rees
yn ei chyfrol *A Guide to Ancient and Historic Wales: Dyfed*
(Cadw, 1992) – ei bod yn debygol fod trigolion y wlad cyn
dyfodiad amaethyddiaeth, sef pobl y cyfnod Mesolithig
(8000–4000 Cyn Crist), eisoes wedi dechrau cadw tir a datblygu
rhyw fath o drefn arno erbyn diwedd y cyfnod Mesolithig.
Roeddynt hefyd, o bosib, wedi dechrau ar y broses o fod yn fwy
sefydlog er mai hela, pysgota a chasglu bwyd oedd y drefn o
ddydd i ddydd. Defnyddir y gair 'mabwysiadu' ar gyfer y broses
hon o newid at amaethu fel ffordd o fyw: hynny yw, bod y
trigolion Mesolithig wedi mabwysiadu'r arfer newydd o ffermio ac
aros mewn un lle, ac mai nifer gymharol fechan o amaethwyr a
groesodd yma o Ewrop gyda gwenith, barlys, gwartheg, defaid a
geifr.

Gweddillion y siambrau claddu yn unig sydd wedi goroesi –
a dyma yr ydym ni'n eu galw'n gromlechi – sef y meini a oedd yn

ffurfio'r siambr gladdu. Ar y cyfan, mae'r carneddau neu dwmpathau a fyddai wedi gorchuddio'r siambrau claddu wedi hen ddiflannu dros y canrifoedd drwy'r broses amaethyddol o glirio a symud pridd a cherrig. Weithiau gellir gweld olion neu ffurf y garnedd ar y ddaear drwy edrych yn ofalus: efallai y bydd yn ymddangos fel tir ychydig bach yn uwch na gweddill y tir o amgylch y gromlech.

Goroesodd y carneddau yn well yn yr ucheldiroedd, a gwelwn enghraifft dda o garnedd gerrig sydd wedi goroesi dros siambrau claddu Carneddau Hengwm yn Ardudwy (SH 613205). Mae un o'r ychydig dwmpathau i oroesi dros siambr gladdu Bryn yr Hen Bobl ar stad Plas Newydd, Ynys Môn (SH 518690) – sydd, gyda llaw, ar dir preifat ac ni ddylid ymweld heb ganiatâd.

Diflannu hefyd wnaeth y tai pren hirsgwar lle byddai'r trigolion Neolithig wedi byw, a dim ond drwy brosesau archaeolegol y mae modd dod o hyd i dai o'r fath bellach – a hynny, gan amlaf, bron ar ddamwain. Un o'r cwestiynau mwyaf cyffredin sy'n cael eu gofyn pan fyddaf yn tywys pobl o amgylch y siambrau claddu yw 'ble'r oedd y bobl yn byw, felly?' I'w hateb, byddaf yn esbonio bod y tir o amgylch y siambrau claddu wedi cael ei amaethu, a bod y trigolion, o anghenraid, yn byw yn y cyffiniau neu'n weddol agos. Dychmygwch ffermydd bychain a chaeau cysylltiedig rhwng coedwigoedd a byddai gennych ddarlun go lew.

Wrth archwilio'r dirwedd o amgylch siambrau claddu Trefignath ar Ynys Môn wrth ddatblygu Parc Cybi rhwng 2006 a 2008 darganfuwyd olion tŷ Neolithig cynnar oedd yn gorwedd ar yr un llinell ag un o'r siambrau claddu. Awgryma Jane Kenney o Ymddiriedolaeth Archaeolegol Gwynedd (2007, 2009) fod y tŷ wedi ei godi'n fwriadol ar linell y siambr, rhyw 97 medr i ffwrdd. Awgryma hefyd fod y siambr wedi'i hadeiladu yn gynharach a bod y tŷ wedi ei godi i gyd-fynd â llinell y siambr. Dyma un enghraifft sy'n profi fod pobl yn byw yn gymharol agos at siambr gladdu – yn sicr yn yr un dirwedd.

Yn y mwyafrif o achosion, mae'n anodd gwybod pa mor agos i'r siambrau claddu roedd pobl yn byw gan nad oes olion tai wedi cael eu darganfod. Yn yr un modd, heb archwilio'r dirwedd o amgylch siambr gladdu, anodd yw dweud a oedd y siambrau yn ganolog o fewn y gymuned neu ar gyrion ffermydd neu dir amaethyddol.

Gan fod fframiau pren y tai wedi hen bydru, dim ond trwy waith cloddio archaeolegol a fyddai'n darganfod tyllau pyst sy'n awgrymu ffurf adeilad hirsgwar, neu lestri pridd neu offer callestr Neolithig, y mae modd awgrymu ble roedd y tai. Enghraifft ddiweddar wych o hyn yw ffurf neu gynllun y tri thŷ pren a ddarganfuwyd ar safle ysgol newydd Llanfaethlu, Ynys Môn, gan gwmni CR Archaeology. Heb y cloddio archaeolegol a oedd yn ofynnol cyn codi'r ysgol newydd, ni fyddai neb wedi darganfod olion y tai hyn. Gweler adroddiad Rees a Jones 2016 am fwy o fanylion.

Os yw canlyniadau Parc Cybi a Llanfaethlu ar Ynys Môn yn nodweddiadol o'r dirwedd Neolithig, mae'n rhesymol felly i awgrymu fod patrwm tebyg hyd a lled Cymru, gan gynnwys y de-orllewin.

Mae olion nifer o siambrau claddu Neolithig yn ardal Dyffryn Nyfer yng ngogledd Sir Benfro, sydd heddiw o fewn ffiniau Parc Cenedlaethol Arfordir Sir Benfro. Rhed afon Nyfer i'r môr ger

Pentre Ifan o'r gorllewin

Trefdraeth, ac o safle cromlech Pentre Ifan ychydig i'r gogledd o Garnedd Meibion Owen gellir edrych draw dros y dyffryn hwn. Yn Nhrefdraeth mae cromlech fechan Carreg Coetan Arthur a safle arall cyfagos o'r enw Cerrig y Gof. Ger Nanhyfer mae siambr gladdu Trellyffaint, ac yn Nhrewyddel (Moylgrove) mae cromlech Llech y Trybedd (Llech y Dribedd).

Rhaid bod hon yn ardal brysur o ran amaethu yn y cyfnod Neolithig – yn enwedig o ystyried ei bod yn agos at yr arfordir gorllewinol lle tueddai pobl i ymgartrefu– ac mae'r nifer mawr o siambrau claddu yn Sir Benfro yn dyst i'r ffaith fod y traddodiad hwn o gladdu cymunedol wedi ei hen sefydlu yn y rhan hon o'r byd yn ystod ail hanner y pedwerydd mileniwm Cyn Crist.

Pentre Ifan

Cromlech Pentre Ifan yw un o'r cromlechi mwyaf trawiadol yng Nghymru o ran maint a gwedd. Er bod y capfaen (neu gapan) yn anferth ac yn pwyso oddeutu 16 tunnell, mae'r ffaith ei fod yn gorwedd ar dri maen yn unig yn gwneud iddo edrych yn llawer ysgafnach nag y mae mewn gwirionedd. Mesura'r capfaen 5m o hyd a 2.4m ar draws ar ei fwyaf llydan, a 0.9m o drwch.

Saif ochr ogleddol y gromlech i uchder o 2m, yn codi'n nes at 2.5m ar yr ochr ddeheuol lle mae'r porth. I fod yn fanwl gywir, mae'r gromlech yn gorwedd ar linell dde-orllewinol / gogledd-ddwyreiniol, ond yma byddaf yn cyfeirio yn fras at ochr ddeheuol ac ochr ogleddol y siambr gladdu er mwyn cadw pethau'n syml.

Mae'n rhaid cofio bod y tir yn disgyn yn raddol i'r gogledd ym Mhentre Ifan, a bod hynny'n cyfrannu at greu'r argraff fod yr ochr ddeheuol, lle mae porth y gromlech, yn uwch. Rwy'n credu mai dyma oedd bwriad yr adeiladwyr dros 5,000 o flynyddoedd yn ôl: creu cofadail oedd yn ddramatig a thrawiadol yr olwg.

O dderbyn bod hyn oll yn fwriad gan yr adeiladwyr, awgryma Rees fod cyfliniad gogledd-de y siambr yn awgrymu bod yr adeiladwyr eisiau i'r gofadail wynebu'r bryniau i'r de. Rhaid cyfaddef nad oes 'golygfa' amlwg o edrych allan gyda'ch cefn at y porth, felly, tydw i ddim wedi fy argyhoeddi'n llwyr o'r ddamcaniaeth hon, mwy na bod yr olygfa i'r gorllewin at gyfeiriad y môr yn fawr mwy na chanlyniad i'r lleoliad. Nid yw'r siambr yn gorwedd â'i chefn yn amlwg tuag at y môr – a gan fod y siambr ar linell gogledd-de yn fras, does dim arwyddocâd amlwg o ran codiad neu fachlud yr haul chwaith.

Defnyddiwyd meini o gerrig lludw folcanig (tyffau llif-lludw sy'n perthyn i Grŵp Folcanig Abergwaun), sef y graig leol, ar gyfer adeiladu'r gromlech, a dewiswyd cerrig addas o ran siâp a ffurf ar gyfer y gwaith. Yn aml does dim awgrym fod y cerrig wedi eu siapio yn bwrpasol ar gyfer y defnydd hwn, ac yn achos Pentre Ifan gwelwn fod gwaelod y capfaen yn gymharol llyfn ac yn gorwedd yn weddol gyson 2m uwchlaw'r llawr presennol. Gweler damcaniaethau Cummings a Richards isod ynglŷn â thrin a siapio cerrig.

Gan fod y tir yn disgyn yn raddol i'r gogledd, mae'n debyg bod llawr gwreiddiol y siambr gladdu wedi cael ei dyllu i mewn i ochr y bryn gan greu siambr lled-sgwâr y tu mewn i'r gromlech. Awgryma Rees (1992) fod pydew o fath yma, ond llwyfan wedi ei dyllu ar gyfer y siambr ydoedd, mwy na thebyg, a gwelwn awgrym o hyn heddiw yn siâp y cerrig o amgylch tu mewn y siambr gladdu.

Dyffryn (Tinkinswood) ym Mro Morgannwg yw'r capfaen mwyaf o ran maint yng Nghymru, ond gorwedda'r capan yn isel o'i gymharu â Phentre Ifan. Arddull Hafren Cotswold sydd i siambr Dyffryn, tra mae Pentre Ifan yn fwy nodweddiadol o gromlech borth (*portal dolmen*) neu'r siambrau gyda chwrt blaen a *façade* (*court-cairns*) fel sydd i'w gweld yng ngogledd-ddwyrain Iwerddon.

Mewn siambrau claddu Hafren Cotswold, sy'n gyffredin yn ne-orllewin Ynysoedd Prydain, ceir mynediad i'r siambr o'r ochr, a charnedd ar ffurf trapesoid. Yma yng Nghymru gellir gweld enghreifftiau eraill gwych o feddrodau Hafren Cotswold ymhell i'r gogledd yng Nghapel Garmon, Dyffryn Conwy (SH 818543) a Than-y-coed, rhwng Llandrillo a Chynwyd ger Corwen.

Tueddir i drafod siambrau claddu Neolithig gan archaeolegwyr drwy eu gosod mewn categorïau o safbwynt arddull. Drwy wncud hynny, gallwn awgrymu rhyw fath o batrwm a threfn fras i ddehongli'r henebion hyn – ond yn amlwg, nid yw pob cromlech yn cydymffurfio yn union â'r categorïau arddulliol. Hyd yn oed yn y cyfnod Neolithig roedd amrywiaeth o safbwynt ardulliau adeiladu o ardal i ardal, a phwyslais amrywiol ar wahanol elfennau o ardal i ardal neu dros gyfnod o amser. Yr hyn rydym yn ei awgrymu mewn achos pan nad yw'r arddull yn hollol amlwg yw bod y siambrau yn dangos 'dylanwad' arbennig neu'n perthyn yn fras i 'draddodiad' arbennig.

Awgrymir bod Pentre Ifan a nifer o siambrau Dyffryn Nyfer yn perthyn yn fras i'r traddodiad cromlechi porth, lle mae capfaen sylweddol yn gorwedd ar feini, a'r capfaen hwnnw ar osgo i ffwrdd o'r ochr uchaf lle gwelir meini'r porth. Ffurfir y porth gan amlaf gan ddau faen sylweddol sy'n dal y capfaen, a charreg fewnol sy'n cau neu gloi'r porth. O edrych i lawr ar y cynllun byddai hyn yn ymddangos fel llythyren H, a'r garreg gloi yn ffurfio'r llinell ar draws yr H. Mae'r gromlech borth yn weddol gyffredin ar hyd arfordir gorllewinol Cymru yn Sir Benfro, Ardudwy, Llŷn ac Ynys Môn.

Y porth felly ym Mhentre Ifan yw'r ddau faen mawr ar yr ochr

Pentre Ifan gyda'r porth a'r cwrt yn amlwg

ddeheuol sy'n dal y capfaen, a'r garreg ar draws sy'n cloi meini'r porth. Mae'n rhaid gofyn, fodd bynnag: os oedd y porth wedi ei gau â'r garreg honno, sut oedd modd claddu pobl o'r newydd yn y siambr wedi hynny? Ai cau'r porth oedd y weithred olaf, ynteu a oedd hyn yn rhan o'r adeiladwaith gwreiddiol?

Os porth neu ddrws ffug – addurn yn unig – oedd yma, byddai'n rhaid cael mynediad i'r siambr gladdu drwy'r ochr ar gyfer gwahanol gladdedigaethau dros y blynyddoedd o ddefnydd. Awgryma Rees (1992), gan fod y garreg gloi yn y porth wedi ei gosod yn dynn rhwng y meini ochr heb fodd o'i symud, fod y porth yn fwy symbolaidd – yn fwy o 'fynediad i fyd y meirw' yn hytrach na mynedfa go iawn i'r siambr.

O flaen y porth yn wreiddiol roedd cwrt a *façade* yn cynnwys dwy garreg y naill ochr i'r porth. Gallwn weld dau faen y *façade* ar ochr ddwyreiniol y cwrt hyd heddiw, a dangosodd gwaith cloddio archaeolegol yr Athro W. F. Grimes yn y 1930au a'r 1950au fod dau faen arall unwaith wedi sefyll ar yr ochr orllewinol. Mae un maen yn gorwedd ar y llawr bellach a'r llall wedi diflannu, ond darganfu Grimes leoliad y twll a dorrwyd ar ei gyfer. (Stwmpyn diweddar yw'r garreg *façade* fewnol ar yr ochr orllewinol, wedi ei gosod er mwyn dangos ble roedd y garreg wreiddiol, yn ôl gwaith cloddio Grimes).

Tybed a oedd modd claddu'r meirw drwy ochr y siambr, rywsut, dros y cyfnod pan oedd y siambr yn cael ei defnyddio? Os oedd y garnedd a'r cwrt yn bodoli o'r dechrau un, a fyddai'n rhaid symud cerrig er mwyn ailddefnyddio'r siambr gladdu bob tro? Creda Grimes fod Pentre Ifan yn adeiladwaith o un cyfnod, ond mae dehongliad mwy diweddar yn awgrymu bod y gromlech borth yn cynrychioli'r cyfnod cyntaf o adeiladu a'r cwrt a'r *façade* yn ychwanegiad diweddarach.

Façade sydd yma yn hytrach nag unrhyw gylch o gerrig neu ail siambr, fel y crybwyllwyd gan rai yn y 19eg ganrif – mae gwaith cloddio Grimes yn profi hyn yn weddol sicr. Yn Iwerddon, mae cysylltiad agos rhwng y cromlechi porth a'r rhai gyda chwrt – yno ac yn yr Alban y mae'r siambrau â chwrt yn fwyaf amlwg. Y syniad, mae'n debyg, yw bod defodau'n cael eu cynnal yn ardal y cwrt o flaen y siambr gladdu. Mae elfen o hyn i'w weld gyda'r

Pentre Ifan o'r dwyrain

fynedfa ffug sydd o flaen siambr gladdu Capel Garmon, gan fod y fynedfa go iawn ar ochr y siambr. A oedd y cwrt a'r *façade* ym Mhentre Ifan yn awgrym o gysylltiad â'r traddodiad Gwyddelig o adeiladu, felly? Gwelwn amrywiaeth arall ym Medd yr Afanc (ymhelaethaf yn ddiweddarach yn y bennod hon), sef y siambr gladdu ar ffurf oriel (*gallery grave*), sydd unwaith eto'n awgrymu bod nifer o ddylanwadau wedi eu harfer neu eu mabwysiadu yn y rhan hon o Sir Benfro yn ystod y cyfnod Neolithig.

Mae'n bosib mai'r disgrifiad cyntaf o Bentre Ifan mewn print yw'r un gan George Owen yn 1603 o'r llyfr *Description of Penbrookshire in Generall*, a dyma hefyd un o'r lluniau cyntaf o'r heneb sydd mewn bodolaeth. Daw'r enw 'Pentre Ifan', mae'n debyg, o'r enw ar yr hen faenor Ganoloesol, a difyr yw sylwi bod Owen yn defnyddio'r enwau 'Maen y Gromlech' a 'Pentre Jevan' wrth gyfeirio at yr heneb. Ceir gan Owen hefyd gadarnhad bod y garnedd eisoes wedi diflannu erbyn yr 17eg ganrif, ond bod mwy o feini yn sefyll fel rhan o'r heneb bryd hynny.

Mewn adroddiad ar ymweliad Cymdeithas y Cambriaid â'r gromlech yn 1859, awgrymir bod cynifer â chwech o'r ymwelwyr, a hynny ar gefn eu ceffylau, wedi gallu sefyll gyda'i gilydd o dan y capfaen. A ddigwyddodd hyn go iawn, 'sgwn i? Cyfeirir hefyd yn

1859 at yr awgrym o gylch o gerrig o flaen y gromlech – dyma weddillion y cwrt a'r *façade* a gadarnhawyd gan waith cloddio Grimes yn ddiweddarach.

Tybed a oedd y garnedd yn weladwy i'r ymwelwyr hynny yn 1859? Mae awdur adroddiad Cymdeithas y Cambriaid yn crybwyll bod y garnedd wedi ei chlirio dros amser o ganlyniad i brosesau amaethyddol, ond ni ddywedir dim mwy na hynny. Wedi ei hailgreu ar ôl gwaith cloddio Grimes y mae llinell y garnedd sydd i'w gweld ar y safle heddiw.

Mewn llythyr yn *Archaeologia Cambrensis* (1847) mae Tegid (y Parchedig J. Jones) yn datgan bod siambr gladdu Pentre Ifan yn cael ei galw yn 'Coetan Arthur', a bod yr hynafiaethydd Richard Hoare (Sir Richard Colt Hoare, 1758–1838) yn credu mai hon yw'r fwyaf o ran maint iddo ei gweld yng Nghymru a Lloegr – gan gynnwys *'Stonehenge and Abury'*. Erbyn 1859 roedd hynafiaethwyr yn ymwybodol mai bregus iawn oedd y cysylltiad Arthuraidd: cyfeiriodd Cymdeithas y Cambriaid at y berthynas rhwng yr enw 'Coetan Arthur' ac unrhyw gysylltiad hanesyddol â'r Brenin Arthur fel *'curious'*. Gan fod siambr gladdu gyfagos Carreg Coetan Arthur, Trefdraeth hefyd yn cynnwys yr elfen Arthuraidd yn ei henw, mae'n amlwg fod hwn yn arferiad digon cyffredin o safbwynt enwi cromlechi. Mae nifer o henebion eraill yn Sir Benfro, yn ogystal, yn cynnwys yr enw 'Arthur' (gweler Pennod 4).

Mae Tegid hefyd yn cyfeirio yn yr un llythyr at faen arall mewn cae tua 150 llath i'r gogledd-ddwyrain o'r gromlech, gan nodi bod y maen hwn yn gorwedd ar ei ochr. Awgryma fod y maen wedi ei dorri er mwyn ei ddefnyddio fel postyn giât, o bosib, ond cyfeiria hefyd at dyllau yn y garreg y mae'n eu disgrifio fel *'scooped'*. Credai fod y tyllau wedi eu creu er mwyn codi'r garreg – ond y mae ar yr un gwynt yn cyfeirio at dyllau tebyg ar graig arall gyfagos heb nodi fod y rheiny wedi eu creu gan law dyn. Nid yw Grimes (1947) yn rhoi llawer o gred i adroddiad Tegid.

Teg, felly, yw tybio nad oedd Tegid wedi gweld cafn-nodau (*cup marks*) – sef nodau celfyddydol Neolithig lle mae tyllau bach crwn rhyw 2–3cm ar draws wedi eu naddu ar gerrig neu greigiau.

Does neb yn sicr beth yw union bwrpas cafn-nodau, ond gelwir nodweddion o'r fath yn 'Rock Art' gan archaeolegwyr fel George Nash sydd wedi arbenigo mewn cerfiadau a chelf cynhanesyddol. (Gweler y drafodaeth ar gafn-nodau isod).

Wrth gerdded ar hyd y llwybr tuag at y siambr gladdu, mae un garreg sy'n debyg iawn i gapfaen yn gorwedd yn y clawdd (ar yr ochr chwith) tua hanner y ffordd ar hyd y llwybr. Ai hon oedd y garreg roedd Tegid yn cyfeirio ati? Mae carreg arall ar y dde ger y fynedfa i safle Pentre Ifan sy'n ymdebygu o ran siâp a ffurf i gapfaen hefyd, ond does dim golwg o gafn-nodau ar y cerrig hyn, a dim i awgrymu mai'r rhain oedd y cerrig a welodd Tegid.

Yn ystod y 19eg ganrif roedd yn arferol i hynafiaethwyr gyfeirio at gromlechi fel 'cerrig allor' y Derwyddon, a dyma'n union a geir yn llythyr Tegid wrth iddo sôn fod carreg ar ei hochr ym Mhentre Ifan *'evidently intended for an altar'*. Cofiwch fod y siambrau claddu wedi eu codi tua 3000–2000 o flynyddoedd cyn bod sôn am unrhyw Dderwyddon na'r cyfnod Celtaidd yn y canrifoedd olaf Cyn Crist.

E. L. Barnwell oedd un o'r hynafiaethwyr cyntaf i ddadlau mai gweddillion siambrau claddu oedd y cromlechi, ac y byddent yn wreiddiol wedi cael eu cuddio o dan domen neu garnedd. Heriodd Barnwell ddamcaniaethau'r dydd am gerrig allor – yn

Dau berson ar gefn ceffyl o dan gapfaen Pentre Ifan
(Archaeologia Cambrensis 1865)

wir, yn ei erthygl yn *Archaeologia Cambrensis* (1872), ymddengys fod Barnwell wedi dechrau colli amynedd gyda'r hyn roedd yn ei alw'n 'druid-altar school'. Mae'r dyfyniad canlynol yn dyst i'w agwedd: 'Such a discovery would be one of great interest, if it could be proved to have any other existence than in the imagination of the discoverer.'

Gwelir cyfeiriad arall 'derwyddol' gan Fenton yn 1811, yn ei *Historical Tour Through Pembrokeshire*, wrth iddo gyfeirio at Bentre Ifan fel '*unquestionably the largest Druidic relic in Wales*'.

Mae erthygl gan 'H.L.J.' yn rhifyn 1865 o *Archaeologia Cambrensis* yn nodi bod yr awdur, pwy bynnag ydyw, yn ymwybodol o bwysigrwydd a maint trawiadol y gromlech – mae hyd yn oed yn defnyddio'r gair *picturesque* yn ei ddisgrifiad. Mae'n arwyddocaol bod H.L.J. yn awgrymu mai man claddu i bennaeth lleol neu *chieftain* o'r ardal ydyw – mewn geiriau eraill, rhywun o bwys. Gwyddom erbyn heddiw mai siambrau claddu cymunedol oedd y rhain mewn gwirionedd yn hytrach na siambr ar gyfer claddu un person yn benodol. Ond mae'r honiad yn codi cwestiwn da: a oedd pob aelod o'r gymuned yn cael mynediad i siambrau claddu o'r fath, ynteu dim ond y pwysigion, pobl o statws uwch neu aelodau o deulu arbennig?

Cloddio gan W. F. Grimes, 1936–7, 1958–9

Er bod Cadw yn gofalu am y cofadail erbyn hyn, nid oedd trefn gystal ar gyfer gwarchod safleoedd hanesyddol cyn dyddiau'r cyrff swyddogol. Yn 1936 roedd rhai o feini Pentre Ifan mewn perygl o ddisgyn, ac fel rhan o brosiect cynnal a chadw / cadwraeth oedd dan ofal Amgueddfa Genedlaethol Cymru, bu'r archaeolegydd W. F. Grimes yma'n cloddio. Amharwyd ar y gwaith archaeolegol gan ddyfodiad yr Ail Ryfel Byd, ac yn 1947 adroddodd Grimes fod rhai o'r ymdrechion dros dro i ddal y cerrig yn eu lle yn dechrau simsanu. Defnyddiwyd fframiau pren i geisio sefydlogi'r meini, ac mae'n rhaid eu bod wedi dechrau pydru.

Awgryma Grimes yn ei adroddiadau ei bod yn debygol mai meini lleol a ddefnyddiwyd i adeiladu'r cofadail, sy'n honiad teg o gofio mai eithriad oedd yr arfer o symud cerrig dros y wlad fel yn achos Côr y Cewri (gweler Pennod 3). Mae'n debyg felly fod carreg capfaen Pentre Ifan ar y safle yn barod (neu'n sicr yn agos) ac mai dim ond ei chodi i'w lle oedd angen. Anodd yw peidio â sylwi, wrth gerdded tuag at Pentre Ifan, ar y garreg debyg iawn i garreg capfaen tua hanner y ffordd ar hyd y llwybr – mae un arall debyg yn y clawdd ychydig i'r gogledd o'r heneb hefyd – yn sicr, roedd digon o feini o gwmpas yr ardal i godi cromlech.

Gwaith cloddio Grimes yn ystod y 1930au a'r 1950au a gadarnhaodd fod cwrt o flaen porth y gromlech, ond awgrymodd y gwaith archaeolegol hefyd, fel y soniais ar ddechrau'r bennod hon, fod rhyw fath o lwyfan lled-sgwâr wedi ei dorri i ochr y bryn cyn codi'r siambr gan greu tir ychydig mwy gwastad ar gyfer y gwaith adeiladu. Llwyfan yn hytrach na phydew, a hynny ar gyfer y gwaith adeiladu, mae'n debyg, yw'r dehongliad sy'n cael ei ffafrio gan archaeolegwyr, a'i fod wedyn yn addas ar gyfer creu llawr y siambr sgwâr.

Er eu bod wedi hen ddiflannu, gall rhywun ddychmygu'r waliau sychion a fyddai wedi llenwi'r bylchau rhwng y meini gan fod rhai tebyg wedi cael eu hadfer ym Mryn Celli Ddu a Chapel Garmon.

Gwnaed darganfyddiad diddorol gan Grimes: roedd maen a fyddai wedi bod yn sefyll ar un adeg wedi cael ei gwympo'n fwriadol, a'i gladdu o dan y garnedd ar ochr ddwyreiniol y siambr. Roedd pydew bach o flaen y maen hwnnw gydag awgrym o olosg yn y pydew. Wrth ddarllen hyn, meddyliais yn syth am y garreg batrwm a gladdwyd ar ei hochr o dan garnedd Bryn Celli Ddu. A oedd rhyw arfer o gladdu meini o dan garneddau, felly, yn y cyfnod Neolithig? A oedd cerrig o'r fath yn rhan o'r broses adeiladu (ar gyfer mesur, er enghraifft, neu osod cynllun y cofadail)? Gallai meini o'r fath hefyd fod yn gysylltiedig â chladdedigaeth.

Daeth Grimes o hyd i bydewau wedi eu hwynebu â cherrig ychydig i'r gogledd o'r siambr, ac yn ogystal ddwy res fechan o gerrig ar hyd ochr y garnedd. Mae'n anodd gwybod ai cerrig yn gysylltiedig â chladdedigaethau fyddai'r rhain, ynteu rhan o linell y garnedd. Ni chafwyd olion sgerbydau dynol yma, felly does dim modd gwybod ai claddu cyrff cyfan ynteu amlosgi oedd yr arfer – neu gyfuniad o'r ddau. Ymhlith darganfyddiadau Grimes roedd ambell ddarn o offer callestr a darnau o lestri pridd Neolithig.

Damcaniaeth Cummings a Richards (2014) yn eu papur yn *Préhistories Méditerranéennes* yw y byddai'r capfaen yn wreiddiol yn y golwg. Mae llun yn darlunio rhywbeth tebyg ar fwrdd gwybodaeth safle Pentre Ifan, lle mae'r garnedd yn cyrraedd y to ond nid yn ei guddio. Awgryma Cummings a Richards fod gwaelod rhai capfeini wedi eu llyfnhau gan ddyn, ac maent yn defnyddio cromlech Garn Turne ger Abergwaun (SM 979 272) yn enghraifft o hyn, lle maent yn gweld marciau cerfio ar waelod y capfaen.

Rhan arall o ddamcaniaeth Cummings a Richards yw bod arwyddocâd i faint y capfeini a'r ffaith eu bod mor fawr, mor amrwd ac mor drawiadol. Un arall o'u hawgrymiadau yw nad siambrau claddu oedd pob cromlech yn wreiddiol oherwydd y diffyg carneddau o'u hamgylch, ac efallai fod pwrpas arall i'r cofadeiliau hyn. Damcaniaethau heriol, ond rhai sy'n sicr yn deilwng o ystyriaeth.

Trafodaeth ar gafn-nodau

Awgryma Rees yn ei lyfr *Dyfed* (1992) fod cafn-nod ar un o gerrig porth Pentre Ifan, ond yn ôl George Nash, sydd wedi archwilio'r

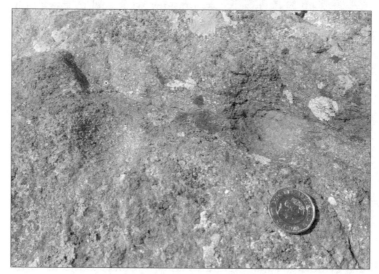

Cafn-nodau ar gapfaen Trellyffaint

cofadail yn ddiweddar, does dim tystiolaeth o hyn. Awgryma Nash fod Rees yn dyfynnu o adroddiad Lynch (1972) lle awgrymir bod olion gwan o droellen wedi eu naddu ar un garreg. Treuliais oriau yn ceisio cael hyd i'r 'cafn-nod' ym Mhentre Ifan yn ystod misoedd cynnar 2017 heb ddim lwc – roedd yn braf clywed nad fi yw'r unig un i fethu gweld yr olion! Bu criw ohonom yn gweithio ar ran Cadw yn archwilio cafn-nodau yn y dirwedd o amgylch Bryn Celli Ddu, Ynys Môn yn ystod 2015 a 2016, felly rydw i wedi dod yn gyfarwydd â darganfod cafn-nodau, boed y rheiny'n amlwg neu beidio.

Ar gapfaen Trellyffaint (gweler isod) mae nifer sylweddol o gafn-nodau, ac mae capfaen posib arall o'r enw Carreg Trefael ger Nanhyfer (ar dir preifat, felly, does dim mynediad cyhoeddus) sy'n frith o gafn-nodau. Mae'r ddau safle wedi cael eu harchwilio gan George Nash o Brifysgol Bryste.

Yn ei adroddiad ar garreg Trefael yn *Archaeolgy in Wales* (Cyfrol 51) mae Nash yn cadarnhau, mwy neu lai, mai gweddillion capfaen siambr gladdu ydyw, a thrwy waith cloddio cyfyngedig dangosodd fod rhan o'r garnedd neu dwmpath wedi goroesi o dan y pridd. Gan fod hwn yn dir sydd wedi ei aredig, nid yw'r garnedd yn amlwg ar wyneb y cae, ond trwy waith cloddio archaeolegol gwelodd Nash fod cerrig o dan y pridd aredig yn cynrychioli olion neu weddillion carnedd siâp aren. Os felly, byddai siambr gladdu Trefael yn debyg o ran ffurf i gromlechi cyfagos Carreg Coetan Arthur yn Nhrefdraeth a Llech y Trybedd, Trewyddel, a chyda rhai o nodweddion y siambr fwyaf yn Nhrellyffaint ryw ddwy filltir i'r gogledd-orllewin. Yn fras, nodweddion cromlech borth (*portal dolmen*) yw'r rhain, a saif pob un ohonynt o fewn ychydig filltiroedd i'r arfordir.

Darganfuwyd darn o gist gladdu yr Oes Efydd gan Nash wrth iddo gloddio yn Nhrefael, ychydig y tu hwnt i ffiniau'r siambr gladdu Neolithig, sy'n awgrymu ein bod yn edrych ar dirwedd ddefodol gynhanesyddol yma – tirwedd oedd yn cael ei defnyddio ar gyfer defodau a chladdu dros gyfnod sylweddol o amser. Ceir awgrym hefyd bod y capfaen yn Nhrefael wedi ei ailgodi fel maen hir yn ystod yr Oes Efydd, sydd yn sicr yn ddamcaniaeth bosib. (Gyda llaw, yn ystod gwaith cloddio Cadw ger Bryn Celli Ddu yn 2016 a 2018 archwiliwyd carnedd gladdu

Oes yr Haearn rhyw 20 medr i'r gorllewin o ffiniau'r siambr gladdu Neolithig, sy'n enghraifft arall o'r syniad hwn o dirwedd ddefodol).

Darganfu Nash yn ystod y gwaith cloddio fod nifer sylweddol o gerrig gwynion cwarts ymhlith gweddillion y garnedd. A ddefnyddiwyd y cerrig gwynion hyn yn llawr i'r cwrt o flaen porth y siambr gladdu? Mae'n anodd bod yn sicr, ond byddai hynny wedi creu mynedfa / porth a chwrt hynod drawiadol yn y cyfnod Neolithig. Ar hyn o bryd ni allwn ond dychmygu – ond os cafodd y cerrig cwarts eu defnyddio'n fwriadol, byddai'n rhaid i'r adeiladwyr fod wedi casglu'r cerrig hyn o safle lled leol.

Bedd yr Afanc, Brynberian

O'r holl siambrau claddu yn ardal Dyffryn Nyfer, dyma'r lleiaf arferol neu nodweddiadol. Hon yw'r pellaf o'r môr (7.9km) a disgrifir hi fel siambr gladdu neu fedd oriel (*gallery grave*). Rwyf yn ei chynnwys yn y bennod hon er nad ydi'r beddrod, o reidrwydd, yn perthyn i'r grŵp o siambrau claddu porth sydd i'w gweld yn y dyffryn. Gwnaethpwyd gwaith cloddio ar Fedd yr Afanc yn 1939 gan W. F. Grimes.

Dyma'r siambr gladdu anoddaf i'w chyrraedd a'i darganfod hefyd, gan fod y meini'n gorwedd yn isel yng ngweundir gwlyb iawn Gwaun Brwynant. Mewn tywydd gwlyb, tybiaf ei bod bron yn amhosib cyrraedd y safle gyda thraed sych oni bai bod rhywun yn gwisgo welintons. O ystyried ansawdd y tir dan draed, efallai mai misoedd sych yr haf yw'r amser gorau i fentro at Fedd yr Afanc ond yn sicr mae'n werth gwneud yr ymdrech i fynd yno. Does dim dwywaith nad yw'r safle yn wahanol iawn i weddill siambrau claddu Dyffryn Nyfer oherwydd y lleoliad yn yr ucheldir ac oherwydd y pellter o'r môr, yn ogystal â'r traddodiad gwahanol o adeiladu'r feddrod.

Yn ystod Mehefin 2018 cefais y pleser o gwmni'r ffotograffydd Emyr Young wrth grwydro'r safle, a cheisiodd y ddau ohonom ddychmygu sut fywyd oedd yma 5000 o flynyddoedd yn ôl. Tybed ble roedd y bobl yn byw? Efallai fod yr hinsawdd yn well a'r tir yn sychach pan adeiladwyd y siambr gladdu, a bod yr hyn sy'n

Bedd yr Afanc (Llun: Emyr Young)

weundir heddiw yn dir amaethyddol 5000 o flynyddoedd yn ôl. Mae'n debyg na chawn fyth wybod yr ateb.

Yr hyn a welir wrth gyrraedd Bedd yr Afanc yw dwy res hir o gerrig cyfochrog, tuag 1 medr ar wahân, ar gyflinell gorllewin-dwyrain a'r meini'n sefyll i uchder o oddeutu 0.5 medr, gyda gweddillion carnedd o amgylch y bedd oriel. Mae'r fynedfa i'r oriel ar yr ochr ddwyreiniol, a gwelwn tua deg o feini cyfochrog yn arwain at siambr gron o saith o feini ar yr ochr orllewinol. Nid oes capfeini wedi goroesi yma.

Saif y siambr o fewn tomen neu garnedd isel oddeutu 10 medr o hyd a 0.5 medr o uchder, a rhed y cerrig cyfochrog am bellter tebyg gyda'r siambr gron ar y pen gorllewinol yn creu siâp bras llythyren P, nid yn annhebyg i siambrau o'r un traddodiad yn Llydaw (gwefan *Archwilio*). Hawdd yw gweld ffurf y garnedd gan mai dyma'r unig dir sych sydd o amgylch y siambr gladdu.

Mae enghreifftiau o feddrodau oriel i'w gweld ledled Ewrop, o Sweden i Iwerddon, a'r gwahaniaeth rhwng beddrod oriel a beddrod cyntedd yw bod y rhai ar ffurf oriel yr un uchder drwyddynt, felly mae to'r oriel a tho'r siambr gladdu yr un uchder o'r llawr. Yn achos y beddrodau cyntedd mae'r cyntedd yn is ac yn

arwain i mewn i'r siambr gladdu, fel y gwelwn ym Mryn Celli Ddu
a Barclodiad y Gawres (gweler *Cam i'r Gorffennol*, 2014).

O ble a sut y daeth y traddodiad hwn i Ddyffryn Nyfer, felly?
A yw bodolaeth Bedd yr Afanc yn dystiolaeth fod rhywun neu
rywrai wedi mudo yma o Iwerddon yn y cyfnod Neolithig? Yn sicr,
mae'n ffurf neu draddodiad o feddrod anghyffredin ac anarferol
yng Nghymru, felly mae sawl cwestiwn anodd ei ateb yn codi:
pwy, sut a phryd? Mae'r enw ei hun yn peri dryswch: nid oes
chwedl am afanc yn tarddu o ardal y Preselau fyddai'n cysylltu'r
anifail â'r beddrod hwn. Petai'r beddrod yn Eryri byddai rhywun
yn gallu cysylltu'r enw â'r chwedl am afanc yn creu llifogydd yn
Nyffryn Conwy, cyn cael ei ollwng yn Llyn Glaslyn o dan yr
Wyddfa i'w atal rhag poenydio trigolion yr ardal.

Carreg Coetan Arthur, Trefdraeth

Cromlech fechan yw hon yn Nhrefdraeth sydd bellach y tu cefn i
stad o dai. Er hyn, wrth agosáu at y siambr gladdu hawdd yw
anghofio mor agos yw'r tai hynny gan fod gwrych yn eu cuddio
gan greu'r hyn sy'n teimlo fel gardd ddirgel. Rydym o fewn tafliad
carreg i geg afon Nyfer a hon, o holl siambrau claddu Dyffryn
Nyfer, yw'r agosaf at y môr.

Er ei bod yn gromlech gymharol fechan, yn sicr o'i chymharu
â Phentre Ifan, mae modd awgrymu bod y capfaen a'r meini sy'n ei ddal yn perthyn i'r traddodiad cromlech borth, gan fod awgrym o borth caeëdig ar yr ochr dde-ddwyreiniol. Er bod pedwar maen yn creu'r siambr, dim ond ar ddau o'r meini hyn mae'r capfaen sylweddol yn gorwedd, sy'n rhyfeddol. Mae dau faen ar y llawr i'r gogledd-ddwyrain o'r siambr ac un arall yn wastad ar yr

Cafn-nodyn amheus ar Garreg Coetan Arthur

Capfaen Coetan Arthur

ochr dde-ddwyreiniol (sef ochr y porth wrth edrych at y gromlech).

Bu cloddio archaeolegol yma yn 1979 ac 1980, a darganfuwyd bod carnedd o bridd wedi amgylchynu a chuddio rhan o'r gromlech, a bod bowlderi carreg wedi eu gosod o amgylch y garnedd i'w dal yn ei lle (*revetment*). Darganfuwyd crochenwaith Neolithig ac esgyrn wedi eu hamlosgi yn y pridd o dan y gromlech, sy'n awgrymu bod rhyw fath o ddefodau claddu wedi digwydd yma cyn adeiladu'r siambr gladdu.

Byddai'r siambr gladdu – sy'n dyddio o oddeutu 3500 Cyn Crist yn ôl canlyniadau profion radiocarbon, ac sydd felly'n enghraifft gynnar iawn – wedi gwasanaethu amaethwyr cynnar yr ardal. Efallai i'r siambr fod ar agor am gyfnod, neu fod claddedigaethau newydd wedi cael eu cynnal drwy fynediad rhwng rhai o'r meini ochr os oedd y siambr yn gaeedig. Does neb yn sicr o'r ateb, fel sy'n wir am y rhan fwyaf o siambrau claddu.

Mae sawl archaeolegydd yn awgrymu bod cafn-nodyn ar wyneb allanol y garreg ddwyreiniol (y garreg sy'n dal y capfaen). O edrych yn ofalus mesura'r cafn-nodyn honedig ryw 5cm ar draws, ond yn fy marn i mae siawns go dda mai nodwedd naturiol

45

Capfaen, Cerrig y Gof

yw hon yn hytrach na gwaith cerfio gan ddyn – ni hoffwn awgrymu gydag unrhyw sicrwydd ei fod yn gelf Neolithig.

Daw'r enw 'coetan' o'r arfer o chwarae *quoits*, ac mae'n enw sy'n cael ei gysylltu'n aml â siambrau claddu drwy wledydd Prydain. Mae un stori yn honni bod y Brenin Arthur wedi chwarae *quoits* yma hefo'r cerrig o'r gromlech!

Cerrig y Gof, Trefdraeth

Mae yng Ngherrig y Gof bum siambr gladdu wedi eu gosod mewn cylch a'r fynedfa i bob un yn wynebu am allan, sy'n ei wneud yn gofadail anghyffredin tu hwnt. Tydw i ddim yn ymwybodol o drefn debyg ar siambr gladdu mewn unrhyw le arall yng Nghymru.

Yr enghraifft debycaf y gwn i amdani yw siambr gladdu Bryn Meayll neu Rhullick-y-lagg-shliggagh ar Ynys Manaw, lle mae chwe siambr gladdu mewn cylch o fewn carnedd ehangach. Mae hefyd enghraifft o dair siambr sgwâr o fewn carnedd yn Cairnderry, Swydd Kirkcudbright yn yr Alban, nad yw'n annhebyg o ran ffurf.

Mae elfen o gyntedd i'r siambrau yn Rhullick-y-lagg-shliggagh sydd fymryn yn wahanol i Gerrig y Gof, sy'n debycach i siambrau sgwâr neu focs (y fynedfa yw ochr agored y bocs).

Oedd cysylltiad neu fudo, felly, rhwng Ynys Manaw a Sir Benfro yn ystod y cyfnod Neolithig, tybed?

Ystyr Rhullick-y-lagg-shliggagh yw 'dyffryn y llechi toredig'. Wrth gymharu cynllun Bryn Meayll a Cherrig y Gof mae'n weddol amlwg eu bod yn rhannu'r un traddodiad o adeiladu – yn achos Rhullick-y-lagg-shliggagh mae'r chwe siambr ar ffurf y llythyren 'T' gyda'r goes yn ffurfio'r cyntedd a'r naill ochr i do y 'T' yn creu dwy siambr bosib. Awgryma gwaith cloddio ym Mryn Meayll fod wal o amgylch y garnedd er mwyn ei dal, a phe bai'r garnedd yr un uchder â'r meini byddai oddeutu 0.75 medr o uchder a'r holl gofadail yn ymdebygu i ffurf drwm. Cerrig unionsyth wedi eu gosod (orthostatau) sy'n creu'r siambrau.

Dychmygaf fod yr enw, Cerrig y Gof, yn deillio o ddisgrifiad cymharol ddiweddar o'r capfeini, sy'n edrych fel enganau. Ymddengys fod y pum siambr wedi eu gosod o fewn cylch neu dwmpath crwn o bridd a fyddai yn ei dro wedi gorchuddio'r siambrau o leiaf at uchder y capfeini. Siâp bocs sgwâr sydd i'r siambrau, fel yr enghreifftiau uchod, a slabiau yn ffurfio ochrau'r 'bocs', a gwelir pedwar capfaen ar y safle, er eu bod wedi llithro o'u lleoliadau gwreiddiol. Mae capan y pumed siambr ar goll, a dim ond y siambr dde-ddwyreiniol sy'n gymharol gyfan. Er hyn, mae

Siambr gladdu sgwâr, Cerrig y Gof

rhywun yn cael syniad eitha da o ffurf y siambrau wrth ymweld â'r safle.

I raddau, mae'r siambrau yn cydymffurfio yn fras â'r traddodiad cromlechi porth yn yr ystyr fod y siambr gladdu ei hun yn focs bach sgwâr â chapan sylweddol ar ei phen. Ond siambrau isel iawn yw'r rhain, a bychan iawn o ran maint o'u cymharu â'r cromlechi porth cyfagos, fel Carreg Coetan Arthur neu Lech y Trybedd. Efallai fod y brif siambr yn Nhrellyffaint yn gymhariaeth well.

Gan fod y pum siambr fwy neu lai yr un maint, does dim modd awgrymu fod yma 'brif siambr', na bod cynllun unrhyw un o'r siambrau yn wahanol i'r lleill. Gellir awgrymu, fodd bynnag, fod y siambrau, sy'n gorwedd o fewn cylch y garnedd bridd, wedi eu hadeiladu ar gynllun bwriadol i greu'r 'fynwent' hon – efallai o fewn cyfnod penodol, neu fwy neu lai yr un adeg, gan fod cysondeb o ran arddull a chynllun adeiladu.

Os yw'r traddodiad adeiladu'n nes at y traddodiad porth yma yng Ngherrig y Gof, gan nad oes awgrym o gyntedd i'r siambrau, rydym felly'n casglu bod y 'drws' o dir y byw i dir y meirw yng ngheg y siambr. Beth ddigwyddodd i'r garreg gloi, felly? Gan fod carnedd Cerrig y Gof wedi ei dinistrio'n helaeth dros y blynyddoedd, nid ydyw mor hawdd dehongli sut y cafodd y siambrau eu cau, yn wahanol i Fryn Meayll.

Gwnaethpwyd gwaith cloddio yma yn y 19eg ganrif gan yr hynafiaethydd lleol Richard Fenton, ac awgrymir iddo ddarganfod darnau o lestri pridd, esgyrn a golosg. Doedd dim awgrym clir fod unrhyw beth yng nghanol y cylch na'r garnedd, a chanlyniad tebyg oedd ym Mryn Meayll – er, mae'n rhaid cofio bod gwaith cloddio Fenton yn gyntefig o'i gymharu â thechnegau cloddio cyfoes.

Yn amlwg, mae'n rhaid gofyn pam mae'r siambrau mewn un grŵp fel hyn o fewn yr un garnedd. Ai teulu neu aelodau o gymuned benodol a gladdwyd yma? Dyna'r tebygolrwydd, ond amhosib yw gwybod yn union. Yn fras iawn, mae siambrau claddu Bryn Meayll, Cairnderry, Water of Deugh (yr Alban), Tŷ Isaf, Sir Frycheiniog a Five Wells yn Swydd Derby yn rhannu rhai elfennau, megis sawl siambr gladdu y tu mewn i un garnedd. Er hyn, mae'r ffaith fod Tŷ Isaf yn perthyn i'r traddodiad Hafren Cotswold yn llawer mwy amlwg, a bod siambrau ychwanegol wedi eu cynnwys yn y garnedd – gwelwn rywbeth tebyg yng Ngharneddau Hengwm. Ai siambrau diweddarach neu issiambrau yw'r rhain, wedi eu gosod o fewn y garnedd trapesoid Hafren Cotswold, yng Ngharneddau Hengwm felly?

Os edrychwn ar siambr gladdu Trellyffaint (gyferbyn) yr hyn sydd i'w weld yw dwy siambr gladdu ochr yn ochr gydag un siambr yn fwy na'r llall. Yr un patrwm sydd i siambrau St Elvis / Llaneilfyw ger Solfach. Yn Nhrefignath ar Ynys Môn (SH 259805), cawn dair siambr ochr yn ochr, ond yr awgrym yn achos Trefignath yw bod hyn yn ddatblygiad o godi siambrau, un ar ôl y llall yn olynol, gan fod y drydedd siambr yn cau'r fynedfa i'r ail siambr. Efallai mai'r lleoliad neu'r safle ei hun oedd yn bwysig, neu yn sanctaidd, felly yn Nhrefignath, a bod y tair siambr yn awgrymu defnyddio'r un safle dros gyfnod o amser. Does dim rhaid i'r cyfnod o amser fod yn un hir iawn, ond mae'r ffaith fod y siambr olaf yn cau mynedfa'r ail siambr yn sicr yn awgrymu bod yr ail siambr un ai wedi gorffen cael ei defnyddio erbyn codi'r drydedd siambr, neu'n cael ei chloi yn fwriadol wrth godi'r siambr yn y cyfnod olaf.

Nid dyma'r patrwm yng Ngherrig y Gof: does yr un siambr yn cloi na chau un arall, felly mae modd iddynt fod yn gydamserol neu'n ddatblygiad o'r safle dros gyfnod cymharol fyr o amser. Dim ond lle i bum siambr o'r maint yma fyddai o fewn y cylch, felly mae'n rhaid bod elfen o flaen-gynllunio wedi digwydd yma.

Awgrymodd gwaith cloddio Audrey Henshall yn 1971 ar Fryn Meayll fod y siambrau wedi eu cau yn fwriadol gan glawdd neu wal o bridd a cherrig wedi ei godi ar hyd ymyl y garnedd, gan gloi'r cynteddau. Roedd archaeolegwyr wedi dod i gasgliad tebyg yn 1893 wrth awgrymu fod stepiau o gerrig y tu mewn i'r cynteddau yn eu cau neu eu cloi. Mae dod ar draws esiamplau o gau safleoedd yn ddefodol neu'n fwriadol yn beth gweddol gyffredin wrth astudio'r cyfnodau cynhanesyddol.

Yn ne-orllewin yr Alban gwelir siambrau sy'n perthyn i'r grŵp neu draddodiad Bargrennan, a'r farn archaeolegol gyffredinol yw mai perthyn i dde-orllewin yr Alban yn unig mae'r traddodiad hwn. Ond wrth edrych, er enghraifft, ar gynllun siambrau Cairnderry lle gwelir tair siambr o fewn carnedd gron, rhaid cyfaddef ei fod yn ddigon tebyg ei ffurf i Fryn Meayll a Cherrig y Gof, ond bod gwahaniaeth yn nifer y siambrau.

O fewn y traddodiad beddrodau Hafren Cotswold mae mynedfeydd o'r ochr yn gyffredin (ee Capel Garmon, Tŷ Isaf, Sir Frycheiniog, Tan-y-coed ger Corwen) ac awgrymir gan eu dosbarthiad daearyddol bod y syniadau a'r cynllun wedi cael eu rhannu wrth i bobl deithio. A yw Cerrig y Gof a Bryn Meayll yn eithriadau, neu yn unigryw o ran eu cynllun? Ydynt, o ran nifer y siambrau, yn sicr.

Wrth sgwrsio am hyn gyda'r archaeolegydd Frances Lynch, roedd yr awgrym bod y rhain yn '*one offs*' yn rhyfeddol. Sut felly? Pam? Y broblem fawr hefo pethau unigryw, i ni archaeolegwyr, yw ein dibyniaeth lwyr ar weld patrymau, a'r gallu i gymharu er mwyn dehongli. Os ydi rhywbeth yr unig un o'i fath, sut mae modd gwneud cymhariaeth?

Ymwelais â Cherrig y Gof sawl gwaith wrth ysgrifennu'r gyfrol hon. Nid yw'n daith hawdd – yn y gaeaf mae'r tir yn gallu bod yn wlyb, ac yn yr haf mae'r glaswellt, y mieri a'r rhedyn yn eu tyfiant, sy'n ei gwneud yn anodd i ddehongli a gwerthfawrogi'r siambrau. Does dim lle parcio cyfleus gerllaw chwaith, ac mae ceir yn gyrru'n gyflym ar hyd yr A487 brysur wrth i chi geisio cerdded tuag at yr heneb. Rydw i'n tueddu i wisgo siaced *high-vis* felen bob tro pan fyddaf yn cerdded at gofadeiliau ar hyd y ffordd fawr – os ydych yn ystyried ymweld â Cherrig y Gof, awgrymaf yn gryf y dylech chi wneud yr un peth.

Trellyffaint, Nanhyfer

Saif y ddwy siambr gladdu hyn prin hanner milltir o'r môr ar dir fferm Trellyffaint ger Nanhyfer. Efallai mai'r peth hynotaf am siambrau Trellyffaint yw bod y ddwy siambr yn gorwedd ochr yn ochr a bod un yn fwy na'r llall, sy'n awgrymu mai'r siambr fwyaf oedd y brif siambr a'r ail siambr, o bosib, yn ychwanegiad diweddarach.

Ymddengys fod y siambrau wedi wynebu'r de-orllewin, ac

Y siambr gladdu fwyaf, Trellyffaint

Yr ail siambr gladdu, Trellyffaint

wedi eu cuddio o dan garnedd hir (er nad yw'r garnedd yn amlwg mwyach). Mae'n debyg bod y ddau faen neu fowlder mwyaf ar ochr dde-orllewinol y siambr fwyaf yn ffurfio porth yn y traddodiad a welir ar hyd arfordiroedd Môr Iwerddon.

Ffurf betryal sydd i'r siambr fwyaf, ac mae'r capfaen yn cuddio rhan gefn y siambr yn unig – tybed a yw hyn yn awgrymu bod dau gapfaen yma'n wreiddiol? Gellir gweld hefyd fod darn o'r capfaen wedi torri a disgyn, a'r darn bellach yn gorwedd yn erbyn y siambr. Dim ond dau o'r meini cyfochrog a oedd yn ffurfio'r ochr sy'n weddill o'r ail siambr.

Gwelir oddeutu 35 (30+ yn ôl Nash, 2017) cafn-nodyn ar wyneb y capfaen ac un cafn-nodyn hirach, o bosib, ar y darn o'r capfaen sydd wedi torri ac yn gorwedd yn erbyn ochr ddwyreiniol y siambr. Nid tasg hawdd yw eu dehongli gan fod nifer o'r cafn-nodau wedi erydu, a does dim patrwm amlwg iddynt. Does dim sicrwydd chwaith, hyd yma, beth oedd eu pwrpas na'u harwyddocâd.

Cawn enghraifft arall o gafn-nodau ar gapfaen siambr gladdu Bachwen, Clynnog yn Sir Gaernarfon (SH 407495) lle gwelir hyd at 110 o gafn-nodau ar y capfaen.

Daw'r enw 'Trellyffaint' o stori a adroddwyd gan Gerallt Gymro (Giraldus Cambrensis) yn 1188 am ŵr o'r enw Sisillus Esceir-hir (coesau hir) a oedd yn cael ei erlid gan lyffantod – diwedd y stori oedd iddo gael ei fwyta gan nifer fawr o lyffantod. Doedd Sisillus ddim mewn iechyd da, yn ôl y stori, ac er gwaethaf ymdrechion ei ofalwyr a'i nyrsys i ddifa'r llyffantod, roedd mwy a mwy ohonynt yn dychwelyd i'w erlid. Wrth i'r nyrsys flino ar y gwaith hwnnw fe ddringodd Sisillus i fyny coeden foel yn y gobaith o gael llonydd, ond dringodd y llyffantod y goeden a'i fwyta yn y fan a'r lle. Yn eu llyfr *The Ancient Stones of Wales* mae Barber a Williams yn awgrymu mai yn y gromlech hon y cafodd Sisillus ei fwyta, ond rwy'n amau hynny'n fawr!

Awgrymodd arolwg geoffisegol / magnetometreg (sef mesuriadau o batrymau magnetaidd a haearn o dan y pridd) o amgylch Trellyffaint yn ddiweddar (2016/17) gan George Nash o Brifysgol Bryste fod yma dirwedd Neolithig ehangach a all gynnwys hengor. Edrychodd Nash ar yr ardal o amgylch y siambr gladdu ac ymddangosodd anomaleddau neu ffurfiau cylchog ar yr adroddiadau geoffisegol i'r de a'r de-orllewin o'r siambr, o bosib yn rhedeg o dan ddarn o'r garnedd gladdu (os felly, byddai'r anomaleddau yn dyddio o gyfnod cynharach na'r siambr gladdu).

Hengor yw'r nodwedd a welwn yng Nghôr y Cewri lle mae cylch o bridd a ffos, gyda chlawdd allanol fel arfer, a ddefnyddid yn y cyfnod Neolithig fel man sanctaidd. Rhyw 12 medr ar draws yw'r anomaledd mwyaf yn Nhrellyffaint – ond fel yr esbonia Nash, dim ond drwy gloddio archaeolegol y byddai modd cadarnhau bod ffos wedi bodoli yma unwaith, a chadarnhau beth yn union yw'r berthynas â'r siambr gladdu a gyda'r ail gylch llai o faint.

Beth bynnag fydd canlyniadau gwaith Nash, yr awgrym yw y byddai'r dirwedd hon wedi bod yn sanctaidd neu ddefodol yn y cyfnod Neolithig. Awgrymir bod y ffosydd a'r cloddiau mewn hengor yn diffinio tir sanctaidd yn yr un modd ag y mae'r siambrau claddu yn creu cartref y meirw – roedd y cyfan yn gynllun bwriadol.

Llech y Trybedd / Llech y Dribedd

Mae sawl fersiwn o enw siambr gladdu Llech y Trybedd yn cael eu defnyddio mewn gwahanol lyfrau. Ar wefan *Coflein* defnyddir 'Llech-y-Drybedd' a 'Llech-y-Trybedd'. 'Llech y Dribedd' a

Jeb Loy Nichols yn Llech y Trybedd

ddefnyddir gan Rees yn y gyfrol *Dyfed* (Cadw, 1992). Dylid nodi mai ystyr trybedd yn Saesneg yw *tripod* – os mai'r bwriad oedd enwi'r gromlech ar ôl y tri maen sy'n dal y capfaen ac yn ymdebygu i drybedd, mae'n rhaid bod yr enw yn un cymharol ddiweddar (o'r Canol Oesoedd Hwyr ymlaen) gan y byddai carnedd wedi cuddio'r gromlech, neu ran helaeth o'r gromlech, cyn hynny. Byddai 'tribedd' yn fwy tebygol o olygu bod tair siambr gladdu, ond does dim awgrym o hynny yma, felly, mae'n rhaid mai 'trybedd' sy'n gywir.

Mae hon yn gromlech nodweddiadol o siambr gladdu sgwâr gydag awgrym o borth ar yr ochr dde-ddwyreiniol, ac yn hynny o beth mae'n debyg i siambrau claddu eraill Dyffryn Nyfer. Efallai, gan fod y cerrig lleol yn fwy amrwd, fod y gromlech borth hon yn fwy trwm a thrwchus o ran gwedd, ond mae'r codiad yn y capfaen a'r ddau faen ar yr ochr dde-ddwyreiniol yn sicr yn rhoi'r argraff o'r porth. Wrth ymweld â Llech y Trybedd gyda'r artist Jeb Loy Nichols yn 2018, fe'm hatgoffwyd o gromlech y byddai rhywun wedi ei gweld yn rhaglen y *Flintstones* ers talwm!

Mae'r siambr ar dir Fferm Trericert, ddwy filltir a hanner i'r gogledd-ddwyrain o Nanhyfer a rhyw ddwy filltir o siambr gladdu Trellyffaint.

Yn ôl stori sy'n gysylltiedig â Llech y Trybedd, cafodd y capfaen ei daflu gan gawr o'r enw Samson o gopa Carningli. Mae cromlech arall ger Mathri o'r enw Carreg Samson (SM 848355), a chyffredin yw'r straeon hyn am feini'n cael eu taflu gan gawr o gopa mynydd cyfagos. Yr un stori sydd i Faen Twrog ger eglwys Maentwrog a Llech Idris ger Trawsfynydd yng Ngwynedd, a Ffon y Cawr yn Nyffryn Conwy.

ATODIAD:

Siambr Gladdu Llaneilfyw (St Elvis), Solfach

Dychwelais at siambr gladdu Llaneilfyw wrth ysgrifennu'r gyfrol hon. Roeddwn wedi ymweld â'r gromlech pan oeddwn yn hogyn ysgol yn ystod haf 1976, ond doeddwn i ddim wedi dychwelyd yno yn y cyfamser. Tua 14 oed oeddwn i adeg yr ymweliad cyntaf hwnnw, a chofiaf fod fy nhad a minnau wedi cerdded ar hyd llwybr y fferm at y siambr pan oedd yn nosi. Wrth ailymweld â'r gromlech penderfynais droedio'r un llwybr tua'r un adeg o'r nos, felly cyrhaeddais y safle tuag 8pm wrth i'r haul ddechrau machlud yn ystod mis Mai 2017.

Mae dwy siambr yma, un ddwyreiniol fwy cyfan ac un orllewinol sydd wedi gweld cryn dipyn o ddifrod dros y canrifoedd. Gan fod y siambr gladdu fwy neu lai ar gyffordd o lwybrau fferm, mae tipyn o erydu wedi bod ar yr ardal o amgylch y cerrig, Credir bod rhai cerrig wedi eu defnyddio fel pyst giatiau a bod ffermwr yn 1890 wedi symud rhai o'r cerrig o'r siambr ddwyreiniol. Er hyn, mae hwn yn safle gwerth ymweld ag ef, a chawn ein hatgoffa o siambr gladdu Trellyffaint (gweler uchod) lle saif dwy siambr ochr yn ochr. Ymddengys fod capfaen siambr orllewinol siambr gladdu Llaneilfyw yn gorwedd bellach rhwng y meini a fyddai wedi ei ddal i fyny ar un adeg.

Siambr gladdu Llaneilfyw

Siambrau Claddu
Dyffryn Nyfer

Pentre Ifan

Cyfeirnod Map: OS Landranger 145 SN 099370

Dilynwch yr A487 i'r dwyrain allan o Drefdraeth am 1.5 milltir, wedyn trowch i'r dde (i gyfeiriad y de) gan ddilyn arwyddion brown cromlech Pentre Ifan. Bydd y gyffordd hon ychydig cyn troad Nanhyfer (ar y chwith). Rydych nawr yn teithio i gyfeiriad Brynberian ar lonydd bach y wlad.

Ar ôl hanner milltir ewch yn syth ymlaen drwy'r groesffordd, heibio i Ganolfan yr Urdd Pentre Ifan (ar yr ochr dde).

1.8 milltir ar ôl gadael yr A487 cymerwch y troad cyntaf i'r dde (ar ôl y groesffordd), eto gan ddilyn arwyddion brown Pentre Ifan i gyfeiriad Brynberian. Arhoswch ar y ffordd hon (heibio'r troad ar y chwith) – bydd y llwybr i Bentre Ifan ar yr ochr dde, 2.4 milltir o'r briffordd. Mae digonedd o le i barcio. Rhyw 50 medr o gerdded sydd wedyn ar hyd y llwybr troed.

O.N. Mae arwyddion am Pentre Ifan o'r B4329 Brynberian hefyd.

Bedd yr Afanc, Brynberian

Cyfeirnod Map: OS Landranger 145 SN 109346

Dilynwch y B4329 o gyfeiriad Brynberian tuag at Eglwyswrw a pharciwch y car ger y bont dros afon Brynberian, ger y fynedfa i orsaf fechan y Bwrdd Dŵr (ar y chwith).

Dilynwch y llwybr tuag at ffermdy Bryn Glas (arwydd ger y llwybr), a gyferbyn â'r tŷ cymerwch y giât ar yr ochr chwith am y mawndir agored.

Rhaid cerdded wedyn ar hyd llwybrau defaid rhyw 300 medr i'r de-ddwyrain o Bryn Glas dros y ffrwd agored, gan anelu at glwmpyn o eithin a mymryn o godiad yn y tir (hwn yw gweddillion y garnedd). Dyma'r unig arwydd o'r feddrod gan fod y cerrig yn rhy isel i'w gweld o bell – felly y clwmpyn hwn o eithin yw'r nod.

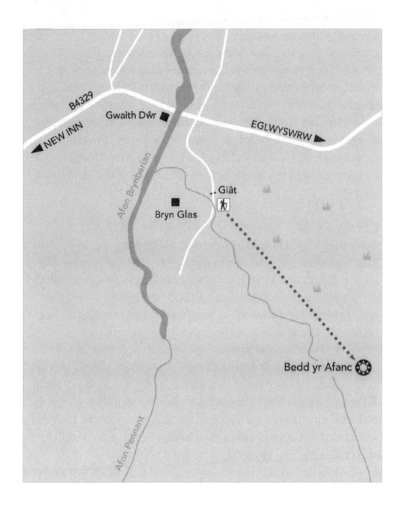

Mae angen cadw i'r dwyrain o'r ffrydiau bach sy'n rhedeg o Mynydd Bach. O'ch blaen, ar draws y mawndir, byddwch yn edrych i gyfeiriad Carn Goedog a Charn Alw i'r de-ddwyrain, a Mynydd Bach i'r de-orllewin.

Nid hawdd yw canfod Bedd yr Afanc ac mae angen esgidiau cerdded da a dillad addas gan fod y tir yn wlyb.

Carreg Coetan Arthur, Trefdraeth

Cyfeirnod Map: OS Landranger 145 SN 060393

Ar ochr ddwyreiniol pentref Trefdraeth (A487) cymerwch y troad am Moylgrove, fel petaech yn mynd i lawr am yr afon a'r traeth – hon fydd y gyffordd olaf ar gyrion y pentref ger tafarn y Golden Lion Hotel. Dilynwch y ffordd am 50 medr a pharcio ar y dde yn y gilfan gyferbyn â stad o dai Carreg Coetan (peidiwch â pharcio yn y stad). Mae arwydd yn eich cyfeirio at y gromlech sydd ym mhen pella'r stad dai, ar y dde drwy giât fechan.

Cerrig y Gof

Cyfeirnod Map: OS Landranger 145 SN 037389

Mae'r siambrau claddu mewn cae ar ymyl yr A487, rhyw filltir allan o Drefdraeth i gyfeiriad Abergwaun ar ochr dde y ffordd ger y bont (dros afon Rhigian). Mae hi'n ofnadwy o beryglus yma gan nad oes palmant, ac mae'r ffordd yn droellog a'r ceir yn tueddu i yrru'n gyflym.

Y lle mwyaf diogel i barcio yw ger cilfan 'Cerrig' ar ochr chwith y lôn heibio Oakfield Lodge, sy'n golygu y bydd yn rhaid i chi gerdded yn ôl rhyw 500 medr ar hyd y ffordd at y bont a dringo un o'r giatiau i'r cae. Bydd bwthyn gwyn Swn y Don ar eich llaw chwith wrth gerdded i lawr am y bont (Pont Newydd).

Mae ymwelwyr ar gyfer traeth Aber Rhigian yn parcio ar ymyl y ffordd (SN 039389) yn nes at Trefdraeth.

Byddai defnyddio siaced lachar felyn *high visibility* yn beth doeth wrth gerdded ar hyd yr A487.

Trellyffaint, Nanhyfer

Cyfeirnod Map: OS Landranger 145 SN 082425

Dechrau yn Nanhyfer (oddi ar yr A487)

Dilynwch yr arwyddion am Gastell Nanhyfer allan o'r pentref a heibio'r eglwys. Ar ôl 0.5 milltir cadwch i'r dde ar y fforch yn y ffordd. Ar ôl 1.5 milltir cymerwch y troad i'r chwith yn y gyffordd. Ar ôl 0.5 milltir gadewch y car ger y fynedfa i Fferm Trellyffaint. Mae'r siambr gladdu mewn cae. Rhaid dilyn llwybr ar draws dau gae i'w chyrraedd.

Petaech yn teithio ymlaen ar y ffordd hon fe fyddech yn dod allan ar ffordd Moylgrove – trowch i'r dde wedyn am Llech y Trybedd.

Llech y Trybedd, Trewyddel (Moylgrove)
Cyfeirnod Map: OS Landranger 145 SN 101432
Mae angen dilyn y lôn fach ogleddol (agosaf at y môr) o Nanhyfer tuag at Trewyddel (Moylgrove). Bydd angen troi oddi ar yr A487 am Moylgrove un ai yn Nanhyfer neu yn agosach at Aberteifi.

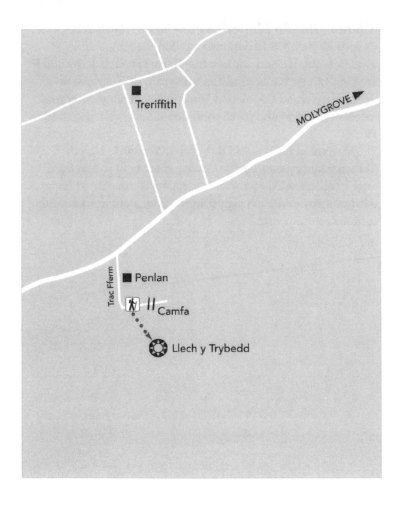

Ryw filltir cyn cyrraedd pentref Trewyddel o'r gorllewin, parciwch ar y chwith ar ochr y ffordd gyferbyn â thrac fferm Penlan. Fe welwch arwyddbost yn eich cyfeirio at y siambr gladdu. Rhaid dilyn y trac am bron i hanner milltir i fyny'r bryn (a'ch cefn at y môr). Cadwch at y prif lwybr / trac gan ei ddilyn yn syth ymlaen a throi fymryn i'r chwith wrth gyrraedd copa'r bryn. Mae arwydd bach arall yma. Cadwch ar y llwybr i'r chwith ac o fewn dau funud gwelwch gamfa ar eich ochr dde sy'n arwain at y gromlech. Gwelwch y gromlech yn y cae wrth groesi'r gamfa. Gwaith cerdded o tua 10–15 munud.

Siambr Gladdu Llaneilfyw (St Elvis), Solfach
Cyfeirnod Map: OS Landranger 157 SM 812239
Mae'r siambrau claddu ar ben trac fferm (St Elvis Farm) oddi ar yr A487, ryw hanner milltir i'r dwyrain o Solfach wrth deithio i gyfeiriad Breudeth a Niwgwl. Os ydych yn cyrraedd maes awyr Breudeth rydych wedi mynd heibio i droad St Elvis Farm.

Mae gofod parcio sydd dan ofal yr Ymddiriedolaeth Genedlaethol ryw 500 medr i lawr y trac. Ar ôl parcio bydd angen i chi gerdded i fyny'r allt tuag at y fferm gan ddilyn y llwybrau penodedig am y gromlech. Rhyw 15 munud o waith cerdded ar drac fferm.

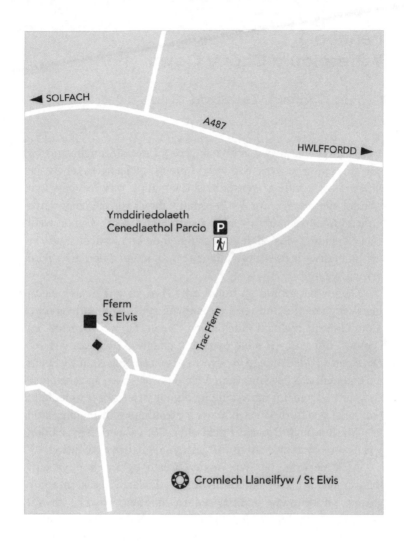

Pennod 3
Y Preselau a Chôr y Cewri

Cyfnod: Neolithig / Oes Efydd

Un o'r dirgelion mwyaf ynglŷn â Chôr y Cewri (Stonehenge) yw sut un union y cyrhaeddodd y meini gleision (a elwir yn *bluestones*) y safle ar Wastadedd Caersallog, gan fod pawb yn weddol gytûn mai o ardal y Preselau y daw'r cerrig gleision hyn yn wreiddiol. Dau ddewis sydd mewn gwirionedd: eu bod wedi cael eu cludo o'r Preselau gan ddyn neu eu bod wedi eu cludo i'r cyffiniau drwy broses o rewlifiant ac mai 'meini dyfod' neu 'feini crwydr' ydynt.

Gadewch i mi fod yn hollol glir. Hyd yn oed petai'r meini gleision yn feini dyfod wedi eu gollwng rywle i'r de-ddwyrain o afon Hafren, byddai'r adeiladwyr Neolithig wedi gorfod eu symud i Gôr y Cewri o ble bynnag y gadawyd hwy gan y rhew. Does neb all ddadlau nad yw dyn wedi eu codi yng Nghôr y Cewri a'u bod wedi cael eu symud gan ddyn o rywle – boed agos neu bell. Cytunir bod y meini mawrion yng Nghôr y Cewri, sef y clogfeini (*sarsens*) sy'n ffurfio'r cylch mawr a'r trilithau wedi eu darganfod ar y Marlborough Downs i'r gogledd o Gôr y Cewri, felly, cafodd y rhain eu cludo dros 20 milltir gan yr adeiladwyr Neolithig.

Ar y dechrau fel hyn, mae'n werth egluro bod yr enw '*bluestones*' yn cael ei ddefnyddio i ddisgrifio sawl math o garreg, yn cynnwys dolerit, dolerit smotiog, rhyolit, rhyolit dolennog, tywodfaen a cherrig folcanaidd. Nid un math o garreg yw'r 'cerrig gleision' yng Nghôr y Cewri, ac nid yw 'carreg las' yn derm daearegol cywir. Defnyddir y term 'cerrig gleision' i ddisgrifio'r meini nad ydynt yn wreiddiol o Wastadedd Caersallog, ac sy'n debygol o fod yn tarddu o'r Preselau. Enw arall a ddefnyddir gan rai (eto, nid yw hwn yn enw gwyddonol) am y dolerit smotiog yw *preselite*.

Rwy'n ymwybodol iawn fod hwn yn bwnc llosg, a bod nifer o awduron yn gor-ddweud ac yn dadlau'n afresymol ynglŷn â'r pwnc. Felly, pan fyddaf yn dyfynnu neu'n crybwyll damcaniaethau, tydw i ddim, o reidrwydd, yn cytuno â'r awduron. Cefais sgwrs ddiddorol hefo un o fy nghyd-weithwyr ym maes archaeoleg oedd yn bryderus bod rhoi cydnabyddiaeth i rai awduron yn rhoi cydnabyddiaeth i'w damcaniaethau – hyd yn oed os ydyn nhw'n anghywir neu'n afresymol. Felly, fy mwriad yma yw cael golwg wrthrychol ar y drafodaeth, gan geisio cyflwyno'r damcaniaethau diweddaraf cyn rhoi fy marn bersonol ar ddiwedd y bennod.

Y broses ddynol sy'n cael ei ffafrio gan y mwyafrif o archaeolegwyr, felly, rwyf am gychwyn y drafodaeth gyda'r feddylfryd bod y cerrig gleision wedi eu cludo o'r Preselau gan ddyn. O dreulio amser yn trafod hyn gyda'r daearegydd Dyfed Elis-Gruffydd, rhaid cyfaddef nad wyf yn sicr y naill ffordd na'r llall – ond rhaid cymryd un cam yn ôl i ddechrau.

Yr hyn nad yw'n cael ei drafod yn ddigon aml yw sut roedd yr adeiladwyr Neolithig yn gwybod am gerrig gleision y Preselau. Sut oedd pobl yn cyfathrebu a chysylltu rhwng Gwastadedd Caersallog a'r Preselau? Sut oedd pobl yn adnabod y ffordd, heb nac arwyddbost na map OS, heb na *Sat Nav* na ffôn symudol, o'r Preselau i Gôr y Cewri?

Fe all fod y 'fasnach fwyeill' neu'r prosesau o gyfnewid bwyeill eisoes wedi sefydlu llwybrau masnach ar hyd a lled y wlad (gan ddefnyddio'r môr ar adegau) a dyma un esboniad am sut y sefydlwyd ac y datblygwyd y cysylltiadau. Gwyddom fod cerrig addas ar gyfer ffurfio bwyeill yn aml yn dod o ffynhonnell ddaearegol benodol – yng ngogledd Cymru roedd ffatrioedd bwyeill neu ffynonellau o gerrig addas ar Fynydd Rhiw yn Llŷn a Chraig Lwyd, Penmaen-mawr. Cludwyd bwyeill neu ddarpar fwyeill (*roughouts*) o'r creigiau hyn ar hyd a lled y wlad drwy fasnach neu broses o gyfnewid yn ystod y cyfnod Neolithig.

Awgryma'r holl naddion cerrig a ddarganfuwyd o amgylch Craig Lwyd ac yn y pydewau chwarel ar Fynydd Rhiw fod y bwyeill wedi eu siapio'n fras yn weddol agos at ffynhonnell y garreg cyn cael eu cludo ymaith. Hyd yn oed os yw'r disgrifiad 'ffatri fwyeill' bellach wedi mynd allan o ffasiwn gydag archaeolegwyr, mae'r rhain yn sicr yn safleoedd oedd yn cael eu cloddio neu eu chwarela, ac yn lleoliadau a ffynonellau ar gyfer creu bwyeill bras, waeth sut rydyn ni'n cyfeirio atyn nhw. Gallwch ddarllen mwy am ffatri fwyeill Mynydd Rhiw yn fy nghyfrol *Cam i'r Gorffennol* (2014).

Symud o gwmpas fu hanes pobl hefyd o safbwynt cyflwyno amaethyddiaeth i Ynysoedd Prydain yn y cyfnod Neolithig a chyflwyno metel yn yr Oes Efydd, a hynny o gyfandir Ewrop. Felly nid yw rhannu syniadau, cyflwyno syniadau newydd a symudiadau pobl yn elfennau anarferol yn y cyfnodau cynhanesyddol. Ond wedi dweud hynny, mae'r ffaith fod dyn wedi adnabod ffynhonnell y cerrig gleision yn y Preselau a phenderfynu eu cludo i Wastadedd Caersallog yn dal yn rhyfeddol.

Barn yr archaeolegydd Mike Parker Pearson (gweler isod) yw bod y cerrig gleision yn bwysig i adeiladwyr Côr y Cewri, yn ddeniadol mewn rhyw ffordd, iddynt fynd i'r holl ymdrech i'w cludo mor bell. Gweithred fwriadol oedd hon, nid un ddamweiniol. Fel yr awgryma Mike Parker Pearson, mae'n rhaid bod yr adeiladwyr yn dymuno cael y cerrig glas yn rhan o'r cylch; bod rhyw elfen o bwysigrwydd iddynt, yn sicr, yng nghyfnod adeiladu Côr y Cewri yn ystod y trydydd mileniwm Cyn Crist.

Rwy'n derbyn hyn yn rhannol, ond gan fod y cerrig gleision yng Nghôr y Cewri yn cynnwys mathau gwahanol o 'gerrig glas', mae'n rhaid bod yn ofalus yma. Petai pob carreg las yng Nghôr y Cewri yn ddolerit smotiog, er enghraifft, byddai rhywun yn gallu bod yn fwy sicr ei farn am hyn o beth.

Dadl arall i'w hystyried yn ofalus yw'r ffaith fod bwyeill jâd caboledig wedi eu cludo o Monte Viso yn Alpau'r Eidal yn ystod y cyfnod Neolithig, a chael eu darganfod mor bell i ffrwdd â'r Alban. Efallai'n wir fod y bwyeill jâd caboledig yn rhai defodol yn hytrach na rhai ymarferol – maen nhw'n rhy fregus i dorri coed – felly mae'r ddadl o blaid pwysigrwydd ffynhonnell arbennig a charreg arbennig yn cael ei chryfhau gyda'r arfer o gyfnewid bwyeill jâd, yn sicr.

Mae'r ffaith fod pedair bwyell o ddolerit smotiog neu *preselite* wedi eu darganfod ar Wastadedd Caersallog hefyd yn cryfhau'r awgrym o gysylltiadau Neolithig rhwng de-orllewin Cymru a de Lloegr, ond ychydig iawn o fwyeill *preselite* sydd wedi eu darganfod mewn gwirionedd, a does dim digon o dystiolaeth i ffurfio unrhyw ddamcaniaeth o sylwedd. Grŵp XIII yw'r enw a ddefnyddir gan archaeolegwyr ar y bwyeill *preselite* hyn.

Fy marn i fel archaeolegydd yw bod yn rhaid dilyn y dystiolaeth, ac mai'r dystiolaeth bob amser sydd i fod i arwain neu lywio trafodaeth. Peth peryglus yw ceisio gwneud i dystiolaeth gyd-fynd â damcaniaeth neu ei ffitio – os nad oes sicrwydd i'w gael, rhaid derbyn hynny. Parchaf yr archaeolegwyr sy'n ddigon dewr i gyfaddef nad oes ateb pendant ambell waith; bod angen mwy o dystiolaeth, a bod mwy o waith ymchwil i'w wneud.

Bwriadaf edrych ar yr holl ddadleuon yn y bennod hon, yn ogystal â'r ffynonellau daearegol tebygol ar gyfer cerrig gleision y Preselau. Bu cryn drafodaeth yn ddiweddar yn *Archaeology in Wales* (Cyfrolau 50, 52, 54) ynglŷn â gwaith cloddio a gwaith petrolegol ar Graig Rhosyfelin, Brynberian (gweler isod) ac awgrymaf fod y rhai ohonoch sydd â diddordeb pellach yn y maes yn darllen yr adroddiadau diweddar. Mae hi'n drafodaeth ddiddorol a bywiog.

Craig Rhosyfelin

Mike Parker Pearson, sy'n Athro yng Ngholeg y Brifysgol, Llundain yw'r arbenigwr ar Gôr y Cewri, mae'n debyg, ac yn 2010 enillodd ei brosiect Stonehenge Riverside wobr Prosiect y Flwyddyn yng ngwobrau'r cylchgrawn *Current Archaeology* am waith ymchwil archaeolegol. Ei lyfr poblogaidd *Stonehenge* (2012) yw'r man cychwyn diweddaraf os ydych am geisio deall Côr y Cewri – er, mae'n rhaid i mi gyfaddef fod ei lyfr wedi codi mwy o gwestiynau nag atebion. Mae ei erthygl ddiweddar yng nghylchgrawn blynyddol Sefydliad Archaeoleg Coleg y Brifysgol Llundain, *Archaeology International*, yn egluro ei farn ddiweddaraf.

Roedd Richard Atkinson (1920–1994) yn arbenigwr arall, a bu'n rhan o'r gwaith cloddio ac atgyweirio yng Nghôr y Cewri yn ystod y 1950au hefo Stuart Piggott a John Stone. Atkinson oedd fy Athro ym Mhrifysgol Cymru, Caerdydd, pan oeddwn yn astudio am radd mewn Archaeoleg yno rhwng 1980 ac 1983, er mai ond rhyw unwaith neu ddwy y gwelais ef yn ystod yr holl gyfnod. Chefais i erioed ddarlith ganddo, dim ond ei weld o bell ar y coridor uchaf (yn gwisgo'i dei-bô smotiog) pan oeddwn ar fy ffordd i weld un o'r darlithwyr eraill. Wrth gwrs, roedd pob un ohonom ni fyfyrwyr archaeoleg ifanc a diniwed yn ymwybodol o waith cloddio Atkinson yng Nghôr y Cewri a siambr gladdu West Kennet, a'r ffilm BBC enwog, *Chronicle*, o'r gwaith cloddio ar

Fi a mrawd (Sion Sebon) gyda Mam (Sydney Thomas) yng Nghôr y Cewri yn y 1960au

Silbury Hill yn 1968. Dwi'n difaru, wrth edrych yn ôl, na fyddwn wedi gwneud mwy o ymdrech i chwilio am a mynychu un o'i ddarlithoedd – ond digon o waith y byddwn, yn ddeunaw oed, wedi gwybod beth i'w ddweud petawn i wedi ceisio taro sgwrs hefo fo.

Llwyddodd Atkinson mewn arbrawf rhyfeddol yn y 1950au i symud carreg debyg o ran maint i un o'r meini gleision yng nghylch Côr y Cewri ar sled neu gar llusg â rholbrenni oddi tano, gyda chymorth cyn lleied â 32 o fyfyrwyr. Mae lluniau o'r arbrawf yn y gyfrol *Stonehenge* (1956) sy'n dangos y garreg ar sled yn cael ei llusgo ar y tir, a'r garreg ar rafft ar afon.

Awgryma Parker Pearson (2012), yn dilyn ei waith gyda'r Stonehenge Riverside Project, fod pum cyfnod pendant o ddatblygiadau ac adeiladu i Gôr y Cewri. Er ei fod yn cyfaddef nad yw pawb yn hollol gytûn â'i farn, dyma, yn fras, sy'n cael ei awgrymu ganddo:

Y Cyfnod Cyntaf: 3000–2920 Cyn Crist, Cyfnod Neolithig Canol

Y nodweddion cyntaf i gael eu hadeiladu oedd y clawdd allanol, y ffos, y clawdd mewnol a'r Tyllau Aubrey gyda'r meini gleision ynddynt. Cafodd y tyllau eu henwi ar ôl yr hynafiaethydd John Aubrey o'r 17eg ganrif, a dros y blynyddoedd mae cryn ddamcaniaethu wedi bod ynglŷn ag union bwrpas y tyllau neu'r pydewau hyn. Awgrym Parker Pearson a'i gyd-weithwyr yn 2008 oedd eu bod wedi dal meini gleision ar un cyfnod. (Mae 56 Twll Aubrey, ond does dim nifer cyfatebol o feini gleision wedi eu darganfod neu wedi goroesi). Roedd claddedigaethau cyrff wedi eu hamlosgi yn gysylltiedig â'r nodweddion cynnar hyn. Sylwch mai hengor neu *henge* fyddai clawdd a ffos mewnol fel arfer – nid yw *henge* yn air am gylch o gerrig – felly mae'r cerrig gleision yn perthyn i gyfnod dechreuol Côr y Cewri.

Yr Ail Gyfnod: 2620–2480, Cyfnod Neolithig Hwyr

Dyma gyfnod codi'r pum trilith (*trilithon*). Rhaid bod y rhain wedi eu codi cyn y cylch clogfeini (*sarsens*) o'u hamgylch.

Aildrefnwyd y meini gleision mewn dwy gylchran, sef lle mae'r tyllau a elwir yn Q ac R, a chodwyd y cylch clogfeini.

Y Trydydd Cyfnod: 2480–2280, Yr Oes Gopr
Yn y cyfnod hwn yr adeiladwyd y rhodfa (*avenue*) o'r fynedfa ogledd-ddwyreiniol ar linell hirddydd haf. A aildrefnwyd y cerrig gleision yng nghanol Côr y Cewri hefyd, tybed?

Y Pedwerydd Cyfnod: 2280–2020 Cyn Crist, Yr Oes Efydd Gynnar
Aildrefnwyd y cerrig gleision oedd yn y tyllau Q ac R yn gylch allanol, a'r gylchran meini gleision yn y canol yn drefn hirgrwn. Er i Atkinson awgrymu mai siâp pedol oedd y ffurf newydd yma mae Parker Pearson yn awgrymu bellach fod y ffurf hirgrwn wedi ei dinistrio gan y Rhufeiniaid, ac nad oedd siap pedol yma erioed. Doedd y dystiolaeth archaeolegol ddiweddaraf ddim gan Atkinson, wrth gwrs, pan ddaeth i'w gasgliadau ef.

Y Pumed Cyfnod: 1680–1520 CC, Yr Oes Efydd Ganol
Crëwyd dau gylch o dyllau neu bydewau hirsgwar y tu allan i'r cylch clogfaen – y rhain yw'r tyllau Y a Z. Does dim awgrym i'r tyllau hyn gael eu defnyddio erioed, ac ymddengys iddynt lenwi ac erydu yn naturiol. Awgrym Atkinson oedd bod y rhain wedi eu tyllu ar gyfer y meini gleision, ond na chawsant erioed eu defnyddio. Does neb wedi gallu profi na gwrthbrofi hyn.

Yr hyn sy'n sicr, o'r cyfnod hwn ymlaen, yw mai dyma ddiwedd y cyfnod o adeiladu cofadeiliau mawr fel hon ar gyfer y cyndeidiau a'r meirw, a bod y pwyslais o fewn y gymdeithas yn newid tuag at greu caeau a datblygu'r broses amaethyddol. Mae'r pwyslais ar y byw, nid y marw, o hyn ymlaen.

Felly, rydym yn awgrymu sefydlu Côr y Cewri oddeutu 3000 Cyn Crist, gyda'r 56 Twll Aubrey oddi mewn i'r ffos gyda'r ddau glawdd. Amcangyfrifir bod hyd at 150 o unigolion wedi eu claddu yma – cartref y meirw oedd Côr y Cewri.

Damcaniaethau Mike Parker Pearson

Fel y soniais uchod, llyfr Parker Pearson, *Stonehenge* (2012), yw'r man cychwyn os ydych am ddeall Côr y Cewri, ond rhaid cofio ei fod yn llyfr 'poblogaidd' sydd, ar adegau, yn cynnig atebion archaeolegol rhy hawdd a syml. O safbwynt cael crynodeb cyfredol mae'n gyfrol hanfodol a gwerthfawr i'w darllen, ond fel mae rhywun yn dechrau cwestiynu (fel y gwnaiff Dyfed Elis-Gruffydd ac eraill; gweler isod) mae amheuon yn codi ynglŷn â'i dueddiad i orsymleiddio. Efallai mai fi sy'n bod yn llawdrwm ar Parker Pearson, ond yn fy marn i mae angen mwy o waith archaeolegol a gwyddonol cyn y gellir ateb nifer o'r cwestiynau yn foddhaol.

Dangosodd gwaith maes yr archaeolegydd Jack Stone yn y 1930–40au fod naddion o'r meini gleision i'w cael o amgylch y Cwrsws, nodwedd archaeolegol gynharach sydd ychydig i'r gogledd-orllewin o Gôr y Cewri. Darganfuwyd naddion rhyolit a thywodfaen micaidd yno, a chan fod mwy nag un math o garreg ymhlith y naddion hyn, awgryma Stone nad safle gweithio neu siapio maen unigol ydoedd. O ganlyniad, dechreuwyd damcaniaethu tybed a oedd cylchoedd eraill o feini gleision wedi bodoli yn y dirwedd o amgylch Côr y Cewri.

Gwnaethpwyd gwaith pellach ar hyn gan Parker Pearson o 2006 ymlaen, a darganfuwyd mwy o naddion o gerrig gleision o amgylch Côr y Cewri. Awgrymodd gwaith geoffisegol gan Wessex Archaeology yn 2009, ac arolwg arall gan Brifysgol Birmingham yn 2010, fod cylchoedd eraill posib yn yr ardal, ond heb gloddio archaeolegol does dim modd cadarnhau beth yn union sy'n ymddangos ar y lluniau geoffisegol – a does dim sicrwydd fod y rhain yn gylchoedd cerrig gleision chwaith.

Edrychodd y daearegydd Rob Ixer ar naddion diweddar Parker Pearson, a chafodd ei synnu nad naddion o'r dolerit arferol sy'n cael ei gysylltu â Chôr y Cewri oeddynt, na'r rheolit arferol chwaith. Awgrymodd fod y naddion neu ddarnau tywodfaen micaidd hefyd yn tarddu o Gymru, felly, unwaith eto cododd Parker Pearson y cwestiwn: a yw'r naddion yn perthyn i gylch arall sydd heb ei ddarganfod eto?

Cytunir mai o'r Preselau y daw'r garreg dolerit sy'n cael ei defnyddio mor aml yng Nghôr y Cewri, ac er mai cerrig gleision, *bluestones,* yw'r enw cyffredin, tueddu i fod yn lliw gwyrdd tywyll mae'r dolerit. Mae amrywiad lleol o'r dolerit i'w gael yn y Preselau, sef y dolerit smotiog, lle gwelir crisialau o ffelsbar neu gwarts yn y garreg werdd. Y daearegydd Herbert Henry Thomas oedd y cyntaf i gysylltu'r meini gleision dolerit smotiog â Charn Menyn yn y Preselau yn 1923.

Dangosodd gwaith gwyddonol a chemegol Richard Thorpe ac Olwen Williams-Thorpe (1991, 2006) ar y dolerit mai Carn Goedog ar lethrau gogleddol y Preselau yw ei ffynhonnell fwyaf tebygol, ond bod Carn Menyn (Carn Meini) hefyd yn ddigon agos o ran cyfansoddiad i fod yn darddiad arall posib.

Carreg igneaidd yw'r garreg las a ddefnyddir yng Nghôr y Cewri, ac mae sawl math o garreg las yn bresennol. Y garreg las dolerit yw'r mwyaf cyffredin, ond gwelir hefyd amrywiad o garreg las rhyolit a cherrig calchaidd a thywodfaen micaidd. Enghraifft o'r 'garreg las' o dywodfaen yw'r Garreg Allor yng nghanol y cylch cerrig.

Copa Carn Goedog

Dolerit smotiog ar lethrau Carn Goedog

Tua 140 milltir yw'r Preselau o Gôr y Cewri. Y ddamcaniaeth draddodiadol, gan osgoi unrhyw esboniad sy'n ymwneud â phrosesau rhewlifiant am y tro, yw bod y cerrig gleision wedi eu cludo ran helaeth o'r ffordd ar rafftau dros y dŵr – gan ddefnyddio'r môr a'r afonydd lle roedd hynny'n bosib. Ar ôl eu llusgo o'r Preselau at yr arfordir byddai modd cludo cerrig wedyn ar rafftau ar hyd yr arfordir cyn belled â cheg afon Hafren, wedyn ar hyd afon Avon (ardal Bryste; afon Afon yn Gymraeg) i gyfeiriad Caerfaddon ac ymlaen wedyn at Frome cyn croesi ychydig o dir a dilyn afon Wylye hyd at Amesbury lle mae afon Avon (Swydd Hampshire) yn cydlifo â hi.

Fel arall, drwy ddilyn yr arfordir at dde Lloegr, byddai wedi bod yn rhaid i'r adeiladwyr fynd â'r cerrig mawrion o amgylch Land's End – a fyddai'n dasg anodd iawn ar rafftau cyntefig – neu, yn fwy tebygol, croesi'r tir yng Nghernyw cyn dilyn afon Avon o Christchurch, Dorset hyd at Amesbury. Y siwrne drwy Gaerfaddon a Frome sy'n cael ei ffafrio gan Atkinson (1956).

Gellir dadlau, yn ogystal, ynglŷn â sut y byddai'r meini wedi cychwyn y daith – a gawson nhw eu cludo o Drefdraeth ynteu o Aberdaugleddau yn Sir Benfro? Yn ystod arbrawf y Mileniwm yn 2000, sef ymgais i gludo carreg las o'r Preselau i Gôr y Cewri, llwyddodd y myfyrwyr a oedd yn gwneud y gwaith symud i ollwng y garreg i'r môr ychydig y tu allan i Aberdaugleddau. Hon yw'r garreg sydd bellach i'w gweld yng Ngardd Fotaneg Genedlaethol Cymru yn Llanarthne. Rhaid oedd ei chodi â chwch a chraen o'r dŵr cyn ei gosod yn y Gerddi – gryn bellter o Gôr y Cewri. Beth bynnag a ddysgwyd o'r arbrawf hwn, does dim dwywaith nad oedd yr adeiladwyr Neolithig yn dipyn gwell am symud cerrig na myfyrwyr ar ddiwedd yr 20fed ganrif.

Y ddadl 'draddodiadol' gan rai fel Atkinson oedd bod cludo'r meini dros y dŵr yn haws na thros y tir, ond erbyn heddiw mae Parker Pearson yn herio'r ddamcaniaeth honno. Nid mater o fod yn 'haws' fyddai hi yn y cyfnod Neolithig – byddai symud y cerrig dros y tir, a'r ymroddiad i wneud hynny, yn weithred symbolaidd. Yn y bennod 'Origins of the Bluestones' yn ei gyfrol *Stonehenge*, damcaniaeth Parker Pearson yw mai dros y tir yn hytrach nag o Aberdaugleddau a thros y môr y cludwyd y cerrig i Wastadedd Caersallog. Mae'n dadlau nad oedd y broses gludo i fod yn un hawdd, ond yn hytrach yn broses gymunedol oedd yn dod â rhan helaeth o'r boblogaeth at ei gilydd. Rhaid i ni, felly, anghofio beth fyddai'n gwneud synnwyr i ni yn y ganrif hon, ond yn hytrach ddechrau meddwl am yr holl broses fel un ddefodol, bron.

O gymharu'r weithred o gludo'r cerrig â phrosesau tebyg heddiw mewn gwledydd fel Madagasgar, gwelwn fod dod â chymunedau at ei gilydd yn rhan annatod a phwysig o'r gwaith o symud meini. Beth petai'r meini gleision wedi cael eu symud o un ardal gymunedol i'r llall ar eu taith i Wastadedd Caersallog gan ddod â holl boblogaeth de Ynysoedd Prydain at ei gilydd?

Rhwng pedair ac wyth tunnell yw pwysau pob un o'r meini gleision yng Nghôr y Cewri, a'r garreg allor ymhlith y trymaf ohonynt. Yn achos y meini pedair tunnell byddai wedi bod yn bosib defnyddio'r dechneg sled a rholbrenni er mwyn eu symud, ond mae pwysau'r clogfeini a ddefnyddiwyd ar gyfer y trilithau (hyd at 20 tunnell) yn golygu bod gormod o bwysau i'w symud heb lawer mwy o sylfaen cludo. Wrth geisio datrys y cwestiynau cludo mae Atkinson a Parker Pearson yn cydnabod bod mwy iddi na bôn braich a brwdfrydedd yn unig – byddai'n rhaid wrth dechnoleg gludo.

Ffafrio eu cludo dros y tir wna Parker Pearson bellach, er ei fod yn derbyn, yn amlwg, y byddai'n rhaid croesi afon Hafren yn rhywle. Gyda 4,000 o weithwyr byddai modd cludo'r cerrig o'r Preselau i Wastadedd Caersallog mewn un daith – a phe byddai gwahanol gymunedau yn cymryd rhan gallasai cymaint â 100,000 o bobl fod yn rhan o'r broses, yn ôl Parker Pearson.

Ar ynys Sumba yn Indonesia mae enghreifftiau hyd heddiw o hyd at 200 o ddynion yn symud meini ar rolbrenni a slediau, gydag un dyn yn arwain y gwaith drwy sefyll ar ben y garreg wrth iddi gael ei symud. Eto, mae awgrym yma o'r elfen ddefodol / gymunedol, a phwyslais ar y broses o symud meini – ai'r un meddylfryd oedd y tu ôl i'r gwaith o symud y meini gleision? Mae llun wedi ei gyhoeddi yn ddiweddar ar y we (ac wedi cael ei wella'n ddigidol) o'r broses o symud maen ar Ynys Nias, Indonesia, yn dyddio o 1915, eto yn dangos y rholbrenni a dyn yn sefyll ar ben y maen sy'n cael ei lusgo er mwyn arwain y gwaith.

Yr un peth nad yw Parker Pearson nac Atkinson yn ei grybwyll yw pa mor hir fyddai'r gwaith o symud y cerrig i Gôr y Cewri wedi'i gymryd. Pa mor bell y gellid symud carreg mewn diwrnod, tybed?

Rhewlifiant

O ddarllen *Stonehenge* (2012, tud 285) mae'n weddol amlwg mai casgliad Parker Pearson yw nad oedd y rhew wedi cyrraedd de Lloegr ac ochr ddwyreiniol afon Hafren ac ardal Gwastadedd Caersallog yn benodol, gan gludo a gollwng cerrig o'r Preselau. Mae un ffaith yn cefnogi'i farn: petai'r meini gleision yn feini dyfod ac wedi eu cario gan y rhewlif, pam nad oes meini eraill tebyg wedi eu darganfod i'r dwyrain o afon Hafren? Does bosib bod yr adeiladwyr Neolithig wedi dod o hyd i bob un garreg las a chludo'r cyfan i Gôr y Cewri?

Safbwynt gwahanol sydd gan y rhewlifegwr Brian John yn ei gyfrol *The Bluestone Enigma, Stonehenge, Preseli and the Ice Age*. Brian John a'r daearegydd Olwen Williams-Thorpe yw'r ddau amlycaf o blaid damcaniaeth y rhewlifiant a'r meini dyfod, gan awgrymu bod modd i'r cerrig fod wedi eu gadael yn ardal Glastonbury gan y rhew. Hyd yn oed petai hyn yn wir, byddai'r adeiladwyr Neolithig wedi gorfod eu symud 40 milltir wedyn at Gôr y Cewri. Anghytuno mae daearegwyr fel Chris Clarke (Athro Rhewlifiant Prifysgol Sheffield) gan awgrymu nad oes tystiolaeth o effeithiau rhew yn y de-orllewin.

Petai'r meini gleision i'w cael yn y de-orllewin o ganlyniad i brosesau rhewlifiant, pam felly na fu defnydd o gerrig gleision tebyg yn rhai o gofadeiliau eraill yr ardal? Does dim cerrig gleision yng nghylch cerrig Stanton Drew, Gwlad yr Haf, er enghraifft. Hefyd, rhaid cofio bod y clogfeini (*sarsens*) ar Marlbrough Downs yn llawer agosach at Gôr y Cewri na lleoliad posib y meini gleision rywle ger Glastonbury. Os cyfleustra oedd yn bwysig, byddai'r adeiladwyr, siŵr o fod, wedi casglu eu cerrig i gyd yn lleol. Mae hyn yn cefnogi barn Parker Pearson fod y cerrig gleision wedi eu defnyddio'n fwriadol, er gwaetha'r ffaith ei bod yn debygol fod adeiladwyr Côr y Cewri yn ymwybodol o ffynonellau lleol eraill o gerrig.

Wrth drafod y Preselau a'r Carnau yn y gyfrol *100 o Olygfeydd Hynod Cymru*, mae'r daearegydd Dyfed Elis-Gruffydd yn cyfeirio at hanes y creigiau o gerrig gleision fel a ganlyn: 'daeth y rhew i'w hollti'n golofnau parod a ddefnyddid i lunio meini hirion hynafol a degau o byst ietau.' Mae'r awdur yn cyfeirio at y meini hirion a physt giatiau yng ngogledd Sir Benfro, a'r hyn sy'n amlwg yw bod y cerrig yn hollti'n naturiol drwy effaith rhew, ac yn hollol addas felly ar gyfer meini hirion ac ati. Awgryma Dyfed fod lle i ddadlau o blaid y ddamcaniaeth fod cerrig dyfod wedi cael eu cludo gan rew i Wastadedd Caersallog:

Ond mae meini o dde-orllewin Cymru i'w darganfod ym Mro Gŵyr a Bro Morgannwg. Ceir cerrig o dde Cymru mewn gwaddodion rhewlifol yng Ngwlad yr Haf. Gyda golwg ar y fath dystiolaeth ddaearegol, mae'n anodd osgoi'r casgliad mai llen iâ a orchuddiai Gymru gyfan a rhan helaethaf o Loegr i'r gogledd o Ddyffryn Tafwys tua 450,000 o flynyddoedd yn ôl a fu'n gyfrifol am gludo llwyth o 'feini gleision' o leiaf cyn belled â gwastadeddau Gwlad yr Haf, ychydig i'r gorllewin o wastadedd Caersallog.

Dychwelwn at y ddamcaniaeth fod adeiladwyr Côr y Cewri yn dymuno cael cerrig gleision y Preselau – hynny yw, bod eu defnydd yn fwriadol yn hytrach na damweiniol. Rhaid cofio bod crochenwaith, llestri pridd a bwyeill cerrig yn cael eu symud neu eu masnachu ledled y wlad yn ystod y cyfnod Neolithig a chyn codi Côr y Cewri, felly roedd gwybodaeth, syniadau, technoleg – a gwybodaeth am ffynonellau cerrig – yn gallu teithio hefyd. Er bod y *bluestones*, fel y'u gelwir, yn amrywiol o ran cyfansoddiad petrolegol, efallai eu bod yn ddigon cyson a thebyg i'w gilydd i blesio'r adeiladwyr Neolithig.

Siambr Gladdu Boles Barrow

Siambr gladdu hir *(long barrow)* yw Boles ger Heytesbury, ryw 11 milltir i'r gorllewin o Gôr y Cewri, ac mae'n debygol o fod wedi ei hadeiladu rai canrifoedd yn gynharach na Chôr y Cewri. Yn ôl yr hanes, darganfuwyd maen glas yn y feddrod gan William Cunnington yn 1801, a disgrifiodd y garreg honno fel a ganlyn: 'ye same to some of the upright Stones in ye inner Circle at Stonehenge'. Bellach, mae rhai o'r farn mai'r maen sydd bellach yn Amgueddfa Caersallog yw'r un a ddarganfuwyd gan Cunnington.

Mae hyn yn codi cwestiwn: a yw darganfyddiad Cunnington yn awgrymu bod cerrig gleision o'r Preselau yn cael eu defnyddio yn ardal Gwastadedd Caersallog cyn adeiladu'r cylchoedd cerrig gleision yng Nghôr y Cewri? Tydi'r archaeolegydd Mike Pitts (golygydd *Bristish Archaeology*) ddim o'r farn mai'r garreg a ddarganfuwyd gan Cunnington sydd yn yr amgueddfa, felly does dim ateb i'r cwestiwn hwn ar hyn o bryd. Y garreg hon yw'r unig enghraifft o ddefnyddio cerrig gleision yn yr ardal heblaw Côr y Cewri – a dyna pam mae carreg Siambr Gladdu Boles mor bwysig i'r drafodaeth hon.

Mae angen gwneud mwy o waith daearegol yn ardal Gwastadedd Caersallog er mwyn ceisio darganfod ffynhonnell y meini gleision os ydym am dderbyn eu bod yn feini dyfod – mae'n bosib bod cerrig gleision neu ddarnau o gerrig yn parhau yno heb eu darganfod. Tydi'r ffaith fod cymaint o dir yno'n eiddo i'r Weinyddiaeth Amddiffyn yn amlwg ddim yn helpu'r achos o ran cynnal archwiliadau pellach.

Hyd yma does neb wedi darganfod yr union leoliad yn ardal Glastonbury lle gadawyd y meini gleision gan y rhew, felly mae'r ddadl dros eu cludo o'r Preselau gan ddyn yn parhau. Does neb chwaith, hefo unrhyw sicrwydd, wedi dod o hyd i gerrig gleision ynghlwm ag unrhyw safle arall yn ne-orllewin Lloegr, heblaw safle Côr y Cewri.

Gwaith Rob Ixer a Richard Bevins

Ar wahân i'r meini yng Nghôr y Cewri sy'n sefyll (orthostatau) neu'n gorwedd (sef meini wedi disgyn) mae nifer fawr o ddarnau o gerrig neu naddion (*debitage*) o amgylch y safle. Hoffai archaeolegwyr a daearegwyr allu cadarnhau, yn gyntaf, beth yw tarddiad daearyddol a daearegol y cerrig; ac yn ail, beth yw'r berthynas rhwng y naddion a'r orthostatau.

Edrychodd yr archaeolegwyr Tim Darvill a Geoff Wainwright ar ffynonellau posib ar gyfer y meini gleision yn y Preselau fel rhan o brosiect Strumble-Preseli Ancient Communities and Environment Study (SPACES). Eu gobaith oedd darganfod 'chwareli Neolithig' a thystiolaeth o gloddio am gerrig yn ystod y trydydd mileniwm Cyn Crist. Carn Goedog a Charn Menyn oedd y lleoliadau mwyaf tebygol ar gyfer y dolerit smotiog, ond gan fod chwarel ddiweddar ar Garn Goedog roedd yn amlwg y byddai unrhyw olion Neolithig posib wedi cael eu chwalu gan y cloddio diweddar.

Er i Darvill a Wainwright wneud ychydig o waith cloddio ar gopa Carn Menyn, ni chafwyd tystiolaeth archaeolegol i unrhyw waith cloddio ddigwydd yno yn y cyfnod Neolithig. Awgrymodd y ddau fod lloc isel o gerrig ar y copa yn gysylltiedig â'r 'chwarel Neolithig', ond doedd dim modd cadarnhau hyn yn archaeolegol. Gwelsant faen wedi ei 'siapio' ar lethr Carn Menyn – tybed a allai hon fod yn garreg a oedd yn cael ei chludo i gyfeiriad Aberdaugleddau? Ond mewn gwirionedd gallai maen o'r fath ddyddio o unrhyw gyfnod – ei ddefnyddio fel postyn giât yn y 18fed ganrif hyd yn oed. Pwy a ŵyr?

Tydi hi ddim yn hawdd profi pethau i sicrwydd yn archaeolegol. Damcaniaethu mae Darvill a Wainwright yma, ond nid yn afresymol felly. Gall lloc neu waliau cerrig fod o unrhyw gyfnod mewn gwirionedd, ac mae'n amhosib gwybod pryd symudwyd cerrig gan fod defnyddio cerrig ar gyfer waliau a physt giatiau wedi bod yn digwydd dros yr holl ganrifoedd. Byddai angen darn o lestr cysylltiedig neu olosg o gyd-destun pendant ar gyfer prawf dyddio radiocarbon i brofi tarddiad amseryddol ar gyfer unrhyw nodwedd archaeolegol. Y broblem yw eu bod yn awgrymu pethau nad oes modd eu cadarnhau, bod Parker Pearson yn crybwyll hyn yn ei lyfr ac o ganlyniad gall eraill (fel Brian John) ddefnyddio'r diffyg sicrwydd i danseilio eu damcaniaethau. Mae angen cadw meddwl agored, ond hefyd mae angen bod yn fwy manwl a chyfyng wrth ddamcaniaethu.

O amgylch y dirwedd yng Nghôr y Cewri darganfuwyd naddion neu *debitage* dros y blynyddoedd. Petai modd cysylltu'r naddion ag un maen arbennig o fewn y cylch cerrig, gellid cael gwell dealltwriaeth o'r broses adeiladu a hanes y cofadail – a byddai modd awgrymu bod y maen arbennig hwnnw wedi cael ei siapio neu ei dorri'n fwriadol ar un cyfnod.

Yn wyddonol, mae'n hollol bosibl gweld os yw naddion a charreg yr un fath o ran petroleg, ond yn y rhan fwyaf o achosion mae naddion Côr y Cewri yn rhy fach i allu eu dehongli gydag unrhyw sicrwydd, a does dim digon o waith samplo wedi ei wneud ar y cerrig orthostataidd i gyd chwaith. Mae angen mwy o waith ar betroleg meini Côr y Cewri, yn sicr, er mwyn ateb nifer o gwestiynau.

Gwelir dau brif fath o garreg las yng Nghôr y Cewri: amrywiad o'r cerrig dolerit ac amrywiaeth o'r garreg las rhyolit. Y dolerit yw'r mwyaf cyffredin. Gwelwn y ddau fath o ddolerit (dolerit smotiog neu *preselite*, a dolerit arferol) yn y cylch cerrig gleision allanol, ac mae 12 maen yno hefyd nad ydynt yn ddolerit. Y meini glas dolerit yw'r mwyaf cyffredin o'r orthostatau o bell ffordd, gyda dros 55% yn rhai tebyg o ran cyfansoddiad.

Y prif gwestiynau daearegol / petrolegol yw:

a. Tarddiad daearyddol / daearegol y meini gleision
b. Tarddiad mewnol y naddion o fewn y cylch cerrig – o ba faen y daethon nhw?
c. Pam a sut y crëwyd y naddion?
d. Pam mae gwahaniaeth petrolegol rhwng cynifer o'r naddion a'r orthostatau?

Ers 2008 mae dros 4,000 o ddarnau carreg neu naddion wedi cael eu harchwilio yn betrolegol gan wyddonwyr, y mwyafrif o'r samplau hynny wedi eu darganfod drwy waith cloddio Darvill a Wainwright. Mae'n bosib bod y naddion hyn wedi cael eu creu o ganlyniad i weithio, siapio neu symud y meini wrth adeiladu Côr y Cewri, neu fe all y naddion fod yn ganlyniad i falu cerrig er mwyn creu bwyeill tua diwedd cyfnod Côr y Cewri. Gall rhai naddion berthyn i gyfnodau diweddarach – y cyfnodau hanesyddol, pan oedd pobl yn ymweld â Chôr y Cewri ac yn 'dwyn' darnau o'r meini yn gofrodd neu swfenîr. Gallai hyn fod wedi digwydd dros y canrifoedd, o gyfnod y Rhufeiniaid hyd at gyfnodau mwy diweddar.

Mae awgrym bod cerrig Côr y Cewri wedi cael eu hystyried yn rhai ac iddynt rinweddau iachusol yn ystod y 18fed ganrif, os nad o'r Canol Oesoedd, ymlaen; a bod morthwylion ar gael yn Amesbury ar gyfer torri darnau o'r cerrig ymaith i'r pwrpas hwn (Atkinson, 1956). Does dim tystiolaeth fod pobl yn credu bod y cerrig gleision yn hytrach na'r clogfeini yn meddu ar y rhinweddau hyn – yr unig wahaniaeth yw bod y cerrig gleision yn haws i'w torri na'r clogfeini – na bod yr adeiladwyr Neolithig wedi dewis y meini gleision ar gyfer rhinweddau o'r fath.

Edrychodd Ixer a Bevins ar naddion cerrig gleision o'r gwaith cloddio archaeolegol gan Darvill a Wainwright yn ystod 2008, a naddion eraill a ddarganfuwyd o'r Rhodfa, y Cwrsws, ardal yr Heel Stone (carreg heb ei gweithio a saif gerllaw'r cylch cerrig) a rhai o'r Tyllau Aubrey. Er bod digonedd o naddion dolerit o amgylch tirwedd Côr y Cewri, does dim digon o waith wedi ei wneud ar betroleg yr orthostatau dolerit yn y cylch, felly anodd yw cysylltu naddion â meini penodol, ond gan fod y meini rhyolit yn llai cyffredin y gobaith yw ei bod yn haws gwneud cymhariaeth betrolegol gyda'r grŵp hwn o gerrig gleision. Gobeithio y bydd archwiliad o'r fath yn digwydd yn y dyfodol.

Gan dderbyn bod mân-wahaniaethau o fewn naddion y grŵp rhyolit, er mwyn hwyluso'r dadansoddi awgrymodd Ixer a Bevins fod y rhyolit yn cyfateb i bum grŵp arbennig o'r garreg o ran petroleg. Eu cynnig oedd bod modd gwahaniaethu rhwng y darnau rhyolit a'u didoli yn grwpiau: A, B, C, D neu E, gyda Grŵp A, B ac C yn fwyaf cyffredin.

Mae ymchwil Ixer a Bevins (2011, 2013) yn cadarnhau (neu awgrymu'n gryf, o leiaf) fod petroleg y mwyafrif o'r naddion rhyolit yn y grwpiau A–C o Gôr y Cewri yr un fath â phetroleg y graig yn ardal Pont Saeson, Brynberian a Chraig Rhosyfelin yn benodol. Awgryma Ixer a Bevins hefyd fod pedwar maen glas dacitaidd a rhyolit sy'n sefyll yng Nghôr y Cewri o gyfansoddiad petrolegol gwahanol i'r naddion o grwpiau A–D (sy'n cynnwys 99.9% o'r naddion rhyolit) o'r dirwedd o amgylch Côr y Cewri. Y rhain yw meini SH38, SH40, SH46 a SH48. Felly nid o Bont Saeson y daeth y pedwar maen glas yma. Ond yn sicr, canlyniad Ixer a Bevins oedd bod y rhan fwyaf o'r naddion rhyolit o Gôr y Cewri yn perthyn i grwpiau A–C, ac yn dod o Graig Rhosyfelin. Mae meini SH32d a SH32e wedi eu claddu ar hyn o bryd, ond gallai'r rhain hefyd fod yn perthyn i'r grŵp rhyolit, yn ôl Atkinson. Petai modd profi hyn, dyma fyddai'r tro cyntaf i faen neu feini nad ydynt yn faen glas dolerit gael eu cysylltu â chraig benodol yn ne Cymru. Amser a ddengys a fydd caniatâd yn cael ei roi i archwilio'r meini hyn yng Nghôr y Cewri yn wyddonol.

Er bod rhyolit Grwpiau A–C yn dangos mân-amrywiad yng nghyfansoddiad y rhyolit, mae Ixer a Bevins yn awgrymu eu bod oll yn tarddu o Graig Rhosyfelin. Mae Dyfed Elis-Gruffydd yn cytuno ei bod yn bosib bod amrywiaeth o fewn y cerrig rhyolit o ganlyniad i gael eu plicio o'r graig gan y rhew, ac i ddarnau eraill gael eu symud gan ddŵr tawdd o ddarn gwahanol o'r graig. Efallai fod y rhyolit o'r un ardal ddaearyddol, ond o wahanol ddarn o'r graig.

Mae nifer o naddion wedi eu darganfod nad oes modd eu cysylltu â'r meini gleision sy'n dal i sefyll yng Nghôr y Cewri. Yr awgrym yn yr achosion hyn, o safbwynt yr orthostatau sy'n dal i sefyll, yw na chafodd nifer sylweddol ohonynt erioed eu siapio na'u niweidio, ac o ganlyniad does dim naddion wedi eu creu ohonynt. Awgryma Abbott ac Anderson-Whymark, er enghraifft, fod y cylch cerrig gleision ar y cyfan yn cynnwys cerrig heb eu trin na'u siapio. Os felly, a yw'r naddion yn perthyn i gerrig sydd bellach wedi cael eu dinistrio? Wedi'r cyfan, mae'r

Y daearegydd Dyfed Elis-Gruffydd ger Craig Rhosyfelin

naddion rhyolit o grwpiau A–C yn gyffredin ac i'w cael o amgylch y dirwedd ac ym mhob cyd-destun archaeolegol yn ardal Côr y Cewri.

Mae'r Garreg Allor (*Altar Stone*) sydd yng nghanol y cylch cerrig yn dywodfaen galchaidd, sy'n tarddu yn ddaearegol o rywle yn ne Cymru (Aberdaugleddau neu Fannau Brycheiniog yw dau awgrym). Mae samplau petrolegol o ganlyniad i waith ymchwil hanesyddol yn bodoli ar gyfer y Garreg Allor, ac mae naddion wedi eu cysylltu â'r maen hwnnw. Bellach, mae Rob Ixer yn credu bod tarddiad y garreg o Fannau Brycheiniog – sy'n tanseilio'r hen ddamcaniaeth fod y garreg wedi ei chludo o ardal Aberdaugleddau wrth i'r adeiladwyr gludo'r cerrig gleision o'r Preselau drwy Aberdaugleddau.

Cloddio Archaeolegol: Craig Rhosyfelin a Charn Goedog

Craig Rhosyfelin

Ar sail gwaith ymchwil Ixer a Bevins ar y naddion rhyolit, bu Mike Parker Pearson yn cloddio o amgylch Craig Rhosyfelin (2011–2015). Gan fod y graig yn ffurfio pileri naturiol ac yn tueddu i wanhau drwy brosesau naturiol, gallai'r adeiladwyr/chwarelwyr Neolithig fod wedi ei chael yn weddol hawdd cael meini o'r graig gan ddefnyddio pren fyddai'n chwyddo gyda dŵr glaw dros gyfnod o amser i wahanu cerrig o'r graig, neu ddefnyddio lletemau / cŷn o garreg ar gyfer yr un pwrpas. Byddai creigiau eraill yn gwahanu a disgyn o'r graig drwy ganlyniad i brosesau naturiol.

Doedd arolwg geoffisegol Parker Pearson ddim yn dangos rhyw lawer o amgylch Craig Rhosyfelin, felly cloddio archaeolegol oedd yr unig ffordd o weld beth oedd o dan y ddaear. Awgryma Parker Pearson ei fod wedi darganfod y 'Pompeii of prehistoric stone quarries' – dyna i chi bennawd ar gyfer y papurau newydd!

Efallai fod brwdfrydedd Parker Pearson yn heintus, ond pa

mor gywir yw ei ddamcaniaethau? Dyma'r gymhariaeth yn ei chyd-destun yn *Stonehenge*:

> It wasn't long before we discovered that the ancient ground surface had been protected under layers of soil washed down from higher up the valley. When we started finding hammerstones on that ground surface, we realized that we had not just a prehistoric quarry but a perfectly preserved one – the Pompeii of prehistoric stone quarries.

Daethpwyd o hyd i faen rhyolit oddeutu 8 tunnell ac yn mesur tua 3.9 medr o hyd, un tebyg iawn i'r rhai yng Nghôr y Cewri, ar y llawr, yn gorwedd yn wastad ychydig fedrau o wyneb y graig. Mae Parker-Pearson yn cyfeirio ati fel *proto-orthostat*, ac mae'r garreg yn yr un llc hyd heddiw. Ai dyma enghraifft o garreg oedd yn addas i gael ei chludo i Wastadedd Caersallog ond a adawyd ar ôl yn y chwarel Neolithig am ryw reswm? I geisio cadarnhau ei ddamcaniaeth fod hwn yn faen oedd i'w gludo o'r safle, awgryma fod cerrig eraill oddi tano ac o'i amgylch yn ffurfio cledrau a llwyfan o fath ar gyfer symud y maen oddi wrth y graig cyn ei gludo ar sled ar ei daith am Gôr y Cewri. Awgryma Parker Pearson fod yma lwyfan artiffisial a cherrig wedi eu gosod yn unionsyth er mwyn dal y cerrig cyn eu cludo o'r 'chwarel', a bod wal isel (*revetment*) o amgylch y llwyfan i'w ddal yn ei le. Heb weld y dystiolaeth â fy llygaid fy hun, a heb gloddio yno, mae'n anodd mynegi barn – yn enwedig gan fod daearegwyr yn honni mai nodweddion naturiol yw'r rhain.

Dyddiad o'r Oes Efydd, oddeutu 2000 Cyn Crist, a gafodd Parker Pearson (2017) drwy brofion dyddio radiocarbon, felly rhaid oedd ailfeddwl am y maen penodol hwn. Efallai y bwriedid ei ddefnyddio yn faen hir yn yr Oes Efydd, ond na chludwyd y garreg o'r safle – beth bynnag yr ateb, mae'r maen yn tarddu o gyfnod ar ôl y cyfnod Neolithig a Chôr y Cewri.

Gwnaethpwyd profion radiocarbon pellach ar ganlyniadau'r cloddio ger Craig Rhosyfelin, a chafwyd canlyniadau o 3620–3360 Cyn Crist a 3500–3120 Cyn Crist (cafwyd y dyddiad hwn o blisgyn cnau cyll) sy'n dipyn cynharach na'r cyfnod

*Y proto-orthostat mae Mike Parker Pearson yn cyfeirio ati,
Craig Rhosyfelin*

adeiladu cyntaf yng Nghôr y Cewri. Yn ôl Parker Pearson,
darganfuwyd llwyfan ar gyfer dal y blociau cerrig, offer, lletemau
a llwybr o'r chwarel oedd wedi ei ffurfio wrth lusgo meini dros y
tir – a hyn o dan haenen bridd yr Oes Efydd.

Mae canlyniadau'r dyddio radiocarbon hwn, o'r pedwerydd
mileniwm, yn awgrymu posibilrwydd fod y meini gleision wedi
sefyll mewn cylch cerrig cynharach yma yng Nghymru cyn cael
eu symud i Gôr y Cewri. Honna Parker Pearson (2017) fod y
dyddio hwn yn ' ... provides further evidence that they were
initially set up at one or more stone circles in the Preseli region
of west Wales.' Tydw i ddim yn siŵr y byddwn i'n defnyddio'r
geiriau *'further evidence'* chwaith – mae'n iawn awgrymu
posibiliadau, ond rhaid darganfod safle o'r fath os am gael
tystiolaeth go iawn.

Carn Goedog

Fel rhan o'r prosiect hwn mae Ixer a Bevins etc. hefyd yn awgrymu bod ffynhonnell o'r dolerit smotiog ar Garn Breseb a'r dolerit arferol (di-frych) ar Garn Ddafadlas. Yn ei bapur (2017) mae Parker Pearson hefyd yn awgrymu bod y dolerit i'w ddarganfod ar Gerrig Marchogion. Awgryma Bevins ac Ixer etc. fod o leiaf bump o'r meini yng Nghôr y Cewri yn deillio o Garn Goedog.

Oes modd gweld olion chwarela Neolithig ar Garn Goedog? Oes ffos Neolithig i ddal cerrig oedd yn disgyn o'r graig i'w gweld heddiw? Oes llwybrau yn arwain i lawr at Graig Rhosyfelin? Oes olion tai Neolithig hirsgwar / lled-sgwâr i'w gweld ar lethrau Carn Goedog? Does dim prinder o gwestiynau yn codi o ganlyniad i waith Parker Pearson – cadarnhau (neu wrthbrofi) y damcaniaethau yn archaeolegol fydd y gamp yn y dyfodol. Bu cloddio ar Garn Goedog rhwng 2014 ac 2016, ac unwaith eto sylweddolodd yr archaeolegwyr fod y blociau naturiol yn rhai gweddol hawdd i'w gwahanu o'r graig.

Cafwyd dyddiadau o brofion radiocarbon o 3350–3020 Cyn Crist a 3020–2880 Cyn Crist ar gyfer llwyfan posib arall ar Garn Goedog. Cafwyd yno hefyd ffos wedi ei llenwi a cherrig wedi eu gosod yno, a fyddai wedi rhwystro unrhyw gerrig eraill rhag cael eu symud o wyneb y graig. Yn amlwg, rydw i'n cyrraedd yr un canlyniad â Mike – efallai mai hon oedd y wal oedd yn 'cau' neu 'gloi' y chwarel; rhywbeth defodol, bron, fyddai'n dod â'r chwarela i ben gan rwystro unrhyw un arall yn y dyfodol rhag symud cerrig o'r safle?

Os oedd llwyfan i ddal cerrig yn Rhosfelin ac ar Garn Goedog, a bod tebygrwydd rhyngddynt, byddai hyn yn cryfhau'r ddadl eu bod yn llwyfannau pwrpasol ac yn rhan o chwarel gyn-hanesyddol bosib.

Tydw i ddim yn poeni gormod am y diffiniad o 'chwarel' – gall rhywun ddefnyddio'r gair 'ffynhonnell' hefyd i ddisgrifio'r un peth – ond yr awgrym gyda 'chwarel' yw bod dyn wedi chwarae rhan yn y gwaith o ryddhau'r cerrig o'r graig yn hytrach na defnyddio cerrig oedd wedi disgyn yn barod o ganlyniad i effeithiau naturiol. Gallwn ddychmygu fod cyfuniad o'r ddau yn ddigon rhesymol petai angen mwy o gerrig addas – a hynny mewn unrhyw gyfnod.

Gwaith John, Elis-Gruffydd a Downes (2015)

Teg yw dweud bod y daearegwyr Brian John, Dyfed Elis-Gruffydd a John Downes yn darnio awgrymiadau a damcaniaethau Parker Pearson am ganlyniadau'r gwaith cloddio yn Rhosyfelin, Dyffryn Berian. Yn eu hadroddiad yn *Archaeology in Wales* (2015) does dim awgrym o gwbl fod yr awduron yn cydnabod bod ôl llaw dyn Neolithig i'w weld mewn unrhyw 'chwarel Neolithig' yno. Er ei bod yn debygol iddynt fod yn yr ardal, boed hynny cyn neu yn ystod y cyfnod Neolithig, does dim tystiolaeth gyfredol i'w cysylltu ag unrhyw chwarela ar y creigiau yn Rhosyfelin. Prosesau naturiol a chanlyniadau rhewlifiant, a sgileffeithiau hynny, sy'n bennaf gyfrifol am erydu'r graig yn ôl yr awduron. Awgrymir bod prosesau naturiol fel llystyfiant, gwreiddiau planhigion a choed, rhew a'r tywydd yn dal i chwarae rhan yn y broses o wahanu slabiau oddi wrth y graig. Esbonir bod yr wynebau o garreg sydd wedi erydu wedi bod yn wynebu'r tywydd dros y blynyddoedd, a bod yr wynebau hagr yn fwy cysgodol rhag y tywydd.

Efallai mai awgrym mwyaf dadleuol Parker Pearson oedd bod un slaben o garreg (*proto-orthostat*) a oedd yn gorwedd yn wastad ryw 5 medr o wyneb y graig (yn y chwarel honedig) yn gorwedd ar *rollers* o gerrig, yn barod i'w chludo am Gôr y Cewri. Yn fras, dyma wrth-esboniadau'r daearegwyr i ddamcaniaethau Parker Pearson ynglŷn â hynny, a chwarel Neolithig Craig Rhosyfelin, yn ei chrynswth:

Sbwriel o'r chwarel: Er bod meini yma ag ochrau miniog arnynt (fel y byddai rhywun yn ei ddisgwyl o ganlyniad i waith chwarela yn y cyfnod Neolithig) mae yma hefyd gerrig llyfn sydd wedi eu gwisgo dros gyfnod o oddeutu 20,000 o flynyddoedd. Gwelir yr un patrwm ar y llawr ac ar y graig – sef bod y ddau fath o garreg yn gymysg yma. Gall fod y cerrig miniog yn naturiol yn hytrach na chanlyniad i law dyn.

Y llawr (*'ancient ground surface'* Parker Pearson): Nid yw'r daearegwyr yn cytuno â honiad Parker Pearson mai llawr y chwarel Neolithig a ddarganfuwyd ganddo, gan nodi bod dyddodiadau yn y safle yn rhychwantu cyfnod o 20,000 o flynyddoedd.

Y *proto-orthostat*: Creda'r daearegwyr fod lleoliad y maen yn un hollol naturiol, a'i fod yn gorwedd ar gerrig eraill sydd wedi disgyn o'r graig yn hytrach nag ar unrhyw lwyfan, neu sylfaen neu gledrau, a grëwyd gan ddyn. Mae'r garreg yn pwyso oddeutu 8 tunnell ac yn llawer mwy na'r meini yng Nghôr y Cewri. Awgrymir hefyd bod y maen yn fregus ac y byddai'n annhebygol y gellid ei gludo'n bell cyn iddo dorri. Mae'n bosib y gellid cysylltu'r maen hwn â'r Oes Efydd, yn ôl canlyniadau prawf dyddio radiocarbon (Parker Pearson).

Y llwyfan o dan y *proto-orthostat*: Does dim tystiolaeth bod llwyfan wedi ei greu gan ddyn i ddal y maen. Cred y daearegwyr mai rhywbeth sydd wedi cael ei 'greu' neu ei 'ddychmygu' gan yr archaeolegwyr ydyw. Gelwir nodwedd fel hyn yn *archaeological artifice*, sef rhywbeth mae'r archaeolegwyr wedi dewis ei weld.

Morthwylion Neolithig (*Hammerstones*): Awgryma'r daearegwyr fod miloedd o gerrig tebyg ac o'r un maint yn bodoli yn y dyddodion rhewlifiant, a bod y marciau neu'r erydu arnynt o ganlyniad i brosesau rhewlifiant.

Naddion rhyolit yng Nghôr y Cewri: Does gan y daearegwyr / awduron ddim esboniad sut y cafwyd naddion o ryolit Craig Rhosyfelin yng Nghôr y Cewri:

> It is beyond the scope of this short paper to speculate as to how some small fragments of folilated rhyolite from this neighbourhood might have reached Stonehenge.
>
> (*Archaeology in Wales* 2015)

Fy ymateb i, o ystyried honiad Parker Pearson ynglŷn â'r *proto-orthostat* ac ymateb y daearegwyr, yw y byddai'r adeiladwyr Neolithig / Oes Efydd (neu o unrhyw gyfnod diweddarach) wedi adnabod carreg oedd yn wallus neu fregus, a byddai hynny'n esbonio pam y byddai'r maen hwn wedi ei adael ar ôl. Doedd dim gwerth cludo'r garreg o Graig Rhosyfelin i Gôr y Cewri nac unrhyw le arall.

Sut mae gwahaniaethu rhwng morthwylion Neolithig (*hammerstones*) a cherrig naturiol? Byddai rhywun yn disgwyl i forthwylion ddangos ôl defnydd ar un ochr – sef pen taro'r morthwyl. Efallai fod yn rhaid cael nifer o rai tebyg i brofi mai morthwylion ydynt, a bod yr ôl gwisgo yn aml ar un wyneb yn unig.

Heb weld y dystiolaeth archaeolegol fy hun, mae'n anodd gwybod pwy sy'n iawn. Yn sicr, rydw i wedi cael profiad o weld archaeolegwyr yn orawyddus i brofi damcaniaeth ac yn gweld yr hyn y maen nhw eisiau ei weld. Ond rhaid pwysleisio bod y mwyafrif o 'nghyd-weithwyr yn barod iawn i gyfaddef pan nad oes digon o dystiolaeth i allu mynegi barn sicr.

Byddwn yn cytuno hefo John, Elis-Gruffydd a Downes bod angen mwy o gydweithio rhwng y byd daearegol a'r byd archaeolegol. Mae angen arbenigwyr o wahanol ddisgyblaethau os am well gobaith o ddatrys y cwestiynau dyrys hyn. Gwell yw cael trafodaeth agored a gwrthrychol – edrych ar y dystiolaeth ac edrych ar yr esboniadau posib. Does dim sicrwydd y bydd pawb yn cytuno, ond o leiaf byddai gwell siawns cael rhyw fath o gonsensws.

Un feirniadaeth deg iawn gan Dyfed Elis-Gruffydd yw na fu Parker Pearson yn cydweithio â daearegwyr lleol yn ystod y gwaith cloddio yng Nghraig Rhosyfelin. Credaf fod hyn yn fethiant syfrdanol o ran yr archaeolegwyr. Awgrymir hefyd na fu i'r archaeolegwyr archwilio nac adnabod nodweddion rhewlifol a daearegol wrth glirio'r safle ar gyfer y gwaith archaeolegol.

Gwelir sianel rewlifol yn rhedeg ar hyd ochr ogleddol Craig Rhosyfelin, a gall hyn gynnig esboniad ynglŷn â sut daeth y maen *proto-orthostat* i orwedd yn ei fan presennol, o ganlyniad i effeithiau dŵr tawdd rhewlifol fu'n llusgo cerrig i lawr y sianel o'u man gorwedd gwreiddiol ar y graig. Cyfeiria Dyfed Elis-Gruffydd at y rhyolit yma yng Nghraig Rhosyfelin fel 'rhyolit dolennog', ac awgryma fod canlyniadau Ixer a Bevins, efallai, yn rhy benodol o ran dehongli'r amrywiaeth o fewn y rhyolit, sef y grwpiau honedig A - E. Gall yr amrywiaeth yn y naddion rhyolit fod mor syml â cherrig o wahanol ddarnau o'r graig yn Rhosyfelin.

Ar ymweliad â'r safle yng Ngorffennaf 2018, dangosodd Dyfed enghreifftiau i mi o lle cafodd y meini eu rhwygo o'r graig o ganlyniad i'r rhew, yn ogystal â rhychau llyfn ar gerrig o ganlyniad i gerrig yn crafu yn erbyn ei gilydd o dan y rhew neu yn y dŵr tawdd. Cytunaf fod rhew a phrosesau naturiol wedi bod ar waith yma – does dim dadl am hynny.

* * *

Rydw i am droi fy sylw nawr at y ddamcaniaeth hynod ddiddorol y mae Parker Pearson wedi ei gwyntyllu yn ddiweddar: y posibilrwydd fod cylch o gerrig gleision wedi bodoli yn y Preselau cyn codi'r cofadail yng Nghôr y Cewri, neu fod y cerrig wedi eu symud o un cylch i'r llall.

Meini Waun Mawn (gweler Pennod 4)

Oes posibilrwydd fod y pedwar maen ar Waun Mawn yn weddillion cylch cerrig? Un maen sy'n sefyll yno a'r tri arall wedi disgyn, ond mae maint y cerrig yn debyg i'r rhai yng Nghôr y

Carreg wedi disgyn ar Waun Mawn a'r cylch yn y cefndir

Cewri ac yn llawer mwy na'r cerrig sydd i'w gweld mewn cylchoedd cerrig eraill yn Sir Benfro. Awgrymir bod y pedwar maen dolerit wedi eu gosod yr un pellter oddi wrth ei gilydd â'r Tyllau Aubrey. Ai cael eu cludo i Gôr y Cewri wnaeth gweddill y cerrig hyn? Dyna i chi gwestiwn sy'n amhosib ei ateb ar hyn o bryd, ond mae'n nodweddiadol o'r math o gwestiynau y mae Parker Pearson yn eu codi yn ei gyfrol *Stonehenge*.

Ni ddarganfuwyd argraff o 'gylch' yn Waun Mawn gan arolwg geoffisegol Parker Pearson, ond dangosodd gwaith cloddio diweddar ganddo fod tyllau (*sockets*) yno ar gyfer meini hirion. Mae hynny'n awgrym, felly, fod cylch o gerrig yno, ac mai meini wedi disgyn yw'r tri maen sy'n gorwedd ar y llawr.

Yr agosrwydd at y 'chwarel' yng Nghraig Rhosyfelin a'r ffynhonnell ddolerit ar lethrau gogleddol y Preselau a arweiniodd at ddamcaniaethau Parker Pearson am gylch cynharach yn y Preselau cyn symud y cerrig i Gôr y Cewri. A pham lai? Ond eto, does ganddo ddim tystiolaeth bendant – damcaniaeth yw'r cyfan. Wedi'r cwbl, os symud rhai o'r cerrig o gylch Waun Mawn draw i Gôr y Cewri, pam gadael y pedwar maen arall ar ôl?

Gallasai cerrig o'r cylch fod wedi eu symud unrhyw bryd dros y canrifoedd, wedi'r cyfan, hyd yn oed yn gymharol ddiweddar ar gyfer pyst giatiau ac yn y blaen.

Castell Mawr

Elfen arall o'r ddamcaniaeth hon yw safle Castell Mawr (SN 118 377), bryngaer yr Oes Haearn sydd ar ffurf led-hirgrwn debyg i hengor Neolithig, ychydig i'r de o Gastell Henllys. Disgrifir y fryngaer fel un â dau glawdd (er nad oes neb yn gwybod a yw'r ddau glawdd o'r un cyfnod adeiladu), a ffurf y gaer hon sydd wedi arwain at ddamcaniaeth Parker Pearson ei bod yn hengor Neolithig a gafodd ei hailddefnyddio yn yr Oes Haearn.

Fel arfer mae ffurf neu gynllun hengorau, gyda chlawdd allanol a ffos fewnol, yn hollol groes i batrwm bryngaerau lle mae'r ffos ar y tu allan er mwyn amddiffyn y safle. Mae'r diffyg ffos – neu yn sicr ddiffyg ffos sylweddol – ar du allan Castell Mawr yn un awgrym bod hengor wedi bodoli yma. Gwelwn enghraifft debyg o hengor yn cael ei ailddefnyddio fel bryngaer neu safle amddiffynnol yng Nghastell Bryn Gwyn, Ynys Môn (SH 465 670).

Does dim gwaith archaeolegol hyd yma i brofi damcaniaeth Parker Pearson y naill ffordd na'r llall, ond mae awgrymu bod cylch o gerrig gleision yn bodoli rywle yn ardal Dyffryn Nyfer cyn codi Côr y Cewri yn ddamcaniaeth ddigon heriol, os nad hollol ddi-sail, o ran tystiolaeth bendant ar hyn o bryd. Y dyddiadau radiocarbon cynnar a gafwyd yn y 'chwareli' yn y Preselau sydd wedi arwain at y damcaniaethu hwn.

Rhaid cyfaddef fod nifer y siambrau claddu yn ardal Dyffryn Nyfer yn awgrymu ei bod yn ardal bwysig a llewyrchus o safbwynt amaethyddol, gyda threfn gymdeithasol yn bodoli ynddi yn ystod y cyfnod Neolithig. Felly mae modd cydnabod bod cylch cerrig cynharach na Chôr y Cewri yn bosibilrwydd, ac o ganlyniad y byddai'n rhesymol i ni fod yn ymwybodol o botensial darganfod safle o'r fath.

* * *

Bluestonehenge

Un o ddarganfyddiadau, neu awgrymiadau, Parker Pearson yn ystod y Stonehenge Riverside Project yn 2009 oedd Bluestonehenge neu Bluehenge, sef Hengor West Amesbury ryw filltir i'r de-ddwyrain o Gôr y Cewri ar lan afon Avon. Darganfuwyd yr hengor hwn ar derfyn Rhodfa Côr y Cewri (Stonehenge Avenue) ger yr afon. Cloddiwyd darn o'r hengor a darganfuwyd naw o dyllau gwag ar gyfer cerrig y tu mewn i amlinell yr hengor, ac amcangyfrifwyd, petai hwn yn gylch llawn, y byddai hyd at 20 o gerrig yn y cylch.

Awgryma Parker Pearson fod y tyllau cerrig yn debyg iawn i siâp y meini gleision, a bod y dystiolaeth archaeolegol yn awgrymu i sylfaen o glai neu gallestr gael ei ddefnyddio o dan unrhyw gerrig. Mae'n cynnig hefyd bod y cerrig wedi eu llusgo allan o'r tyllau. Mae canlyniadau profion dyddio radiocarbon ar gyrn ceirw a ddefnyddiwyd i glirio'r tyllau yn awgrymu bod y cerrig wedi eu symud o'r tyllau oddeutu 2469–2286 Cyn Crist a 2460–2270 Cyn Crist, tua'r un adeg ag adeiladu'r rhodfa. Doedd y cyrn ceirw ddim yn gysylltiedig â chodi'r cylch cerrig yn y lle cyntaf, ond roedd blaenau saeth nodweddiadol (*chisel arrowheads*) ymhlith y cerrig pacio a fyddai wedi dal unrhyw feini yn eu lle –sy'n awgrymu dyddiad rhwng 3000 a 2600 Cyn Crist ar gyfer y gwaith codi.

Pum deg chwech o Dyllau Aubrey sydd yng Nghôr y Cewri, ac mae awgrym bod y rhain wedi dal nifer cyfatebol o feini gleision yn y cyfnod cyntaf o adeiladu. Yn y broses o ail-lunio'r cylchoedd meini gleision byddai angen mwy o gerrig, ac mae Parker Pearson yn awgrymu bod hyd at 80 o feini gleision yn y cylchoedd yn ddiweddarach yn y trydydd mileniwm. Ai o Bluehenge felly y daeth y cerrig ychwanegol hyn? Os symudwyd cerrig cyfan heb eu niweidio, mae'n berffaith bosib na fyddai dim naddion neu weddillion o'r meini gleision i'w darganfod bellach yn Bluehenge. Wrth drafod y posibiliadau yn *Archaeology Wales* (2013) mae Ixer a Bevins yn honni na ddarganfuwyd naddion cerrig gleision yn West Amesbury.

Awgryma'r dystiolaeth archaeolegol fod pentref Neolithig yn Durrington Walls a fyddai'n cyd-fynd â chyfnod adeiladu yng Nghôr y Cewri, oddeutu 2600 Cyn Crist. Roedd cylch o bren yn Durrington Walls hefyd, a damcaniaeth Parker Pearson yw bod Durrington Walls, y pentref a'r cylch, yn cynrychioli tir y byw tra mae Côr y Cewri yn cynrychioli tir y meirw. Y tebygolrwydd, felly, yw bod adeiladwyr Côr y Cewri wedi byw yn Durrington Walls dros y cyfnod adeiladu.

Gan fod y Rhodfa yn arwain at Gôr y Cewri, awgrym Parker Pearson yw bod Bluehenge ar y llwybr o Durrington Walls i Gôr y Cewri.

Canlyniadau a Chwestiynau Pellach

Heb os, hon fu'r bennod anoddaf i'w hysgrifennu ar gyfer y gyfrol hon. Anodd yw cael trefn ar yr holl ddamcaniaethu a'r gwahaniaethau barn, a cheisio gwneud synnwyr o'r holl beth. Ofnaf fod mwy o gwestiynau nag atebion ar hyn o bryd.

Mae'n ymddangos bod consensws ymhlith archaeolegwyr a daearegwyr mai Carn Goedog, yn bennaf, yw tarddiad y cerrig gleision dolerit smotiog, ac, o bosib, Carn Menyn / Meini ar lethrau gogleddol y Preselau yn ogystal. Ymddengys fod y mwyafrif o'r naddion rhyolit yng Nghôr y Cewri o ardal Brynberian a Chraig Rhosyfelin yn benodol.

Sut mae esbonio bod naddion o ardal Craig Rhosyfelin wedi'u cael yng Nghôr y Cewri? Nid yw'r daearegwyr wedi cynnig esboniad am hyn, heblaw cwestiynu a oedd gan Ixer a Bevins ddigon o samplau o naddion i fod yn sicr o'u tarddiad (*Archaeology in Wales*, 2015, Tud 146).

Gan fod ffynonellau'r cerrig gleision ar ochr ogleddol y Preselau, mae'r ddadl ynglŷn â chludo'r meini dros y tir yn hytrach na dros y môr o Aberdaugleddau yn cryfhau. Awgrym Parker Pearson yn *Stonehenge* yw bod llwybr ar hyd y dyffrynnoedd yn un posib. A ddefnyddiwyd dyffrynnoedd Taf, Tywi a Wysg ar gyfer y daith tuag at Gôr y Cewri? Gan fod y rhain yn ddyffrynnoedd llydan gyda llawr gwastad o ganlyniad i effeithiau rhewlifiant, mae'r ddadl yn sicr yn haeddu ystyriaeth.

Gwendid mawr y ddamcaniaeth hon ynglŷn â'r weithred ryfeddol o gludo'r cerrig gan ddyn yr holl ffordd o'r Preselau i Wastadedd Caersallog yw nad oes dim tystiolaeth archaeolegol i ddangos y llwybr. Does neb wedi darganfod maen neu gerrig gleision colledig ar hyd y daith – mwy nag a ddarganfuwyd cerrig a ddisgynnodd i'r môr o ddilyn damcaniaethau Atkinson.

Cwestiwn arall amlwg y mae'n rhaid ei ofyn yw hwn: a yw hi'n rhesymol awgrymu y byddai modd i ddyn gludo'r cerrig y fath bellter, o ystyried y rhwystrau daearyddol? Does neb yn dadlau na chafodd y cerrig gleision a cherrig mawrion y clogfeini eu cludo dros rai milltiroedd i'r safle yng Nghôr y Cewri – hyd yn oed os yw'r cerrig gleision yn feini dyfod o ganlyniad i rewlifiant 450,000 o flynyddoedd yn ôl, fe'u symudwyd o'r man dyfod cyn eu codi yng Nghôr y Cewri – ond ni ellir cytuno sut y gwnaethpwyd hynny.

Credaf fod Parker Pearson yn sicr wedi dewis mynd am y

penawdau gorau. Beth bynnag yw ein barn am ddamcaniaethau Parker Pearson rwyf am gloi'r bennod hon gyda dyfyniad ganddo:

'There is much for archaeologists and geologists to look for in the years to come.'

Carn Goedog

Cyfeirnod Map: OS Landranger SN 128 332

Mae gwaith cerdded o tua awr ar lwybr mynydd i gyrraedd Carn Goedog. O Croswell dilynwch y ffordd fechan am Pontyglasier a chymryd y troad i'r dde am Glynmaen. Parhawch ar y ffordd fechan hon nes cyrhaeddwch ei diwedd, a dilynwch y llwybr troed i'r mynydd. Bydd Carnalw yn ymddangos ar y gorwel o'ch blaen wrth i chi gyrraedd y gwaundir. Dilynwch y llwybrau cerdded / llwybrau defaid gan anelu am Carnalw, cyn cadw ar yr ochr isaf i Garn Breseb a dilyn y llwybr yn syth i fyny am Carn Goedog.

Mae angen esgidiau cerdded a map OS. Nid yw'n hawdd dilyn y llwybrau unigol – rhaid cadw golwg am Garn Goedog yn y pellter.

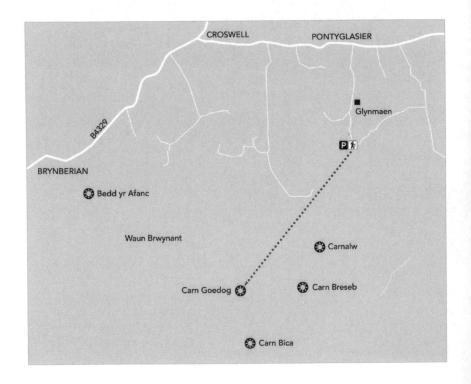

Craig Rhosyfelin

Cyfeirnod Map: OS Landranger 145 SN 117 362

Mae craig Rhosyfelin ger y rhyd sy'n croesi afon Brynberian rhyw
¼ milltir oddi ar y B4329, sef y ffordd o Croswell i gyfeiriad
Brynberian.

Dilynwch y ffordd fechan at waelod y cwm at y rhyd lle mae'r
ffordd yn croesi afon Brynberian. Defnyddiwch un o'r cilfannau
ger y rhyd ar gyfer parcio'r car. Mae Craig Rhosyfelin ar y chwith
– ewch drwy giât wrth wynebu'r allt i gyfeiriad Pentre Ifan a'r
gorllewin.

Munud o gerdded o'r giât. Tir sych.

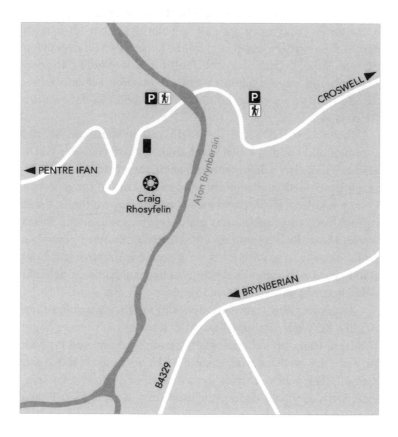

Pennod 4
Cylchoedd Cerrig a Meini Hirion

Cyfnod: Oes Efydd, 2000–700 Cyn Crist

Cafodd metel ei ddefnyddio ar Ynysoedd Prydain am y tro cyntaf oddeutu 2000 Cyn Crist, yn ôl y dystiolaeth archaeolegol. Dyma'r Oes Efydd (2000–7000 Cyn Crist) ac yn sicr cafodd defnydd o fetel – copr i ddechrau ac wedyn efydd, drwy gyfuno copr a thun – ei gyflwyno i Brydain o gyfandir Ewrop. Rydym yn llai sicr sut yn union y bu i'r arfer a'r dechnoleg newydd hon ein cyrraedd. Gallasai fod drwy symudiad pobl a mudo, masnach neu drwy rannu syniadau – neu gyfuniad o ffactorau. Efallai fod cyfuniad o ffactorau yn agosach ati gan fod datblygiadau fel hyn yn gymhleth ac yn digwydd dros gyfnod o amser. Byddai rhywun yn disgwyl i'r boblogaeth frodorol Neolithig fabwysiadu'r arferion newydd, ond mae un ddamcaniaeth ddiweddar iddynt gael eu disodli bron yn llwyr gan boblogaeth newydd (gweler Armit a Reich isod).

Dyma'r cyfnod hefyd lle daeth oes y siambrau claddu cymunedol Neolithig i ben, a chafodd yr arferiad newydd o gladdu'r unigolyn o dan garnedd o gerrig neu bridd ei sefydlu – mae'r dystiolaeth archaeolegol yn dangos i ni fod unigolion yn cael eu hamlosgi a'r llwch yn cael ei roi mewn wrn lludw. Tua'r cyfnod hwn, yn ystod hanner olaf y trydydd mileniwm, roedd wrnau Bicer (*Beaker*) yn cael eu defnyddio. Bu newid pwyslais penodol, felly, o gladdu cyrff yn gymunedol mewn siambrau claddu yn ystod y cyfnod Neolithig i amlosgi unigolion a'u claddu o dan garnedd yn ystod yr Oes Efydd.

Awgryma gwaith ymchwil diweddar ar DNA hynafol gan Ian Armit o Brifysgol Bradford a David Reich o Adran Geneteg Ysgol Feddygol Harvard, fod poblogaeth Neolithig Ynysoedd Prydain fwy neu lai wedi cael ei disodli'n llwyr (hyd at 90%) gan symudiadau pobl o Ewrop gyda dyfodiad y Biceri. Yn fras, cyfeiriwyd at y bobl oedd yn symud fel y *Beaker folk*. Y farn gyffrcdinol yw bod y traddodiad Biceri wedi cychwyn yn ardal penrhyn Iberia a chael ei fabwysiadu fel y ffasiwn newydd gan boblogaeth Ewrop (*Nature*, 2018) – er na fu cymaint o ddisodli poblogaethau yng nghanolbarth Ewrop yn ôl canlyniadau Armit a Reich.

Os yw Armit a Reich yn gywir, mae'r pwyslais neu'r ffasiwn archaeolegol yn newid unwaith eto ac yn ffafrio symudiadau sylweddol o bobl i mewn i Ynysoedd Prydain rywbryd yn y trydydd mileniwm yn hytrach na'r syniad bod y brodorion yn mabwysiadu'r arferion newydd. Awgryma'r DNA hynafol fod gan boblogaeth Prydain heddiw yr un nodweddion DNA â phoblogaeth yr Oes Efydd a fudodd i Ynysoedd Prydain, yn hytrach na'r boblogaeth frodorol Neolithig. Os yw hyn gywir, dyma awgrym neu ddamcaniaeth bellgyrhaeddol a heriol.

Rhywbeth arall i'w ystyried, os yw'r damcaniaethau hyn yn wir, yw y byddai adeiladwyr Côr y Cewri (Pennod 3) wedi cael eu disodli felly gan bobloedd newydd o Ewrop gyda'u traddodiadau a'u harferion newydd. Hyd yma, does dim digon o waith wedi cael ei wneud i awgrymu beth oedd effaith hynny ar draddodiad a ffordd o fyw y brodorion, a faint o arferion a fyddai wedi parhau o'r cyfnod Neolithig. Rhaid gofyn hefyd a oes digon o samplau o DNA hynafol o ardaloedd fel Cymru a'r Alban, dyweder, wedi cael eu dadansoddi ar gyfer yr astudiaeth. Cawn weld beth fydd y farn am ddamcaniaeth Armit a Reich.

Yn ne Ynysoedd Prydain mae enghreifftiau o gylchoedd cerrig anferth fel Côr y Cewri ac Avebury, ond yng Nghymru y tueddiad yw iddynt fod yn llai o ran maint – o safbwynt y cylchoedd a'r meini – ac maent, o bosib, yn dyddio o gyfnod diweddarach yn yr Oes Efydd, yn ystod yr ail fileniwm Cyn Crist. Efallai y bu i'r traddodiadau hyn dreiddio'n araf a graddol i wahanol ardaloedd, a chael eu mabwysiadu ar raddfa leol a llai cofadeiliol o ran maint.

Nodweddion amlycaf safleoedd cerrig yn ystod yr Oes Efydd yw cylchoedd cerrig, rhesi cerrig, meini hirion a charneddau claddu amrywiol. Mae'n rhaid cofio y gall y carneddau claddu fod o gerrig neu o bridd (twmwlws), ac i raddau helaeth ffactorau daearyddol sy'n gyfrifol am hyn. Felly, fel y disgwyl, mae carneddau o gerrig yn fwy cyffredin yn yr ucheldir neu ardaloedd caregog, a'r tomenni pridd neu dwmwli yn fwy cyffredin yn yr iseldir llai creigiog. Mae rhai carneddau claddu wedi goroesi sy'n cynnwys cylchoedd o gerrig, neu ymyl neu balmant o gerrig. Am fwy o wybodaeth, gweler y drafodaeth ar garneddau'r Oes Efydd ym Mhennod 2 *Cam Arall i'r Gorffennol* (2016).

Does neb yn wir yn siŵr o union bwrpas y meini hirion na'r cylchoedd cerrig. Gall fod claddedigaethau yn gysylltiedig, ond nid o reidrwydd, chwaith. Gellir defnyddio'r gair 'defodol' i ddisgrifio safleoedd fel hyn – mae'n bosib bod elfen o wirionedd yn hynny – ond defnyddir y gair 'defodol' gan archaeolegwyr yn aml iawn i esbonio'r hyn nad ydym yn ei ddeall. Os nad ydym yn siŵr o bwrpas rhywbeth, mae'n rhaid ei fod yn ddefodol, felly.

O safbwynt meini hirion, mae rhai wedi eu codi wrth ymyl neu ar hyd llwybrau cynhanesyddol, felly mae'n bosib eu bod wedi cael eu codi er mwyn dangos y ffordd. Ar y llaw arall, gallasai maen hir fod wedi dynodi ffiniau tiriogaeth, fel rhyw fath o faen plwyf cynhanesyddol – ond o dderbyn hynny, sut mae esbonio'r parau o feini hirion sydd mor gyffredin yn Sir Benfro? Bwriadaf drafod y parau o feini hirion yn y bennod hon, yn ogystal â'r cysylltiad Arthuraidd sy'n ymddangos yn enw cynifer ohonynt.

Carreg Fawr: Maen hir Abermarlais, Llangadog
Cyfnod: Yr Oes Efydd / Cyfnod Tuduraidd, 15fed ganrif
Go brin fod unrhyw un sydd wedi teithio ar hyd yr A40 o gyfeiriad Llanwrda tuag at Landeilo heb sylwi ar y garreg anferth ar ochr dde'r ffordd ger mynedfa Parc Abermarlais: mae hi'n dair medr o uchder a bron yn sgwâr yr olwg.

Mae sôn bod y garreg wedi ei symud i'w safle presennol yn 1840 a'i bod, cyn hynny, wedi ei chodi ar Stad Abermarlais gan Syr Rhys ap Thomas er cof am Frwydr Bosworth, 1485. Roedd Rhys ap Thomas yn gefnogwr brwd i Harri VII, a bu ar ei ennill o ganlyniad gan iddo gael tiroedd pan ddaeth Harri Tudur yn Frenin. Byddaf yn cyfeirio at Rhys ap Thomas eto ym Mhennod 6 mewn cysylltiad â thref Rufeinig Caerfyrddin, Moridunum, ac wrth drafod Castell Dinefwr ym Mhennod 9.

Y gred gyffredinol ymhlith archaeolegwyr yw mai maen hir

Carreg Abermarlais

o'r Oes Efydd yw hwn a gafodd ei ailddefnyddio yn y cyfnod Tuduraidd, a'i fod wedi ei symud o'i safle gwreiddiol fwy nag unwaith, o bosib. Mae sawl enw ar y garreg: 'Carreg Fawr' yw'r mwyaf cyffredin ond defnyddir 'Maen Ciliau' ac 'Abermarlais Stone' yn ogystal.

Mab ieuengaf Thomas ap Gruffydd ap Nicholas, Newton, Dinefwr ac Elizabeth Gruffydd, Abermarlais oedd Rhys ap Thomas (1449–1525). Claddwyd ef yn y Priordy Agwstinaidd yng Nghaerfyrddin yn 1525, ond ar ôl i Harri VIII ddiddymu'r abatai symudwyd ei gorffddelw i Eglwys Sant Pedr, Caerfyrddin, sydd o fewn ffiniau'r hen dref Rufeinig, Moridunum. Gellir gweld corffddelw Rhys a'i wraig ar ochr dde'r eglwys ger y gangell; saif yn uchel ar ben cist gerfiedig gyda rheiliau o'i amgylch, ac oherwydd hyn mae drych wedi ei osod uwchben y corffddelw er mwyn galluogi ymwelwyr i gael golwg iawn arno. Mae ysgrifen ar ymyl y gist yn cofnodi'r ffaith i Rhys ymladd gyda Harri VII ym mrwydr Bosworth – yn ôl rhai hanesion, Rhys oedd yn gyfrifol am ladd Rhisiart III ar faes y gad.

Bedd Morus / Bedd Morris, Trefdraeth

Yn uchel ar y Preselau, ar ochr orllewinol Carn Ingli, saif Bedd Morus ger hen lwybrau cynhanesyddol dros y bryniau. O ystyried y safle ger y bylchau dros y bryniau, gallai rhywun awgrymu bod y maen yn arwyddbost cynhanesyddol, yn cyfeirio pobl ar hyd y llwybrau cywir. Er fy mod yn tynnu coes, byddai maen fel hwn yn ddefnyddiol iawn mewn niwl trwchus! Ond gan fod y garreg ar y ffin rhwng plwyfi Trefdraeth a Llanychllwydog, a oes posibilrwydd ei bod yn garreg ffin ddiweddarach yn hytrach na maen hir o'r Oes Efydd? Ychydig o sôn sydd am y garreg mewn adroddiadau hanesyddol, sydd wedi peri i rai amau a yw hi'n garreg gynhanesyddol mewn gwirionedd.

Difrodwyd y maen, mwy na thebyg o ganlyniad i gael ei daro gan gar, yn ystod Hydref 2011, ac yn dilyn gwaith cloddio archaeolegol ar ddechrau 2012, er mwyn adfer y safle, gwnaethpwyd profion dyddio radiocarbon arno. Roedd y canlyniadau'n cadarnhau bod y maen wedi ei godi yn ystod yr Oes Efydd. Ymhlith y cerrig pacio gwreiddiol oedd yn dal y garreg yn ei lle daethpwyd o hyd i forthwylion a naddion sy'n awgrymu bod y garreg wedi ei siapio gan adeiladwyr yn yr Oes Efydd.

Lleidr pen-ffordd a fu'n cuddio mewn ogof ar Garn Ingli, mae'n debyg, oedd Morus neu Morris, a digon cyffredin yw'r arfer hwn o gysylltu pobl neu gymeriadau â meini hirion yr Oes Efydd er na ellir profi cysylltiad uniongyrchol. Mae llu o straeon lleol amdano: mae un yn adrodd bod trigolion yr ardal wedi cael llond bol ar ddrwgweithredu Morus, a'u bod wedi ei gosbi drwy ei grogi a lladd ei gi ffyddlon (ci gwyn, yn ôl y sôn). Codwyd y garreg i nodi'r man lle crogwyd Morus i atgoffa pawb o ganlyniadau bod yn lleidr pen-ffordd.

Mae stori arall yn adrodd am draddodiad blynyddol ym mis Awst a elwid yn *beating of the bounds* pan fyddai'r trigolion lleol yn teithio at y garreg hon ar gefn eu ceffylau a rhoi cweir ysgafn i'r hogiau ifanc yno, fel eu bod yn cofio am byth ble oedd terfynau'r plwyf.

Cyfeiria Eirwyn George yn ei gyfrol *Meini Nadd a Mynyddoedd* (1999) at sawl stori arall ynglŷn â Morus. Mae un yn dweud ei fod wedi crogi'i hun yn ddamweiniol wrth gario dafad yr oedd wedi'i dwyn – roedd wedi ei chlymu o amgylch ei ysgwyddau â rhaff, ac wrth i'r ddafad geisio'i rhyddhau ei hun llithrodd y rhaff o amgylch ei wddf a'i grogi yn y fan a'r lle – a dyma Fedd Morus. Mewn fersiwn arall, mae sôn bod Morus a gŵr ifanc arall wedi bod yn cwffio yn y fan hon – roedd y ddau am briodi merch o Gwm Gwaun. Morus gollodd, a chael ei ladd.

Mae ysgrifen ddiweddar i'w gweld ar y garreg, sef y llythrennau T. D. LL: Thomas David Lloyd, sef Arglwydd Barwniaeth Cemais rhwng 1845 ac 1877. Gwelir hefyd arwydd *benchmark* Ordnance Survey ar y garreg.

Gors Fawr, Mynachlog-ddu

Cyfnod: 3ydd–ail fileniwm Cyn Crist

Mae'r cylch hwn yn sylweddol o'i gymharu â chylchoedd cerrig eraill Cymru, ac un sydd wedi goroesi yn weddol dda. Mae amrywiaeth o gylchoedd cerrig yng Nghymru: rhai yn cynnwys cerrig llawer llai o faint mewn cylchoedd o faint amrywiol, ond does dim patrwm arferol iddynt. Yr unig duedd yw bod cylchoedd cerrig Cymru, ac eithrio cylch Bryn Gwyn (SH 462669) ar Ynys Môn, yn tueddu i fod yn llai na chylchoedd cerrig amlwg de Lloegr.

Gorwedd y cylch, sy'n mesur 22.5 medr ar draws, yng nghorstir Gors Fawr ger Mynachlog-ddu wrth droed y Preselau, a'r mynyddoedd yn gefndir trawiadol i'r gorllewin. Mae 16 carreg yn ffurfio'r cylch amherffaith neu hirgylch, ac mae nifer o'r meini rhwng 0.5 ac

Cylch Gors Fawr

1 medr o uchder – mae'n fy atgoffa o gylch cerrig Druid's Circle ger Penmaen-mawr (SH 722746).

Yn ôl yr archaeolegydd Mike Parker Pearson a gwefan *Coflein* mae wyth o gerrig sy'n rhan o'r cylch hwn yng Nghors Fawr yn enghreifftiau o ddolerit smotiog, sef y garreg las o'r Preselau sy'n gysylltiedig â cherrig gleision Côr y Cewri (gweler pennod 3). Hyd y gwelaf i, dim ond un garreg dolerit smotiog amlwg sydd yn y cylch hwn, a honno ar ochr ogleddol y cylch. Edrychais yn fanwl ar y cerrig yn ystod Gorffennaf 2018, ac er bod cen yn tyfu ar wyneb nifer o'r meini (a finnau'n barod iawn i gyfaddef nad daearegwr mohonof) mae'n rhaid i mi ddweud nad oedd y cerrig dolerit smotiog yn amlwg i'w gweld heb gymorth arbenigwr.

A ydi'r ffaith mai dim ond un garreg dolerit smotiog sydd yn y cylch yn awgrymu fod llai o bwysigrwydd neu arwyddocâd i'r cerrig gleision adeg codi cylch Gors Fawr? Gellir gofyn hefyd a oedd unrhyw arwyddocâd, mewn gwirionedd, i'r cerrig gleision y tu hwnt i Gôr y Cewri? Byddai'r cerrig gleision hyn yn rhai lleol yn Sir Benfro, ac yn hollti'n bileri yn naturiol neu drwy gymorth dyn, felly a oes syndod iddynt gael eu defnyddio? Ydi Parker Pearson yn trio'n rhy galed i roi arwyddocâd i'r cerrig gleision yn y cyfnod cynhanesyddol, tybed?

Does dim dwywaith nad yw'r garreg dolerit smotiog yn un drawiadol ac yn un sy'n sefyll allan – ond petai hyn yn bwysig i adeiladwyr cylch Gors Fawr, pam na ddewiswyd 16 carreg dolerit smotiog? Alla i ddim ateb y cwestiwn hwnnw: yn amlwg, mae angen llawer mwy o waith ymchwil. Da o beth fyddai cynnal arolwg petrolegol ar bob carreg yng nghylch Gors Fawr, neu o leiaf gofyn barn daearegydd.

Doedd dim awgrym bod unrhyw nodweddion archaeolegol cynharach o dan gylch cerrig Gors Fawr yng nghanlyniadau arolwg geoffisegol a gynhaliwyd gan Tim Darvill a Geoff Wainwright. Dyma ddau archaeolegydd sydd wedi gwneud gwaith cloddio yng Nghôr y Cewri (Pennod 3).

Saif dwy garreg arall, bron 2 fedr o uchder, 134 medr i'r gogledd-ddwyrain o'r cylch. Tybed a yw'r rhain o'r un cyfnod â'r cylch cerrig? Os ydynt, yr awgrym yw bod yr holl beth wedi ei godi fel

Y ddau faen hir tu allan i gylch Gors Fawr

un cyfanwaith. Defnyddir yr enw 'Dreaming Stone' yn lleol ar un o'r meini hyn, ac mae damcaniaethau eu bod yn gysylltiedig â nodi hirddydd haf mewn rhyw fordd oherwydd eu lleoliad ar linell de-orllewin / gogledd-ddwyrain. O edrych o'r de-orllewin, yn ôl gwefan *Coflein*, ymddengys fod y meini'n 'fframio' Carn Menyn. Dydw i ddim yn sicr o hyn, gan fod yr olygfa yn newid yn ôl ble mae rhywun yn sefyll.

Enw arall lleol ar gylch Gors Fawr yw 'Cylch yr Orsedd', ac mae straeon yn lleol am galendr cerrig cyntefig yma oedd yn gysylltiedig ag arfer amaethwyr yr Oes Efydd o ddefnyddio'r cerrig fel modd o ddarllen y sêr. Does dim sicrwydd o gwbl mai dyma oedd pwrpas Gors Fawr ac mae llawer o hyn yn seiliedig ar ddamcaniaethau'r hanesydd Roger Worsley (gweler llyfr Eirwyn George, tud 52). Awgrym Worsley yw bod gosodiad y cerrig ar linell codiad yr haul ar hirddydd haf dros Foel Dyrch. Heb lawer mwy o waith ymchwil manwl, anodd yw profi damcaniaethau rhai fel Worsley fod cysylltiad rhwng patrwm gosodiad y cerrig a'r ser uwchben. Byddai'n ddigon hawdd codi cerrig ar linell hirddydd haf os dyna'r bwriad, ond mae cadarnhau llinellau eraill yn anoddach, ac mae perygl bod damcaniaethau hanesyddol fel un Worsley yn ddi-sail os nad yn ffantasi llwyr.

Mae nifer helaeth o gerrig eraill yn gorwedd o gwmpas y lle yn agos i Gors Fawr: pwy a ŵyr, efallai fod mwy o gerrig arwyddocaol heb eu hadnabod. Awgryma Barber a Williams yn *The Ancient Stones of Wales* (1989) fod carreg sydd bellach yn gorwedd yn y ddaear tua 10 medr i'r dwyrain o'r cylch, ac un arall tua 40 medr i'r gorllewin, yn feini hirion posib. Nid wyf wedi fy argyhoeddi o hyn, a'r unig ffordd o wybod fyddai drwy archwiliad a chloddio archaeolegol. Rwy'n amheus o awduron, fel Barber a Williams, nad ydynt yn archaeolegwyr – efallai na ddylwn eu crybwyll yma o gwbl. Yn eu cyfrol mae pennod ar 'Strange Lights and Objects', yn cyfeirio at oleuadau maen nhw wedi eu gweld o amgylch meini hirion, a damcaniaeth am linellau SCEMB – term y maen nhw wedi'i ddyfeisio i fanylu ar ddamcaniaeth *ley lines* Alfred Watkins (*The Old Straight Track*, 1925), gan gyfyngu'r llinellau i nodweddion 'cynhanesyddol'. Y *ley lines* (neu linellau gwyndwn), yn ôl awgrym gwreiddiol Alfred Watkins, sy'n cysylltu safleoedd cynhanesyddol, nodweddion tirweddol neu safleoedd o bwys fel eglwysi ar linellau ar fapiau OS. 'Llwybrau hynafol' yw un o esboniadau Alfred Watkins amdanynt. Daw'r term SCEMB o 'standing stones, stone circles, camps, earthworks, mounds, moats and burial mounds' – hyn gan ddau y mae ganddynt yr wyneb i alw dilynwyr Alfred Watkins yn '*misguided*'! Darllenwch *The Old Straight Track* i gael mwy o wybodaeth am y *ley lines*.

Er mor ddiddorol yw llyfr Watkins, anodd yw credu bod unrhyw gysylltiad go iawn rhwng eglwysi Canoloesol a meini hirion cynhanesyddol, er enghraifft. Hawdd yw dod o hyd i nodweddion sy'n ffurfio 'llinell' ar fapiau OS, a gallaf dderbyn bod hen lwybrau yn dilyn llinell golwg rhywun ar y dirwedd gan ddefnyddio nodweddion amlwg, ond nid wyf o'r farn fod *ley lines* Alfred Watkins yn bodoli.

'There is in fact an important SCEMB line passing through the Gors Fawr Stone Circle,' medd Barber a Williams, gan awgrymu bod y llinell yn dechrau gyda'r garreg y maen nhw'n ei galw yn 'Warrior Stone', sef craig naturiol ym Mwlch Ungwr ar y gorwel i'r gogledd o'r cylch cerrig. Er bod cerrig pigfain syth yn sefyll ar gopa'r graig, does dim i awgrymu bod dyn yn gyfrifol amdanynt, ac mae'r graig yn nodweddiadol o greigiau'r Preselau, yn rhannu'n golofnau neu bileri, a hyd y gwelaf does neb arall yn cyfeirio at y garreg fel y 'Warrior Stone'. I fynd gam ymhellach, ymddengys fel petai'r awduron yn ceisio corddi'r dyfroedd drwy awgrymu bod egni yn perthyn i'r meini, a dilorni gwaith Watkins: 'a great deal of work needs to be carried out through serious research into this prehistoric riddle by people with patience and open minds.'

Gallaf faddau i awduron fel Eirwyn George ac E. Llwyd Williams am ramantu a chymathu llên gwerin i'r drafodaeth, ond mae peryg i bobl gael eu camarwain yn llwyr drwy ystyried damcaniaethau gwallgof a di-sail awduron fel Barber a Williams.

'Dyma olion crefydd a chladdfeydd y gwŷr cyntaf a gerddodd drwy'r broydd hyn. Addolwyr yr haul oeddynt hwy.' Dyna eiriau E. Llwyd Williams – geiriau doethach na rhai Barber a Williams yn sicr – ond eto, rhaid bod yn ofalus rhag dod â chrefydd a chred yn rhan o'r darlun cynhanesyddol heb dystiolaeth fwy penodol na'r hyn sydd gennym ar hyn o bryd. Does dim modd dweud gydag unrhyw sicrwydd mai 'addolwyr yr haul' oeddynt.

Ond fel petai Eirwyn George yn rhag-weld fy amheuon, dyma a ddywed wrth drafod yr ywen waedlyd ym mynwent Nanhyfer (gweler yr Atodiad): 'Onid yw'r gwyddonydd, yn aml iawn, yn lladd y rhamant sy'n perthyn i lên gwerin?'

Meini Gwyr, Glandy Cross, Efail-wen

Defnyddir yr enwau Meini Gwŷr, Buarth Arthur a Meini Gwyn hefyd wrth gyfeirio at y safle hwn, er mai Meini Gwyr heb y to bach sydd fwyaf cyffredin mewn cofnodion archaeolegol. Dim ond dau faen sy'n dal i sefyll o'r cylch gwreiddiol o 15 neu 17 o gerrig – cyfeiriodd Edward Llwyd at bymtheg maen yn 1695. Dyma enghraifft brin iawn o gylch cerrig gyda chlawdd allanol (*embanked stone circle*) yn ne-orllewin Cymru. Efallai fod cylch cerrig Ysbyty Cynfyn (SN 752790) ger Ponterwyd hefyd yn enghraifft o'r un math o gylch.

Gan fod y meini yn Ysbyty Cynfyn bellach wedi eu cynnwys yn wal mynwent yr eglwys, mae trafodaeth ar wefan *Coflein* ai rhan

Meini Gwyr – y ddau faen sy'n dal i sefyll

o wal y fynwent Fictoraidd yw'r rhain wedi'r cyfan, yn hytrach na chylch o'r Oes Efydd. Mae'n hollol bosib bod yr eglwys Gristnogol wedi dewis cynnwys meini hirion 'paganaidd' o'r Oes Efydd o fewn eu ffiniau ar un cyfnod er mwyn Cristnogeiddio'r nodweddion paganaidd hynny – mae enghreifftiau lu o feini hirion mewn mynwentydd mewn safleoedd megis Llanwrthwl ger Rhaeadr, Maentwrog yng Ngwynedd a hen eglwys Sarn Mellteyrn yn Llŷn.

Gwnaeth Grimes waith cloddio archaeolegol ar safle Meini Gwyr yn 1938, ac awgryma fod y clawdd cylchog yn mesur oddeutu 36 medr ar draws, a bod y ddau faen sydd wedi goroesi yn sefyll ar waelod y clawdd ar yr ochr fewnol. Maent yn gerrig tipyn mwy sylweddol na meini cylch Gors Fawr – mae'r ddau faen yma dros fedr o uchder.

Awgrym Grimes yw nad oedd yma erioed ffos, a bod y clawdd wedi ei greu drwy grafu pridd (clai naturiol) a thyweirch o wyneb y ddaear er mwyn adeiladu'r clawdd. Bron gyferbyn â'r ddau faen sy'n dal i sefyll, ar ochr orllewinol y cylch, mae'r fynedfa. Awgrymodd gwaith cloddio Grimes fod cerrig wedi eu gosod ger y fynedfa honno.

Gan fod cynifer o henebion o'r Oes Efydd yng nghyffiniau Meini Gwyr, mae nifer o archaeolegwyr, gan gynnwys Rees (1992), wedi awgrymu bod hon yn ardal ddefodol bwysig, ac y gallai cylch Meini Gwyr fod yn rhyw fath o ganolbwynt i'r cofadeiliau hyn. Gwelir tri maen hir ryw 250 medr i'r gorllewin o Feini Gwyr (gweddillion cylch arall, tybed?) ac awgrym o hengor ychydig i'r gogledd, o'r enw Castell Garw. O edrych dros y clawdd ar yr A478 i gyfeiriad Crymych, rhyw 100 medr o Glandy Cross, mae ffurf yr hengor i'w weld yn y cae.

Wrth awgrymu bod hon yn dirwedd ddefodol o bwys yn y cyfnodau Neolithig a'r Oes Efydd, mae angen cofio bod angen canlyniadau pendant i brofion dyddio radiocarbon os ydym am ddeall y berthynas rhwng y gwahanol safleoedd yn llawn. Does neb yn hollol sicr a yw Castell Garw yn hengor Neolithig ynteu'n fryngaer o'r Oes Haearn, ond mae nifer o dwmwlau (twmpathau a godwyd dros safleoedd claddu) yr Oes Efydd yn yr ardal gyfagos sy'n atgyfnerthu'r awgrym fod hon yn dirwedd ddefodol o bwys.

Un arall o ganlyniadau difyr gwaith cloddio Grimes ym Meini Gwyr oedd darganfod lle tân (*hearth*) a chrochenwaith mewn haen o bridd uwchben twll ar gyfer un o'r meini. Mae'n rhaid bod y garreg wedi cael ei symud cyn i'r lle tân fodoli – awgrym i'r cofadail gael ei addasu yn y cyfnod cynhanesyddol. Gall hyn fod yn dystiolaeth o goginio ar y safle yn ystod y cyfnod o addasu'r cylch cerrig yn ystod yr Oes Efydd. Roedd y crochenwaith yn dyddio o ganol yr ail fileniwm sy'n awgrymu, gan fod maen wedi cael ei symud, fod y gofadail ei hun wedi cael ei chreu yn gynharach yn yr ail fileniwm neu ar ddiwedd y trydydd mileniwm.

Ni wnaeth Grimes ddim darganfyddiadau archaeolegol yng nghanol y cylch, ac o ganlyniad ni fu modd awgrymu gyda sicrwydd pa ddefnydd oedd yn cael ei wneud o'r safle. Mae hwn yn gwestiwn sy'n codi'n aml gyda meini hirion a chylchoedd cerrig – heb dystiolaeth o gladdedigaethau, a oes angen esboniad neu esboniadau eraill ar gyfer safleoedd o'r fath?

O gerdded o amgylch Meini Gwyr yn ystod haf 2018 sylwais fod sawl carreg arall yn gorwedd ar y llawr y tu allan i'r cylch, ond mae'n anodd gwybod a oes unrhyw arwyddocâd iddynt.

Y Cysylltiad Arthuraidd

Diddorol yw nodi bod sawl maen hir neu safle ac iddynt gysylltiad 'Arthuraidd' yn Sir Benfro. Does dim cysylltiad go iawn, wrth gwrs, dim ond drwy enw yn unig. Mae'n rhaid i mi gyfaddef, er mor ddiddorol a gwerthfawr o safbwynt llên gwerin yw'r straeon hyn, fod yr archaeolegydd ynof yn tueddu i ddisgrifio'r fath gysylltiadau fel 'nonsens llwyr'.

Bedd Arthur

Cylch cerrig lled grwn yn cynnwys rhwng 13 ac 16 maen sydd yma, wrth droed Carn Bica ar lethr dwyreiniol Talmynydd. Mae Eirwyn George yn ei gyfrol yn cysylltu'r enw Bedd Arthur â'r syniad o fedd y Mab Darogan, sef Arthur yn yr achos hwn. Y Mab Darogan sydd yn 'cysgu' yn ci fedd yn aros am y dydd neu'r alwad i ryddhau'r Cymry rhag gormes y Saeson, er mwyn sicrhau Cymru Rydd, gan amlaf.

Yn amlach na pheidio cysylltir Owain Glyndŵr, Mab Darogan arall, ag ogofâu – meddyliaf yn syth am Ogof Glyndŵr (Moel yr Ogof) ger Beddgelert. Yr un stori yn ei hanfod yw honno – straeon gwych, ond nonsens llwyr yn archaeolegol.

Bedd Arthur

Mae rhai wedi cymharu'r cylch hirgrwn / lled sgwâr hwn o gerrig gleision â'r cylch mewnol o gerrig gleision yng Nghôr y Cewri. Awgryma eraill fod y cerrig yn cefnu ar glawdd isel ac yn amgylchynu darn gwastad o dir, ac efallai mai lloc o'r Oes Efydd sydd yma yn hytrach na chylch cerrig go iawn. Dim ond gwaith cloddio archaeolegol all gadarnhau hyn y naill ffordd neu'r llall.

Cyfeirir at y cerrig yn y cylch fel 'cerrig gleision smotiog' gan Dyfed Elis-Gruffydd (2014) ac awgryma mai eu tarddiad fyddai Carn Bica. 'Amwys' yw'r nodyn disgrifiadol am Fedd Arthur ar wefan *Coflein*, sy'n awgrymu nad oes neb yn hollol sicr beth yn union sydd yma. Mae'r ffaith fod clawdd allanol, yn sicr, ar ddwy ochr hir y 'cylch cerrig' yn awgrymu rhywbeth – ond beth yw'r berthynas rhwng y meini a'r clawdd?

Cerrig Meibion Arthur (Cerrig Tŷ Newydd)

Dyma enghraifft o bâr o feini hirion o'r Oes Efydd ar rostir Glynsaithmaen. Mae'n bosibl i'r enw Cerrig Meibion Arthur darddu o stori Culhwch ac Olwen o'r Mabinogi. Yn yr ardal hon, yn ôl y stori, y bu'r frwydr rhwng y Twrch Trwyth a Chulhwch, a gafodd gefnogaeth gan filwyr Arthur. Lladdwyd un o feibion Arthur yn y frwydr, a dyma sut rhoddwyd yr enw ar y meini hirion. Esbonia Eirwyn George (1999), 'traddodiad onomastig

Cerrig Meibion Arthur

sydd yma, sef yr arfer o ddyfeisio stori i esbonio enw lle'. Ystyriwch – os un o feibion Arthur a laddwyd yn y frwydr, rhaid felly fod mab arall iddo wedi brwydro yma hefyd gan fod yr enw ar y meini yn y lluosog: Meibion Arthur.

Mae yma enghraifft dda o bâr o feini hirion yn sefyll tua 10 medr oddi wrth ei gilydd, gydag un maen ac iddo ben gweddol wastad ar yr ochr ddwyreiniol yn sefyll i uchder o 2.3 medr, a'r ail faen, un mwy pigfain, i'r gorllewin. Cawn awgrym o batrwm cyffredin yma o faen mwy main a phigog wedi'i baru hefo maen â phen mwy 'gwastad' a soled (gweler mwy o enghreifftiau isod). Defnyddir yr enw 'Cerrig Tŷ Newydd' ar y cerrig hyn gan Rees (1992).

Parau Meini Hirion a Rhesi Cerrig

Hoffwn drafod arwyddocâd meini hirion sydd mewn parau: mae enghreifftiau lu ohonynt yn Sir Benfro ond cymharol anghyffredin yw parau fel hyn yng ngweddill Cymru. Pam mae meini mewn parau yn fwy cyffredin yn ardal y Preselau?

Mae un enghraifft amlwg o bâr o feini ar Ynys Môn: Meini Penrhosfeilw (SH 227809). Awgrymir bod y rhain yn tarddu o graig sydd led cae yn unig o'r meini – ac os felly, chawson nhw mo'u symud yn bell o gwbl. Mae craig noeth o garreg Schist Caergybi (*Holyhead Schist*) i'w gweld y pen arall i'r cae, a gellir dychmygu trigolion yr ardal yn ystod yr Oes Efydd yn gwahanu'r ddau faen o'r graig cyn eu llusgo i'r man lle maent yn sefyll hyd heddiw. Saif y ddau faen i uchder o dri medr, ac mae tua thri medr rhyngddynt, ar linell gogledd-de.

Ger fferm Cremlyn rhwng Biwmares a Phentraeth mae dau faen hir sy'n sefyll 240 medr oddi wrth ei gilydd, ac er bod y maen gogleddol (SH 571775) a'r maen deheuol (SH 571773) yn dipyn pellach oddi wrth ei gilydd na meini Penrhosfeilw, mae awgrym eto iddynt gael eu gosod ar linell gogledd-de.

Ar arfordir gogleddol Ynys Môn, ger Llanfechell, gwelir tri maen yn sefyll hefo'i gilydd (SH 364916) mewn triongl. Eto, dyma enghraifft anghyffredin iawn.

Er bod dau faen i'w gweld y naill ochr i Fwlch y Ddeufaen yng

Nghonwy, (SH 716718) ni ellir cadarnhau eu bod yn bâr o feini hirion gan nad ydynt yn hollol gyfochrog – o edrych yn ofalus, maen nhw'n ymddangos yn fwy fel dau faen annibynnol o boptu'r llwybr cynhanesyddol drwy'r bwlch.

Gellir gweld pâr o gerrig ychydig i'r gogledd o bentref Llanbedr yn Ardudwy (SH 583270), ond mae'r rhain, o bosib, yn dyddio o gyfnodau gwahanol yn ôl Lynch (1995): 'there is some doubt ... about the antiquity of the smaller one'.

Awgryma George Smith o Ymddiriedolaeth Archaeolegol Gwynedd, yn dilyn gwaith cloddio ar gylch cerrig Bryn Gwyn (SH 462669) ger Brynsiencyn yn 2008 a 2010, fod y cylch ar un adeg wedi cynnwys wyth maen mewn cylch oedd â diamedr o oddeutu 16m. Cadarnhaodd Henry Rowlands yn ei lyfr *Mona Antiqua Restaurata* yn 1723 fod mwy o gerrig yn sefyll bryd hynny na'r ddau faen sydd wedi goroesi heddiw (Smith, 2014), ond yr hyn sy'n ofnadwy o ddiddorol ynglŷn â chanlyniadau Smith yw'r awgrym bod yr wyth maen yn y cylch wedi eu gosod am yn ail, gyda meini pigfain a meini mwy crwn wedi'u gosod bob yn ail o amgylch y cylch, yr un pellter oddi wrth ei gilydd. Darganfu Smith weddillion rhai o'r meini o dan y pridd, a thyllau (*sockets*) a dorrwyd ar gyfer y cerrig coll. Prosesau amaethyddol, er enghraifft ehangu maint caeau, yn ystod y 18fed a'r 19eg ganrif fyddai wedi bod yn gyfrifol am ddinistrio'r cylch cerrig. Gerllaw mae safle Castell Bryn Gwyn (SH 465670), sy'n debygol o fod yn hengor o'r cyfnod Neolithig Hwyr, ac mae'n bur debyg fod perthynas rhwng yr hengor a'r cylch cerrig ar ddiwedd y cyfnod Neolithig neu ar ddechrau'r Oes Efydd. Daeth Smith o hyd i weddillion maen mewn pydew (Pit 6, Smith, 2014) y tu mewn i'r cylch sy'n ymddangos fel petai ar yr un llinell â mynedfa de-orllewinol yr hengor yng Nghastell Bryn Gwyn. Nid yw Pit 6 yn ymddangos fel petai'n gysylltiedig â gweddill y cylch, felly efallai ei fod yn perthyn i'r hengor ac o gyfnod gwahanol i adeiladu'r cylch cerrig. Yn gyffredinol, mae'r llinell rhwng cylch cerrig Bryn Gwyn a Chastell Bryn Gwyn yn rhedeg o'r de-orllewin i'r gogledd-ddwyrain, sydd fwy neu lai yn cyfateb i godiad yr haul ar hirddydd haf a machlud yr haul ganol gaeaf. Llinell debyg sydd i siambrau claddu cyntedd Bryn Celli Ddu a Newgrange.

Gwelir patrwm tebyg yn rhodfa Beckhampton ac yn y West Kennet Avenue yn Avebury, lle mae carreg bigfain am yn ail â charreg fwy hirgrwn neu siâp diemwnt. Un awgrym ar gyfer y rhodfeydd sydd yn cynnwys parau cyfochrog o feini mewn rhes yw bod y meini sydd ar siâp hirgrwn neu ddiemwnt yn cynrychioli'r fenyw a'r meini neu'r pileri hirach, mwy pigog, yn cynrychioli dyn. Tybed a yw hyn yn esboniad ynglŷn â'r holl esiamplau o feini-bob-yn-ail?

Cerrig Cornel-bach, Maenclochog

Dyma bâr o feini sy'n nodweddiadol o'r parau o feini hirion a welir yn y Preselau. Saif y garreg dde-orllewinol i uchder o 1.7 medr a'r maen gogledd-ddwyreiniol i uchder o 2 medr. Mae 40 medr rhwng y ddau faen, ac awgrym bod pen y maen de-orllewinol wedi ei siapio yn wastad (Rees, 1992) a bod y garreg arall yn bigfain. Serch hynny, byddai angen archaeolegydd arbrofol fel Dave Chapman o gwmni Ancient Arts i gael golwg ar y maen i gadarnhau ei fod wedi cael ei siapio gan ddyn, yn hytrach na bod carreg naturiol ei siâp wedi ei dewis ar gyfer y pâr.

Mae awgrym o fymryn o dwmpath o amgylch y maen de-orllewinol, ond ni all archaeolegwyr awgrymu beth fyddai pwrpas

Meini hirion Cornel-bach

twmpath o'r fath. Gallasai fod yn ganlyniad i aredig o amgylch y meini dros y canrifoedd, gan adael tir uwch o amgylch y meini.

Yn ei gyfrol *A Topographical Dictionary of Wales* (1844) mae Samuel Lewis yn cyfeirio at gromlech gyda chapfaen yn gorwedd ar dri maen, a bod y capfaen yn canu fel cloch o gael ei hysgwyd – tybed ai am y meini hyn yr oedd o'n ysgrifennu, ynteu a oedd cromlech ym Maenclochog sydd wedi ei cholli ers dyddiau Samuel Lewis? Yn amlwg, mae Samuel Lewis yn cyfeirio at darddiad enw'r pentref Maenclochog, ond mae esboniadau eraill i'w cael ar gyfer tarddiad yr enw. Capan dros Ffynnon Fair a oedd yn gwneud sŵn fel cloch wrth gael ei tharo yw esboniad E. Llwyd Williams yn *Crwydro Sir Benfro*, tra mae Waldo yn awgrymu mai ystyr 'clochog' yw 'tir creigiog', ac mai tarddiad Gwyddelig sydd i'r enw.

Ni welaf fod cysylltiad rhwng y meini hirion yng Nghornel-bach a'r enw 'Maenclochog', a byddwn yn awgrymu mai anwybyddu sylwadau Samuel Lewis yn gyfan gwbl sydd ddoethaf wrth drafod cerrig Cornel-bach. Pâr o feini hirion sydd yma, nid gweddillion siambr gladdu a chapfaen!

Cerrig Tafarn-y-bwlch

Saif y ddau faen i uchder oddeutu 1 medr, ond yr hyn sy'n anarferol yma mewn cymhariaeth â'r parau eraill o feini hirion

Meini hirion Tafarn-y-bwlch

yw bod y ddau faen mor agos at ei gilydd. Ond eto, gwelwn y cyferbyniad o faen mwy pigfain (y maen dwyreiniol) ac un mwy crwn (y maen gorllewinol). Gwelir awgrym o gerrig o amgylch y pâr o feini, ond mae'n anodd dweud ai cerrig wedi eu casglu dros y blynyddoedd yw'r rhain ynteu gweddillion rhyw fath o dwmpath neu lwyfan o amgylch y cerrig. Mae'r rhain hefyd yn gerrig llai o faint – rhyw fedr o uchder yn unig – o'u cymharu â'r ddau faen yn Cornel-bach, Maenclochog.

Meini Waun Mawn
(gweler damcaniaeth Mike Parker Pearson, Pennod 3)
Er mai un maen sy'n sefyll bellach (i uchder o 2.3 medr) mae Rees (1992) yn awgrymu bod hyd at saith o gerrig yma a allai fod yn rhan o gylch cerrig. Cytunaf fod dau faen arall ar y safle yn debyg iawn i feini hirion sydd wedi disgyn, ac mae un garreg lai o faint hefyd yn gorwedd ar y safle, ond nid yw'r 'saith carreg' yn amlwg i mi.

Bu gwaith cloddio archaeolegol yma yn 2017 dan ofal Mike Parker Pearson (https://www.rfamfound1.org/proj23find.html) sydd wedi cadarnhau bod cylch cerrig wedi bod yma ar un adeg. Darganfuwyd y tyllau (*sockets*) ar gyfer y cerrig oedd wedi disgyn a cherrig sydd bellach ar goll.

Cylch cerrig Waun Mawn

Maen hir Rhos y Clegyrn, Tremarchog

Dangosodd gwaith cloddio yn y 1960au fod maen hir arall wedi
sefyll yma ar un adeg, felly roedd maen Rhos y Clegyrn yn un o
bâr. Roedd 'palmant' o gerrig wedi ei osod rhwng y ddau faen –
daethpwyd o hyd i balmant cerrig tebyg (*cobbling*) o amgylch
maen hir ger Bosherton, Stackpole. Roedd mwy i'r meini hirion
yma, felly, os oedd palmant yn cael ei osod yn ofalus o'u hamgylch
– tybed a oeddynt yn fan cyfarfod neu ymgynnull?

Canfuwyd gweddillion amlosgiad ac wrn o dan y palmant yn
Rhos y Clegyrn, a chafwyd corff mewn pydew yn agos at faen hir
Bosherton.

Rhes Gerrig Parc y Meirw, Llanllawer

Dyma'r rhes gerrig hiraf yng Nghymru, a'r unig res gerrig sy'n dal
i sefyll yn Sir Benfro – rhed am bellter o 45 medr. Mae pedwar

maen amlwg yn parhau i sefyll a
thri neu bedwar arall wedi disgyn
a chael eu cuddio yn llystyfiant y
gwrych a gan y clawdd. Gwelir y
ddau faen dwyreiniol ger y giât i'r
cae, ac mae'n haws gweld y meini
eraill o ochr y cae. Heddiw rhed y
ffordd ar hyd ymyl y rhes sydd ar
linell gogledd-ddwyrain / de-
orllewin.

Pwy a ŵyr beth yw
arwyddocâd cyfliniad y rhes
gerrig, ond gallai rhes o'r fath fod
yn gysylltiedig â chladdedigaeth
neu hen lwybr cynhanesyddol.
Does dim sicrwydd fod sail
hanesyddol go iawn i'r enw 'Parc
y Meirw' chwaith.

Un o gerrig rhes Parc y Meirw

Cylchoedd Cerrig a Meini Hirion

Cerrig Tafarn-y-bwlch

Cyfeirnod Map: OS Landranger 145 SN 081337

Gweler y map. Mae'r meini tua 40 medr ar hyd y trac – mae 2–3 munud o gerdded at y pâr o feini ar yr ochr chwith i'r trac, a wedyn rhyw 40 medr eto at y maen hir ar ochr dde'r trac (SN 080339).

Mae cilfan ar ochr y B4329 ar gyfer parcio.

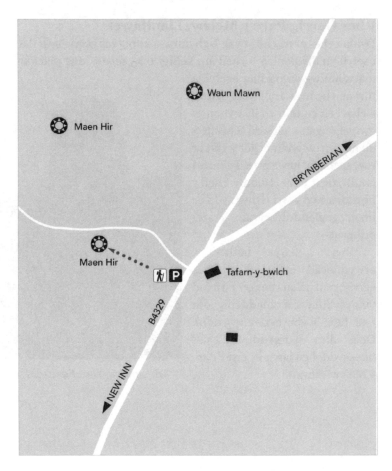

116

(Carreg Fawr) Maen hir Abermarlais, Llangadog
Cyfeirnod Map: OS Landranger 146 SN 695294
Mae'r maen ar ochr yr A40 rhwng Llanwrda a Llandeilo ger y
fynedfa i Abermarlais. Mae cilfan ar gyfer parcio.

Bedd Morris, Trefdraeth
Cyfeirnod Map: OS Landranger 145 SN 038365
Saif y maen hir ar ochr Ffordd Bedd Morris rhwng Trefdraeth a
Pontfaen (Cwm Gwaun), mwy neu lai ar fan uchaf y ffordd, gyda
llecyn parcio gyferbyn.

Gors Fawr, Mynachlog-ddu
Cyfeirnod Map: OS Landranger 145 SN 135294
Mae'n haws dod o hyd i Gors Fawr drwy ddefnyddio Map OS, a
bydd angen dilyn y ffordd fechan wledig o Fynachlog-ddu i
gyfeiriad Llandre. O ganol Mynachlog-ddu cymerwch y fforch ar
ochr dde'r ffordd, gan anelu am y de gyda'r Preselau i'r gorllewin
a'r gogledd.
    Mae arwydd Gors Fawr ar y dde tua milltir o ganol
Mynachlog-ddu, a'r cylch cerrig ryw 50 medr drwy'r giât ac yn isel
yn y dirwedd. Mae cilfan ar gyfer parcio.

Meini Gwyr, Efail-wen
Cyfeirnod Map: OS Landranger 145 SN 142266
Yn Glandy Cross, gyferbyn â'r garej, cymerwch y troad am
Llangolman. Mae'r cerrig yn y cae drwy'r giât gyferbyn â Chlwb
Criced Crymych. Mae cilfan ar gyfer parcio.

Cerrig Meibion Arthur (Cerrig Tŷ Newydd)
Cyfeirnod Map: OS Landranger 145 SN 118310
Bydd angen Map OS arnoch. O Glynsaithmaen dilynwch y llwybr
/ trac am y dwyrain cyn troi i'r chwith am Cwm-garw. Bydd y
ddau faen ar ochr chwith y trac. Yn ddaearyddol, maent tua
hanner ffordd rhwng Rosebush a Mynachlog-ddu ar lethrau
deheuol y Preselau.

Cerrig Cornel-bach, Maenclochog
Cyfeirnod Map: OS Landranger 145 SN 082279
O ganol Maenclochog cerddwch i gyfeiriad y gogledd ar hyd y
B4313 i gyfeiriad Rosebush / New Inn. Ewch heibio'r arwydd 30
m.y.a. a dilynwch y ffordd fechan / trac i'r dde. Gwelir y ddau
faen yn y cae cyntaf ar y dde, drwy'r giât.

Cerrig Waun Mawn
Cyfeirnod Map: OS Landranger 145 SN 083340
Gweler y map. O bâr cerrig Tafarn-y-bwlch mae angen cerdded
ryw 50 medr i'r dwyrain at gopa'r bryn sy'n edrych i lawr yn ôl at
y B4329 a'r ffordd fechan am Cilgwyn. Fe welwch y maen hir ar y
copa i'r dwyrain, a thri maen arall yn gorwedd ar y llawr.

Maen hir Rhos y Clegyrn
Cyfeirnod Map: OS Landranger 157 SM 913354
O ffordd yr A487 o Abergwaun i Dyddewi ewch i gyfeiriad St
Nicholas / Tremarchog. Cyn cyrraedd y pentref trowch i'r dde yn
y groesffordd, ac wedyn ar ôl 0.3 milltir parciwch a dilynwch y
trac i gyfeiriad y maen hir. Rhyw hanner milltir / 10–15 munud o
waith cerdded.

Bedd Arthur
Cyfeirnod Map: OS Landranger 145 SN 131325
Bydd angen Map OS. Mae'r cylch cerrig ar y llwybr i gopa Carn
Bica o gyfeiriad Bwlch Ungwr i'r dwyrain.

Rhes Gerrig Parc y Meirw, Llanllawer
Cyfeirnod Map: OS Landranger 157 SM 999359
Mae angen defnyddio Map OS. O Lanychaer yng Nghwm Gwaun
croeswch yr afon ac ewch i fyny'r ffordd (am y gogledd) gan
gymryd y troad cyntaf i'r dde (am y dwyrain) i gyfeiriad
fferm Trellwyn. Mae'r rhes gerrig ar y dde yn y clawdd, hanner
ffordd i fyny'r allt – mae angen edrych yn ofalus i'w gweld.
Does dim lle parcio.

Pennod 5
Castell Henllys a Bryngaerau yr Oes Haearn

Cyfnod: y Mileniwm Cyntaf Cyn Crist / Yr Oes Haearn

Pethau anodd i'w dehongli yw bryngaerau wrth gerdded ar y tir. Gyda ffosydd a chloddiau sylweddol yn aml, neu dro arall, i'r gwrthwyneb llwyr, cloddiau a ffosydd wedi eu chwalu yn llwyr gan amaethyddiaeth, y ffordd orau o werthfawrogi bryngaer fyddai o'r awyr mewn awyren neu drwy astudio awyrluniau. Drwy ddefnyddio technoleg camerâu a dronau mae'r sefyllfa yma yn newid er gwell.

Newydd ei gyhoeddi mae llyfr Toby Driver *The Hillforts of Cardigan Bay* (2016) a fy nghyngor fyddai i rywun ddarllen hwn gan fod Driver yn amlinellu'r damcaniaethau diweddaraf am bwrpas a natur bryngaerau yn gryno ac yn ddealladwy.

Ar ddechrau pennod fel hon mae hefyd angen egluro bod amrywiaeth eang o ran maint a ffurf bryngaerau. Ar eu mwyaf syml rydym yn sôn am anheddiad gaerog, efallai fferm wedi ei hamgylchynu gan glawdd a ffos. Ar eu mwyaf cymhleth rydym yn sôn am fryngaerau anferth fel Pen Dinas, Aberystwyth, sydd â sawl clawdd a ffos a sawl cyfnod o adeiladu. Gwelir amrywiaeth mewn maint ac o ran yr elfen o adeiladu cofadeiliol.

Gallwn awgrymu bod gwreiddiau bryngaerau fel cysyniad yn deillio o'r Oes Efydd Hwyr (1100-800 Cyn Crist), sy'n awgrymu fod cymdeithas yn dechrau ffurfio trefn fwy llwythol a hierarchaidd bryd hynny. Ond roedd bryngaerau ac anheddau caerog yn cael eu defnyddio dros y mileniwm cyntaf Cyn Crist a drwy'r cyfnod Rhufeinig, a rhai yn gweld defnydd pellach yn y cyfnod ôl-Rufeinig. Yn amlwg felly, heb gloddio archaeolegol a phrofion dyddio radiocarbon, gall fod yn anodd rhoi dyddiad pendant i'r bryngaerau a gall dwy gaer yn yr un ardal fod o gyfnodau ar wahan neu yn gyfoesol.

Rhaid cydnabod mai'r bryngaerau mwy sy'n tueddu i fod

fwyaf 'cofadeiliol', a mwyaf trawiadol, o ran y mynedfeydd; a bod yr anheddau caerog yn tueddu i fod yn symlach eu cynllun – er, mae'n rhaid bod yn ofalus yma i beidio â gorgyffredinoli. Gwelir y bryngaerau go iawn ar gopaon bryniau tra mae'r anheddau caerog yn aml ar lethrau yn hytrach nag ar y copaon.

Os oedd y bryngaerau mwyaf yn ganolfannau pwysig neu hyd yn oed yn bencadlys i arweinydd llwythol, gallasai rhai o'r llociau lleiaf fod yn lociau ar gyfer anifeiliaid yn unig. Does dim rheidrwydd fod pob lloc neu 'fryngaer' wedi bod yn gartref i bobl. Amrywiaeth eang yw'r patrwm, a gall y dehongliadau o'u defnydd fod yr un mor amrywiol.

Rwyf wedi trafod bryngaerau Tre'r Ceiri a Phen-y-gaer yn y gyfrol *Cam i'r Gorffennol* (2014) a bryngaerau ardal y Trallwng a Moel y Gaer, Rhosesmor, yn y gyfrol *Cam Arall i'r Gorffennol* (2016). O ddarllen y cyfrolau hyn mae'n bosib cael gwell syniad o'r cyd-destun a'r drafodaeth am fryngaerau.

Castell Henllys, Nanhyfer

Efallai mai Castell Henllys ger Nanhyfer fyddai'r ffordd orau o gael *crash-course* go iawn, un syml ac effeithiol, ar sut fath o beth oedd bryngaer neu annedd gaerog, sut oedd y cynllun a'r drefn fewnol a sut y byddai pobl wedi byw yno.

Saif Castell Henllys ar bentir neu sawdl o dir yn edrych dros afon Duad sy'n llifo yn ei thro i afon Nyfer ychydig i'r gorllewin o'r fryngaer. Disgrifir y math yma o fryngaer fel caer bentir (*promontory*) lle mae'r tir naturiol yn rhan o'r amddiffynfeydd. Gwelir y caerau pentir hyn yn aml ar yr arfordir lle mae clogwyni a'r môr yn rhan o'r amddiffynfeydd, ond yn achos Castell Henllys mae hon yn gaer bentir ar y tir mawr.

Yr hyn sy'n unigryw am Gastell Henllys yw ei fod yn safle sydd wedi ei gloddio yn archaeolegol ac wedyn wedi ei ail-greu. Dyma 'Sain Ffagan archaeolegol' i bob pwrpas, ond bod yr adeiladau sydd wedi eu hail-greu ar yr un safle yn union â'r olion neu'r gweddillion archaeolegol a ddarganfuwyd. Wrth gyrraedd Castell Henllys fe welwch faes parcio a chanolfan groeso fendigedig sy'n cael ei rhedeg gan Barc Cenedlaethol Arfordir Penfro. Nid dyma'r profiad arferol o ymweld â bryngaer! Prynwyd y safle yn 1991.

Castell Henllys

Gwelwn fod y cloddiau mwyaf sylweddol ar ochr ogleddol llai serth y pentir a bod y fynedfa i'r gaer ar yr ochr orllewinol. Yr un fynedfa sy'n cael ei defnyddio gan ymwelwyr heddiw, ac yn wreiddiol byddai clawdd ac wyneb o garreg yma, gan wneud y fynedfa yn un drawiadol iawn. Mae Driver yn ei lyfr yn trafod yn helaeth bwysigrwydd y mynedfeydd i fryngaerau, gan fod yr elfen drawiadol o adeiladu cofadeiliol yn ymwneud â chreu argraff ar unrhyw ymwelydd ac yn ddatganiad, efallai, o statws, llwyth, cymdeithas, teulu neu hyd yn oed arwahanrwydd y trigolion yn ogystal ag unrhyw fudd amddiffynnol.

Dadl Driver yw bod y mynedfeydd yn aml yn cynnwys llawer mwy o nodweddion a rhwystrau amddiffynnol – ond beth oedd yn rhwystro unrhyw elyn rhag ymosod ar gefn y gaer, er gwaetha'r llethrau serth?

Awgryma'r gwaith archaeolegol a wnaed yn Henllys fod y ffos ogleddol wedi ei diweddaru o leiaf dair gwaith a bod ffos arall allanol i'r gogledd ohoni. Clawdd syml oedd i'r cyfnod cyntaf, gyda phalisâd pren ar ei ben. Yn ddiweddarach, ychwanegwyd rhodfa gerdded gyda cherrig yn sylfaen ar ben y clawdd, cyn codi'r clawdd yn uwch eto yn y cyfnod olaf o adeiladu.

Ar yr ochr ddwyreiniol crëwyd llwyfan ar ochr y bryn er mwyn gwneud i'r clawdd a'r palisâd edrych yn fwy trawiadol, neu i greu'r argraff fod mwy o amddiffynfa yma nag oedd mewn gwirionedd. Awgryma canlyniadau profion dyddio radiocarbon fod y gaer wedi cael ei defnyddio rhwng y bedwaredd ganrif Cyn Crist hyd at yr ail neu'r ganrif olaf Cyn Crist.

Rydym yn weddol gytûn heddiw fel archaeolegwyr fod dwy elfen bwysig i fryngaerau – yr elfen amddiffynnol, yn amlwg, ac roedd creu argraff o statws y trigolion yn hynod bwysig iddynt hefyd. Po fwyaf trawiadol y fynedfa, er enghraifft, yr uchaf yr ymddangosai statws y trigolion.

Ger y fynedfa ac i'r gogledd o amgylch y gaer gwelir nodwedd o'r enw *chevaux de frise*, sef rhesi o gerrig isel (tua 0.4 medr) wedi eu gosod yn syth yn y ddaear a'r ochr finiog neu bigog yn wynebu am i fyny. Un o'r enghreifftiau gorau o *chevaux de frise* yng Nghymru yw'r un o amgylch bryngaer Pen-y-gaer, Llanbedr-y-cennin yn Nyffryn Conwy (SH 750693). Rwy'n trafod Pen-y-gaer a'r *chevaux de frise* yn benodol ym *Mhennod 7 Cam i'r Gorffennol* (2014) – byddai'r *chevaux de frise* yn rhwystro dynion a cheffylau rhag ymosod ar y gaer, neu o leiaf eu harafu yn sylweddol. Byddai cannoedd o gerrig pigog wedi eu gosod yn y ddaear i ffurfio'r *chevaux de frise*.

Prin iawn yw'r enghreifftiau o *chevaux de frise* yng Nghymru. Efallai fod rhai wedi eu creu o byst pren miniog, ond digon o waith eu bod wedi goroesi. Cawn enghraifft arall o *chevaux de frise* ar

Chevaux de frise *ger y fynedfa*

ochr ddeheuol a de-orllewinol bryngaer Carnalw, Sir Benfro (gweler isod). Chris Houlder wnaeth y darganfyddiad, mae'n debyg (gweler adroddiad Mytum a Webster, 1989).

Dangosodd y gwaith cloddio archaeolegol yng Nghastell Henllys fod cytiau crynion wedi bodoli y tu mewn i furiau'r gaer. Mewn cytiau crynion roedd pobl yn byw yn ystod yr Oes Efydd, yr Oes Haearn a hyd yn oed drwy'r cyfnod Rhufeinig yng Nghymru – y brodorion, o leiaf. Roedd y Rhufeiniaid yn hoff o adeiladau syth a phetryal, ond ymddengys ein bod ni frodorion (ar y cyfan) wedi parhau i fyw mewn tai crynion hyd yn oed yn y cyfnod ôl-Rufeinig.

Ar sail y gwaith cloddio archaeolegol, mae'r cytiau crynion hyn wedi eu hail-greu, yn ogystal â gweithdai, gan fod tystiolaeth o weithio haearn ar y safle hwn. Nodwedd arall sy'n ymddangos yn aml mewn safleoedd o'r Oes Haearn yw adeiladau bychain pedwar postyn (*four posters*) sydd gan amlaf yn cael eu dehongli fel storfeydd grawn (*granaries*) uwchben y ddaear. Cofiwch mai amaethyddiaeth oedd y ffordd o fyw, felly byddai gweithdai a stordai yn bethau y byddem yn disgwyl eu gweld mewn llociau neu anheddau caerog a bryngaerau.

Gydag unrhyw drafodaeth ar gytiau crynion o fewn caer benodol, mae'n rhaid ystyried nad oedd pob tŷ yn cael ei ddefnyddio ar yr un pryd, felly nid yw cyfrif pob tŷ a lluosi gyda phum neu chwe unigolyn mewn teulu ddim o reidrwydd y ffordd orau o amcangyfrif poblogaeth y gaer. Byddai rhai tai, o bosib, yn adfeilion neu yn wag ar unrhyw adeg. Poblogaeth o tua 100 sy'n cael ei awgrymu gan Sian Rees yn *Dyfed* (Cadw 1992) ar gyfer Castell Henllys ar unrhyw adeg benodol.

Mae'r profiad o ymweld â Chastell Henllys heddiw yn cael ei gyfoethogi gan y defaid Soay sy'n pori ger y safle. Er nad defaid Soay oedd yno, mae'n debyg, ddwy fil o flynyddoedd yn ôl, mae'r defaid hyn yn rhoi argraff dda o sut byddai'r trigolion wedi cadw anifeiliaid.

Nid afresymol fyddai awgrymu bod bywyd bob dydd yn nhai crynion yr Oes Haearn yn gymharol glyd. Byddai'r lle tân yng nghanol y llawr a'r mwg yn codi drwy'r to gwellt – doedd mo'r fath beth â simdde mewn tai tan yr 16eg / 17eg ganrif, er bod simneiau mewn cestyll ers y 12fed ganrif. Mae simneiau i'w gweld yng ngestyll tywysogion Gwynedd o'r 13eg ganrif, yng ngorthwr Castell Dolbadarn, Llanberis, er enghraifft.

Fel yn achos tai heddiw, byddai ardaloedd penodol y tu mewn i'r tŷ crwn ar gyfer cysgu, coginio, paratoi bwyd a chadw pethau. Yng Nghastell Henllys mae gofal wedi ei gymryd i ail-greu a chyfleu sut byddai bywyd yno yn ystod yr Oes Haearn. Yn y prif gwt crwn gwelwn fframiau gwely a 'dillad gwely' o frethyn. Mae'r troellau a'r pwysau gwehyddu yno yn cadarnhau bod y dechnoleg honno'n bodoli yn y cyfnod cynhanesyddol.

Mae brwsh llawr, hyd yn oed, wedi cael ei ail-greu yng Nghastell Henllys ar gyfer cadw'r lle'n lân, yn ogystal â basgedi a bwcedi pren i ddal pethau a chario dŵr. Gyda llestri pridd neu grochenwaith byddai'r gegin ac amser bwyd yn ddigon tebyg i'r canrifoedd dilynol, mae'n debyg. Y peth pwysicaf, mewn gwirionedd, oedd llwyddiant amaethyddiaeth er mwyn sicrhau bod gan y trigolion ddigon o fwyd.

Carnalw (Carn Alw), Crymych

Dyma fryngaer ryfeddol ar lethrau gogleddol y Preselau, gyda chreigiau naturiol yn ffurfio'r amddiffynfeydd ar yr ochr ddwyreiniol a wal gerrig yn amddiffyn y gaer ar yr ochr orllewinol. Defnyddiwyd waliau cerrig sychion fel hyn yn aml i amddiffyn bryngaerau yn yr ucheldir, ac er bod darnau o'r wal wedi disgyn bellach mae ei ffurf yn ddigon amlwg yma yng Ngharnalw, 225 medr uwch lefel y môr.

Defnyddiaf y gair 'rhyfeddol' wrth drafod Carnalw am sawl rheswm. Yn gyntaf, mae'r creigiau uchel ar yr ochr ddwyreiniol yn ffurfio muriau naturiol rhag unrhyw ymosodiad, ond mae'r clogwyni mor uchel nad oes modd gweld drostynt heb eu dringo. Yn ail, arwynebedd bychan iawn sydd i'r gaer, dim ond rhyw 30 medr wrth 65 medr, a gorwedda ar silff fach o dir gwastad o dan y clogwyni.

Y trydydd rheswm dros ddefnyddio'r gair rhyfeddol yw'r *chevaux de frise* bendigedig sy'n gorwedd o amgylch y gaer ar yr ochr ddeheuol a gorllewinol. Nid yw'r *chevaux de frise* yn nodwedd gyffredin yng Nghymru – gweler y cyfeiriad blaenorol

Carnalw o bell

at Gastell Henllys a Phen-y-gaer, Dyffryn Conwy. Yma yng Ngharnalw mae rhwymyn cyson tua 30–40 medr ar draws yn rhedeg mewn chwarter cylch o amgylch y gaer, gan amddiffyn yr ochr wannaf, leiaf serth ac ochr y fynedfa. Awgryma Rees (1992) fod tri rhwymyn neu fand penodol i'r *chevaux de frise*, gyda cherrig yn agosach at ei gilydd ar ochr fewnol ac allanol y rhwymyn. Yn sicr, mae cannoedd ar gannoedd o gerrig yn rhan o'r *chevaux de frise*, rhai yn gerrig naturiol ar y llethr ac eraill yn gerrig miniog wedi eu gosod yno'n fwriadol.

Heb os, mae'r enghraifft hon o *chevaux de frise* yn well o lawer na Chastell Henllys a Phen-y-gaer. Fy argraff wrth astudio'r cerrig yw bod yr adeiladwyr wedi defnyddio cerrig naturiol, bowlderi a darnau o'r sgri oedd yma yn barod, rhai heb eu symud o gwbl, ar gyfer y *chevaux de frise* ac wedyn wedi gosod cannoedd o gerrig miniog rhyngddynt i ffurfio'r amddiffynfeydd rydym yn eu gweld heddiw. Mae terfyn y *chevaux de frise* yn amlwg wrth gerdded am y gorllewin dros y mawndir, sy'n llawer llai caregog.

Mae angen cerdded drwy'r fynedfa, sydd ar ffurf cyntedd neu lwybr cyfyng drwy'r muriau er mwyn cyrraedd canol y gaer. Does

Mynedfa Carnalw

dim awgrym o dai crynion y tu mewn i'r gaer, nac awgrym o ddyddiad pendant, ond gallai caer fel hon fod wedi cael ei defnyddio yn yr Oes Haearn neu yn y cyfnod Rhufeinig. Os nad oedd tai crynion yma, mae'n rhaid ystyried ai lloches mewn cyfnod o argyfwng fyddai Carnalw? Er hyn, rhaid cyfaddef fod y *chevaux de frise* yn ddyfais amddiffynnol fwriadol, os nad yn ddatganiad o 'statws' y safle, ac yn hynod drawiadol ac effeithiol – felly nid rhyw fryngaer fechan ffwrdd-â-hi oedd Carnalw.

Mae gwaith cerdded o ryw filltir i'r de-orllewin i gyrraedd Carn Goedog (gweler Pennod 3).

Pen Dinas, Aberystwyth
Cyfnod: yr Oes Haearn Hwyr
Dyma fryn cyfarwydd i unrhyw un sy'n ymweld â thref Aberystwyth, neu yn teithio heibio ar yr A487. Mewn gwirionedd, mae dau gopa yn rhan o'r bryn cyfan, a gwelwn ddwy gaer neu loc yma: yr un ogleddol a'r un ddeheuol, cyn iddynt gael eu huno yn un gaer enfawr. I'r gorllewin mae Pen Dinas yn disgyn yn weddol serth at lan y môr, ond i'r dwyrain mae tir amaethyddol

a fyddai wedi cael ei ddefnyddio gan drigolion y gaer. Ar yr ochr ddwyreiniol hefyd gallwn weld y terasau a'r cloddiau o dan y gaer, sy'n edrych dros gydlifiad afonydd Rheidol ac Ystwyth.

Hon yw'r fryngaer fwyaf yng Ngheredigion, a'r mwyaf ar hyd Bae Ceredigion rhwng Sir Benfro a Llŷn. Ai hon felly oedd pencadlys y llwyth oedd yn rheoli'r rhan hon o Fae Ceredigion yn ystod y canrifoedd olaf Cyn Crist? Ymddengys, o ystyried ei maint, mai hon oedd y brif gaer – a rhaid ystyried bod ei safle uwchlaw'r môr a'r olygfa dros Fae Ceredigion yn fwriadol o safbwynt rheoli'r dirwedd a'r ardal a phwysigrwydd cysylltiadau masnachol dros y dŵr.

Rydym yn ansicr pa lwyth fyddai wedi byw yn y rhan hon o Geredigion. Roedd yr Ordoficiaid yn ardal Gwynedd, y Gangani yn Llŷn, y Demetiaid yn Sir Gâr a'r Octapitiaid yng ngogledd Sir Benfro. A oedd llwyth gwahanol yma neu a oedd Pen Dinas ar ffin rhwng yr Ordoficiaid a'r Demetiaid? Mae'n anodd dweud, gan ein bod mor ddibynnol ar adroddiadau'r Rhufeiniaid oedd yn enwi'r gwahanol lwythau.

Ymddengys, o ganlyniadau gwaith cloddio archaeolegol a wnaed rhwng 1933 ac 1937 gan yr Athro Daryll Forde o Brifysgol Aberystwyth, mai'r lloc gogleddol a grëwyd gyntaf, gyda chlawdd, wal bren a ffos siap 'V' nodweddiadol o'r Oes Haearn. Drwy dyllu ffos gyda gwaelod bigog iddi (sef siap V) roedd yn anodd iawn i unrhyw ymosodwyr neidio i'r ffos heb dorri ffêr – ac yn anoddach byth dringo allan ohoni.

Adeiladwyd y gaer ddeheuol yn ddiweddarach, ac awgrymir bod yr amddiffynfeydd yno wedi cael eu haddasu ar ddau gyfnod gwahanol. Yn y cyfnod olaf adeiladwyd wal gerrig yn y bwlch rhwng y ddau gopa er mwyn uno'r ddwy gaer a chreu un gaer anferth. Gwelir hyd at wyth o 'lwyfannau' ar gyfer tai crynion yn y gaer ddeheuol, sy'n awgrym gweddol bendant fod pobl wedi byw yma. Ar sail gwaith Forde, felly, gallwn awgrymu pedwar cyfnod pendant o ddatblygu ac adeiladu ym Mhen Dinas, ac mae posibilrwydd y bu cyfnod segur rhwng cyfnod 2 a 3 gan fod olion o losgi a thyweirch yn gorchuddio darnau o olion cyfnod 2.

Awgryma gwrthrychau megis llestri pridd fod y gaer yn cael ei defnyddio yn y ganrif olaf Cyn Crist, ac mae caer enfawr fcl hon yn weddol nodweddiadol o gaerau hwyrach yr Oes Haearn.

Mae tro yn y mur ger mynedfa ogleddol y gaer ddeheuol yn y cyfnod olaf, sy'n golygu bod unrhyw ymosodwyr yn gorfod dangos eu hochr dde (yr ochr heb darian ac o ganlyniad eu hochr wannaf) wrth iddynt agosáu at y giât. Eto, mae yma bwyslais ar amddiffyn yn ogystal â chreu argraff. Byddai waliau o gerrig sychion yn wyneb i'r cloddiau (dangoswyd hyn gan y gwaith cloddio yn 1934).

Awgryma Toby Driver y byddai'r gwaith cynnal a chadw ar furiau o'r fath wedi bod yn broses barhaol. Felly, er y gellir awgrymu cyfnodau penodol o adeiladu ar gyfer y ddwy gaer a chreu'r gaer fawr yn y cyfnod olaf, mae'n debyg y byddai gwaith parhaol yma yn ogystal ar wahanol ddarnau o'r gaer.

Gwelwn ddarn o'r cysylltfur rhwng y ddwy gaer, yr ardal a elwir yn guldir neu *isthmus*, yn glir wrth ddod allan o fynedfa ogleddol y gaer ddeheuol a throi am y llwybr fferm yn ôl i gyfeiriad Aberystwyth. Awgrymir bod y culdir hwn wedi cael ei ddefnyddio ar gyfer marchnadoedd neu ddigwyddiadau gan drigolion y caerau, yn ogystal â bod yn addas ar gyfer lloc anifeiliaid.

Daethpwyd o hyd i lestri pridd a throellenni gwerthyd (sidelli gwerthyd) ar gyfer gwneud dillad a brethyn wrth gloddio, sydd unwaith eto'n awgrymu anheddiad o fewn y gaer. Darganfuwyd dros gant o gerrig crwn ar gyfer ffyn tafl ar y safle, sydd fwy neu lai yn cadarnhau bod elfen amddiffynnol yma hefyd, nad yw'n hollol annisgwyl. Digon cyffredin yw darganfod cerrig ffyn tafl yng nghyd-destun yr Oes Haearn, yn enwedig mewn bryngaerau.

Heb os, byddai mwy o waith archaeolegol gan ddefnyddio technegau a sgiliau cyfoes yn fuddiol iawn ar Ben Dinas, yn sicr felly i gadarnhau (neu beidio) damcaniaethau Daryll Forde ynglŷn â'r cyfnodau o adeiladu.

Codwyd Cofadail Wellington yn 1852 i goffáu Brwydr Waterloo 1815. Mae hwn yn adeilad Rhestredig Gradd II ac i'w weld ar gopa'r bryn wrth i rywun gerdded i mewn i'r gaer ddeheuol.

Dylid edrych ar y cyfarwyddiadau sut i gyrraedd Pen Dinas – er bod y gaer yn hollol amlwg ar y gorwel wrth ddod mewn i Aberystwyth o gyfeiriad y gogledd, ac wrth yrru o ochr

Llanbadarn Fawr tuag at y de, nid yw dod o hyd i'r llwybrau at y copa mor hawdd. Does dim arwyddbyst penodol ar gyfer Pen Dinas – dim ond llwybrau troed o wahanol gyfeiriadau.

Wrth drafod pwysigrwydd yr elfen gofadeiliol a'r pwyslais ar greu argraff wrth gyrraedd y fynedfa, awgryma Toby Driver fod sawl bryngaer yng Ngheredigion wedi defnyddio cerrig cwarts gwynion yn y muriau, yn enwedig ger y mynedfeydd. Mae cerrig cwarts ger mynedfeydd caerau Darren a Chnwc-y-bugail, a cwarts ym muriau Castell Allt-goch a Goetre ger Llanbedr Pont Steffan yn ogystal â Chastell Flemish rhwng Bronnant a Thregaron. Yn amlwg, roedd defnyddio cerrig gwynion yn ymwneud â chreu argraff.

Castell Allt-goch a Castell Goetre, Llanbedr Pont Steffan

Saif y ddwy gaer ar gyrion coedwig Long Wood ar ysgwydd o dir uchel rhwng afonydd Dulas a Theifi, i'r gogledd-gogledd-ddwyrain o Lanbedr Pont Steffan. Gellir cyfuno ymweliadau â'r ddwy gaer os dymunwch.

Ymddengys fod dau gyfnod o adeiladu i fryngaer Allt-goch – mae clawdd isel i'w weld o'r awyr sy'n awgrymu bryngaer lai o faint yn y dechrau, gan awgrymu bod y gaer wedi cael ei hehangu yn ddiweddarach. Yr hyn sy'n ddiddorol yma yw bod dau glawdd a ffos o flaen y fynedfa ddwyreiniol. Gwelwn furiau neu gloddiau ychwanegol ar ochrau llai serth caerau Castell Henllys, Carnalw a Phen Dinas uchod.

Cred archaeolegwyr fel Hogg fod y llinellau amddiffynnol yn Allt-goch yn parhau o amgylch y gaer gyfan, ond mae Driver (2016) yn awgrymu mai dim ond o flaen y fynedfa ddwyreiniol y gwelir hwy. Os felly, mae rhwystrau ychwanegol, bwriadol, pwrpasol a gweledol o flaen beth allai fod yn brif fynedfa (mae'r fynedfa orllewinol yn llawer llai dramatig). Awgryma Toby Driver fod y cerrig cwarts sydd i'w gweld o amgylch y gaer, yn enwedig lle mae erydiad pridd, yn awgrym bod muriau'r gaer wedi cynnwys cerrig cwarts. Yn amlwg, byddai hyn wedi bod yn drawiadol iawn.

Wrth gerdded at y gaer o'r llwybr o Lanbed mae modd gweld

y cloddiau dwyreiniol yn isel ar wyneb y cae – rhaid edrych yn ofalus, ond maen nhw yno i'w gweld. Nid mor hawdd yw adnabod y clawdd mewnol o gyfnod y gaer gyntaf. O gerdded o amgylch y gaer rwyf yn cytuno â damcaniaeth Driver mai cloddiau ychwanegol o flaen y fynedfa yw'r cloddiau isel dwyreiniol. Does dim awgrym bod y cloddiau ychwanegol yn parhau o amgylch y gaer gyfan.

Digon hawdd yw cerdded o amgylch y gaer gyfan, ac o'r tu allan mae rhywun yn cael cyfle i werthfawrogi maint y cloddiau, yn enwedig ar yr ochr ogleddol lle mae'r clawdd yn codi dros 2 fedr o uchder o'r ffos. Mae modd sylwi hefyd ar y cerrig cwarts lle mae erydiad – mae nifer ger y fynedfa orllewinol, ond byddai angen cloddio archaeolegol ar rannau o'r muriau er mwyn dehongli beth oedd hyd a lled y defnydd o'r cerrig cwarts hyn.

Gan fod hwn yn safle rhestredig, byddai cael caniatâd gan Cadw i wneud gwaith cloddio archaeolegol yn anodd, ond byddai'r cyfle i gael golwg fanwl ar y muriau ger y fynedfa yn sicr yn rhoi gwell syniad i ni faint o ddefnydd a wnaed o'r cerrig cwarts, ac o'r adeiladwaith.

Ryw hanner milltir i ffwrdd mae bryngaer hirgron Castell

Cloddiau Allt-goch o'r tu allan

Goetre, sy'n gaer dipyn mwy o faint nag Allt-goch, ac yn mesur oddeutu 3 hectar. Mae'r cloddiau'n awgrymu bod dau gyfnod penodol o adeiladu yma, ac unwaith eto awgryma Driver fod y cerrig cwarts sy'n gyffredin yn waliau'r caeau o amgylch wedi ffurfio wyneb i furiau'r gaer ar un adeg. Heddiw mae nifer o waliau caeau ar yr un llinell â muriau'r gaer.

Nid yw Castell Goetre mor hawdd i'w werthfawrogi ag Allt-goch, yn bennaf oherwydd bod cloddiau'r caeau presennol yn cydredeg â muriau'r gaer, a bod y goedwig wedi dinistrio ffiniau gogleddol y gaer. Anodd hefyd yw dehongli'r cloddiau mewnol oedd yn ffurfio'r gaer gyntaf. Nid yw'r cloddiau mor uchel yma chwaith â rhai Allt-goch, ond mae modd cerdded o amgylch y gaer a chael syniad o'i maint.

Mewn tywydd sych mae awyrluniau yn dangos bod clawdd neu gloddiau ychwanegol ar yr ochr ddwyreiniol hefyd. I raddau, mae Castell Goetre yn rhannu'r un nodweddion daearyddol ag Allt-goch gan fod y tir yn llai serth i'r dwyrain. Byddai wyneb o gerrig i'r cloddiau – ac eto yma mae Driver yn pwysleisio mor ddramatig fyddai'r defnydd o gerrig cwarts yn y muriau. Ceisiwch ddychmygu'r muriau yn sgleinio yn yr haul!

O fewn yr un ardal, ac yn agosach at Lanbed, mae bryngaerau Castell Olwen a Lletty-Twppa. Y tebygrwydd yw mai bryngaerau neu lociau o'r Oes Haearn yw'r rhain hefyd, er nad oes fawr o wybodaeth am Lletty-Twppa ar wefan *Archwilio*. Awgrymir ar y wefan honno fod Castell Olwen yn safle Canoloesol, ond does dim tystiolaeth i gadarnhau hyn. Does dim modd cysylltu stori Culhwch ac Olwen â'r safle chwaith, felly mae'n ddirgelwch pwy oedd Olwen. Gallwn gadarnhau fod yr enw Lletty-Twppa mewn bodolaeth erbyn 1840 drwy gofnodion y Comisiwn Brenhinol.

Daearyddiaeth yr ardal a'u safleoedd uwchben y dyffrynnoedd sy'n gyfrifol am leoliad y safleoedd hyn, beth bynnag yw eu hanes a'u cyfnod, er fy mod yn tueddu i awgrymu mai llociau o'r Oes Haearn ydynt, mwy na thebyg.

Cnwc-y-bugail, Abermagwr

Cawn yma dri lloc neu gaer yn agos at ei gilydd, ychydig i'r gogledd o bentref Abermagwr a rhyw wyth milltir i'r de-ddwyrain o Aberystwyth. Efallai fod tair caer mor agos at ei gilydd yn arwydd o aelodau o'r un teulu, neu feibion, yn sefydlu eu caerau eu hunain. Lloc tair ochrog yw Cnwc-y-bugail, ac unwaith eto gwelwn flociau o cwarts o amgylch y gaer sydd, yn ôl Driver (2016), yn awgrymu defnyddio'r garreg hon yn y muriau er mwyn creu argraff. Ar yr ochr ddeheuol gwelwn atodiad gyda darn uchel o fur ger y fynedfa yn 'rheoli' y mynd a'r dod o'r gaer.

Troed-y-rhiw, Y Ferwig

Lloc neu annedd gaerog sydd yma ger y Ferwig yn ne Ceredigion, gyda ffosydd wedi eu torri i'r graig a charreg cwarts o amgylch y fynedfa. Dyma enghraifft o annedd gaerog sydd i'w gweld yn well ar arolwg geoffisegol, ac mae'r siâp lled-sgwâr / petryal yn awgrym o ddylanwad Rhufeinig. Adeiladwyd y lloc yn yr Oes Haearn Hwyr, a chafodd ei defnyddio yn ystod y cyfnod Rhufeinig.

Bu gwaith cloddio archaeolegol ar safle Troed-y-rhiw yn 2005, ac roedd modd gweld lle roedd dau ben neu derfyn y ffos a oedd wedi ei thyllu i'r graig naturiol – y fynedfa i'r lloc. Gan fod y tir wedi ei aredig does dim olion i'w gweld ar yr wyneb, a dim ond drwy awyrluniau y darganfuwyd y safle.

Wrth glirio'r ffosydd darganfuwyd blociau o gerrig a cwarts a fyddai wedi ffurfio wyneb y clawdd ger y fynedfa. Cawn wyneb cwarts tebyg ger mynedfa bryngaer Cnwc-y-bugail. Dangosodd y gwaith archaeolegol fod y ffosydd rhwng 2.6 a 3.4 medr o ddyfnder a 3.4 medr ar draws. Dyddiadau o'r cyfnod Brythonig-Rufeinig (*Romano-British*) a gafodd yr archaeolegwyr ar gyfer y safle.

Awgryma Toby Driver yn *The Hillforts of Cardigan Bay* y byddai wedi cymryd blwyddyn i 13 o ddynion dorri'r ffos drwy'r graig naturiol ac i adeiladu'r clawdd. Gan gofio mai amaethwyr oeddynt, ac yn debygol o fod yn gwneud y gwaith adeiladu mewn cyfnodau llai prysur o ran ffermio, mae'n bosib bod mwy na thrigolion y lloc yn unig wedi cynorthwyo gyda'r gwaith adeiladu er mwyn codi'r gaer mewn llai o amser.

Carnalw (Carn Alw)

Cyfeirnod Map: OS Landranger SN 139337

O Croswell, dilynwch y ffordd fechan am Pontyglasier a chymryd y troad i'r dde am Glynmaen. Parhawch ar y ffordd fechan hon hyd at ddiwedd y ffordd, a dilynwch y llwybr troed am y mynydd. Bydd Carnalw yn ymddangos ar y gorwel o'ch blaen wrth i chi gyrraedd y gwaundir. Dilynwch y llwybrau cerdded / llwybrau defaid gan anelu am Carnalw

Graddfa: Cymedrol. Llwybr Mynydd, tua 30–45 munud o waith cerdded. Bydd angen esgidiau cerdded a Map OS arnoch.

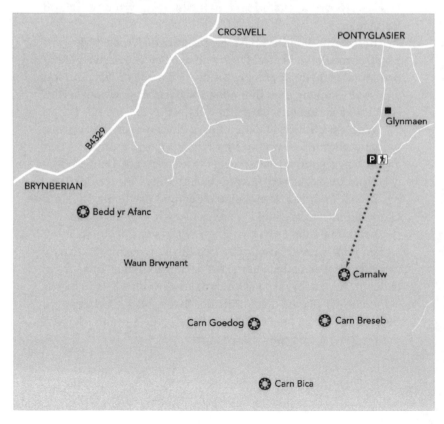

Castell Henllys, Trefdraeth

Cyfeirnod Map: OS Landranger 145 SN 117391
Oddi ar yr A487 o Aberteifi i Abergwaun. Gwelir arwyddion ar gyfer Castell Henllys rhwng Eglwyswrw a Felindre Farchog. Mae maes Parcio, a chodir tâl mynediad gan Barc Cenedlaethol Arfordir Penfro.
Cyfeiriad: Meline, SA41 3UR
Rhif Ffôn: 01239 891 319

Pen Dinas, Aberystwyth

Cyfeirnod Map: OS Landranger 135 SN 584804
Tydi'r llwybrau tuag at Pen Dinas ddim mor hawdd â hynny i'w canfod.

O Ffordd Rheidol allan o Aberystwyth (yn agos at gylchfan yr A487) cymerwch y troad i'r dde am Lôn Cae Prys gan fynd heibio adfail tafarn The Gate ar eich llaw chwith. Trowch wedyn i'r dde i mewn i'r stad dai am Cae Job / Parc Dinas, gan gadw i'r dde wrth y gylchfan fechan a dringo'r allt am Parc Dinas.

Wrth gyrraedd y pen, fe welwch drac cerrig yn arwain i fyny'r bryn ar yr ochr dde. Ewch drwy'r giât a dringo nes cyrraedd y giât mochyn bren. Yma, cewch ddewis o dri llwybr. Rydych angen dilyn y llwybr i'r dde – i fyny am y copa. Tua 15 munud o waith dringo serth ar lwybr mynydd anwastad o hyn ymlaen. Wrth gyrraedd y copa bydd cofeb Wellington o'ch blaen a Chwm Ystwyth a'r môr ar eich llaw chwith.

Dewis arall yw dilyn y llwybr troed gyferbyn â'r Holiday Village. Mae'r llwybr hwn yn dringo drwy'r coed ac yn cysylltu â'r llwybr fferm ar ochr ogleddol Pen Dinas.
Graddfa: Cymedrol
Amser: Tua 20 munud / hanner awr o waith cerdded bob ffordd.

Allt-goch, Llanbedr Pont Steffan
Cyfeirnod Map: OS Landranger 146 SN 593501
Castell Goetre, Llanbedr Pont Steffan
Cyfeirnod Map: OS Landranger 146 SN 603510
Os ydych am ymweld â bryngaerau Allt-goch a Chastell Goetre byddwn yn awgrymu cyfuno'r ddwy o fewn un daith. Y dewis arall yw ymweld â chaer Allt-goch yn unig, gan mai hon yw'r agosaf at Lanbed a'r fryngaer fwyaf trawiadol o safbwynt olion ar y ddaear.

O'r Clwb Rygbi yn Llanbedr Pont Steffan dilynwch y ffordd fferm i fyny'r allt tuag at Long Wood. Wrth gyrraedd adeiladau'r fferm cadwch i'r chwith a chroeswch y cae o flaen y

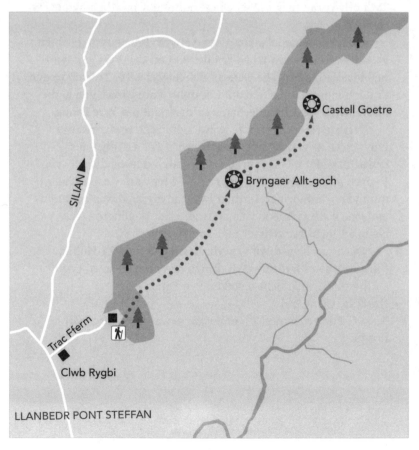

beudai. Ewch drwy'r giât mochyn bren. O hyn ymlaen mae'r llwybr yn dringo'n serth drwy'r goedwig. Ar ddiwedd y ddringfa byddwch yn cyrraedd arwyddbost pren yn eich cyfeirio'n syth ymlaen at y bryngaerau. Mae llwybr llydan yn dilyn ymyl y goedwig ar hyd crib y bryn. Bydd y coed bob amser ar eich ochr chwith. Ar ôl tua 10–15 munud o gerdded bydd giât arall a rhes o goed yn rhedeg ar hyd y cae ac i fyny'r bryn.

Ar y pwynt yma rydych angen croesi'r cae a chadw golwg am y copa – i gyfeiriad y gogledd / gogledd-orllewin. Bydd cloddiau'r gaer yn dod yn fwyfwy amlwg wrth i chi ddringo at y crib. Bydd Twr Silian i'w weld i'r gogledd.

Os ydych am fentro ymlaen at Gastell Goetre, dilynwch y trac gwartheg i gyfeiriad y gogledd-ddwyrain. Pan mae'r trac yn troi i lawr yr allt bydd angen croesi dau gae gan obeithio dod o hyd i'r llwybr troed rhwng y cloddiau (*hollow-way*). Byddwch yn disgyn i lawr yma (gan gadw'r goedwig ar eich llaw chwith) cyn dringo eto at y trydydd cae lle gwelwch adfeilion ffermdy ar eich llaw chwith a chafn dwr gwartheg yng nghanol y cae.

Mae cloddiau Castell Goetre yn cael eu defnyddio fel clawdd / gwrych cae heddiw. O ddilyn y cloddiau byddwch yn dod o hyd i fynedfa i'r cae nesaf, lle mae'r gaer ar gopa'r bryn.

Bydd afon Dulas bob amser i'r gorllewin a'r gogledd wrth i chi gerdded tuag at y caerau, a Dyffryn Teifi i'r de ar eich mapiau OS.

Graddfa: Cymedrol / Anodd, serth a mwdlyd ar adegau
Amser: 45 munud / awr o gerdded at Allt-goch. 30 munud ychwanegol i gyrraedd bryngaer Goetre.

Cnwc-y-bugail

Cyfeirnod Map: OS Landranger 146 SN 687 740
Dilynwch y B4340 ychydig i'r de o Aberystwyth cyn belled â phentref Abermagwr. Troi i'r chwith wedyn hyd at Cwmnewidion Isaf (gyferbyn â throad Cnwch Coch) lle mae llwybr draw tuag at y goedwig. Mae'r gaer ar ochr ddeheuol Nant Cwmnewidion, ger y goedwig a dau gae o'r ffordd.

Pennod 6
Y Rhufeiniaid

Cyfnod : 43 Oed Crist – 393 Oed Crist

Pethau prin yw amffitheatrau Rhufeinig yng Nghymru – mae dwy o faint sylweddol yng Nghaerfyrddin a Chaerllion ac un fechan iawn ger Tomen y Mur, Trawsfynydd. Yr amffitheatr yng Nghaer ger caer lengol Deva Victrix yw'r fwyaf i gael ei darganfod ym Mhrydain hyd yma, ac awgryma gwaith archaeolegol a wnaethpwyd yn 1999 fod ymrysonau ceiliogod wedi cael eu cynnal yno yn ogystal â gornestau ac ymarferiadau milwrol.

Yr amffitheatr yng Nghaerfyrddin a'r gwaith aur yn Nolaucothi yw nodweddion amlycaf, ac efallai mwyaf hynod, hanes y Rhufeiniaid yn y de-orllewin. Dechreuodd yr ymgyrchoedd Rhufeinig yng Nghymru o tua 48 Oed Crist ymlaen, ac roedd y goncwest wedi ei chwblhau erbyn 77–78 Oed Crist. Erbyn 383–393 Oed Crist roedd y Rhufeiniaid wedi gadael Cymru.

Amffitheatr a thref Rufeinig Caerfyrddin, Moridunum

Sefydlwyd caer Rufeinig yng Nghaerfyrddin yn y flwyddyn 75 Oed Crist ac yn ddiweddarach, yn ystod yr ail ganrif, datblygodd y dref Rufeinig, Moridunum, ar gyrion y gaer. Byddai sefydlu'r gaer Rufeinig hon ar lan afon Tywi yn allweddol i'r Rhufeiniaid er mwyn gorchfygu a chael trefn ar dde-orllewin Cymru.

Saif yr amffitheatr i'r dwyrain, y tu allan i'r gaer a thref Moridunum, ar ochr ogleddol Stryd y Priordy erbyn hyn. Ymddengys i'r amffitheatr gael ei chreu drwy dorri i mewn i ochr y bryn i'r gogledd, a defnyddiwyd y pridd a gloddiwyd ymaith i greu'r clawdd deheuol ar gyfer seddau'r amffitheatr.

Heddiw mae'r safle yn barc cyhoeddus, ac mewn cyflwr lled-druenus o ystyried ei bwysigrwydd yn un o dair amffitheatr yn unig yng Nghymru. Rhed llwybr o'r ffordd fawr i mewn i'r amffitheatr, ond mae rhai o'r cerrig yn disgyn o'r waliau sydd

Amffitheatr Caerfyrddin

wedi cael eu hadfer ac yn gorwedd yn flêr ar y llawr, a phob tro rydw i wedi ymweld â'r lle mae sbwriel dan draed ac angen torri'r glaswellt. Nid dyma sut y dylai pethau fod.

Amcangyfrifir bod yr amffitheatr wedi dal hyd at 4,500–5,000 o bobl, sy'n debygol o fod yn llawer mwy na phoblogaeth Moridunum ar y pryd. Os felly, roedd hwn yn safle pwysig o ran cynnal digwyddiadau a gornestau, a gallwn awgrymu bod yr amffitheatr yn gwasanaethu cymunedau brodorol yr ardal yn ogystal â thrigolion y dref. Efallai felly fod yr amffitheatr wedi cael ei defnyddio fel man cyfarfod neu ganolfan lwythol bwysig yn ogystal ag i gynnal ymarferion neu ornestau milwrol.

Mae dwy fynedfa i'r amffitheatr led-grwn, sy'n mesur 30 x 50 medr, ac mae rhannau gorllewinol a deheuol yr amffitheatr wedi eu cuddio o dan erddi tai erbyn hyn. Ceir rhyw syniad o naws yr amffitheatr drwy gyfrwng y muriau sydd wedi cael eu hadfer, ond mae angen cryn ddychymyg er mwyn gallu creu darlun o bum mil o bobl yn gweiddi a sgrechian wrth i'r ymrafael gyrraedd ei uchafbwynt ar lawr yr amffitheatr.

Does fawr ddim ar ôl i'w weld o'r gaer Rufeinig yn nhref Caerfyrddin, a gafodd ei sefydlu yn ardal llwyth brodorol y Demetae. Lleolwyd y gaer a'r dref ar lan afon Tywi, ac ystyr 'Moridunum' yw 'caer ger y môr'. Hon oedd yr unig dref Rufeinig yn y de-orllewin, a'r tebygolrwydd yw bod y dref ar gyrion y gaer filwrol wedi datblygu o'r *vicus* fyddai wedi ei sefydlu yno'n wreiddiol gan frodorion oedd yn masnachu gyda'r milwyr Rhufeinig. *Vicus* yw'r term am ddatblygiad o dai, gweithdai a siopau y tu allan i gaer Rufeinig wedi ei phoblogi gan bobl nad oeddynt yn filwyr. Datblygodd y dref ymhen amser i fod yn brifddinas, neu *civitas*, ar gyfer llwyth y Demetae.

O edrych ar gynllun o dref Caerfyrddin, mae'r gaer Rufeinig ychydig i'r gogledd-ddwyrain o safle'r castell Canoloesol ac i'r de-orllewin o Eglwys Sant Pedr. Felly mae unrhyw olion ohoni dan y strydoedd i'r de o Stryd y Brenin, a Stryd Spilman fwy neu lai yn rhedeg drwy ganol y gaer. Mae Stryd y Brenin a Stryd Spilman yn rhedeg yn gyfochrog – tybed a yw hyn yn awgrym o linellau amddiffynnol a ffyrdd y gaer wreiddiol?

O'r awyr, mae cynllun strydoedd Caerfyrddin yn datgelu eu gwreiddiau Rhufeinig, ac mewn llun ar dudalen 94 yng nghyfrol Sian Rees, *Dyfed*, mae modd gweld llinellau tref Rufeinig Moridunum wedi eu ffosileiddio yng nghynllun y dref dros y blynyddoedd. Ond efallai mai crwydro hen strydoedd Caerfyrddin gyda map yn eich llaw, yn chwilio am y llinellau syth, fyddai'r ffordd orau o werthfawrogi'r 'ymdeimlad' Rhufeinig – yn sicr yn ardal tref Moridunum. Dwi'n siŵr y byddai awdur megis Peter Finch (*Real Cardiff, Real Wales a The Roots Of Rock From Cardiff To Mississippi And Back*, Seren) wrth ei fodd hefo'r elfen seicoddaearyddol hon o grwydro o amgylch y dref. 'Seicoddaearyddiaeth' yw'r ddamcaniaeth neu'r ymarfer o grwydro strydoedd dinesig, fwy neu lai gan ddilyn eich trwyn, i sylwi ac arsylwi ar yr hyn sydd o'ch cwmpas yn y dirwedd drefol.

Rwyf wedi dadlau'n gryf yn y gorffennol fod modd trawsblannu'r ddamcaniaeth hon i'r dirwedd wledig yn ogystal â'i harfer mewn tirwedd ddinesig. Credaf i Mike Parker lwyddo gyda'i gyfrol *Real Powys* (2011) i ddangos bod y crwydro hwn yn gweithio llawn cystal yn y dirwedd wledig – bod scicoddaearyddiaeth, felly, yn fodd o ddehongli'r dirwedd drwy fod yn fwy agored i'r hyn y mae rhywun yn ei weld neu'n ei ddarganfod.

Diffiniodd y damcaniaethwr Ffrengig Guy Debord y gair *psychogeography* yn 1955: 'the study of the precise laws and specific effects of the geographical environment, consciously organized or not, on the emotions and behaviour of individuals.' Waeth beth yw'r farn am Debord ei hun, mae'r egwyddor o grwydro, dilyn ein trwynau a darganfod yn un y gallwn ei haddasu ar gyfer crwydro strydoedd Rhufeinig Caerfyrddin.

Drwy ddefnyddio cyfarwyddiadau Sian Rees mae modd dilyn llinell amddiffynnol y dref Rufeinig, gan gychwyn y tu cefn i Francis Terrace a Waun Dew (Richmond Terrace) sydd ar linell y clawdd amddiffynnol ar ochr ogleddol y dref. Rhed y llinell y tu cefn i Francis Terrace a Richmond Terrace cyn troi i gyfeiriad y de ar hyd Lôn yr Hen Dderwen (Old Oak Lane). Mae modd gweld y llinell amddiffynnol ar hyd y llwybr y tu cefn i'r rhesi tai – mae'r llinell fwy neu lai yn gyfochrog â chae pêl-droed Parc Richmond. Ar y gornel rhwng Waun Dew a Lôn yr Hen Dderwen mae'r ffordd

Cefn Waun Dew ar linell clawdd y dref Rufeinig

yn troi gan ffurfio'r gornel nodweddiadol ar ffurf cerdyn chwarae (*playing card*) sy'n cael ei gysylltu â ffurf caerau Rhufeinig.

Cylchfan fechan sydd heddiw ar y gyffordd rhwng Stryd y Priordy a Lôn yr Hen Dderwen – cylchfan brysur oherwydd y traffig sy'n gyrru i mewn ac allan o Gaerfyrddin. Ond hwn oedd lleoliad hen dderwen enwog y dref – coeden a gysylltir â chwedl Myrddin ond a gafodd ei phlannu, mae'n debyg, i ddathlu dyfodiad Siarl II oddeutu 1660. Symudwyd y darn olaf ohoni o'r safle yn 1978.

Collir y llinell Rufeinig wrth groesi'r A484 (Stryd y Priordy) – byddai'r llinell wedi parhau hyd at ben dwyreiniol yr Esplanade. Wrth ddilyn yr Esplanade a cherdded ar hyd y Parade byddwch yn dilyn llinell ddeheuol y dref, cyn dilyn Parade Road a Heol Dŵr Bach (Little Water Street) yn ôl at gornel Francis Terrace. Mae hon yn ardal o 13.2 hectar wedi ei hamgylchynu gan ffiniau'r dref Rufeinig.

Tai o safon sydd ar hyd yr Esplanade a'r Parade, ac mae nifer ohonynt bellach yn adeiladau rhestredig gan Cadw: tai o'r 19eg ganrif ar gyfer y dosbarth canol, yn edrych draw dros afon Tywi. Mae rheiliau haearn nodedig o wneuthuriad lleol o flaen y rhesi tai. Ar lan afon Tywi mae'r ardal lle roedd yr hen orsaf reilffordd, ac mae'r tir yn disgyn yn sylweddol o'r Esplanade a'r Parade i lawr at lan yr afon. Byddai hyn wedi creu amddiffynfa naturiol ar ochr ddeheuol Moridunum.

Datblygwyd y dref o'r ail ganrif ymlaen a bu cyfnodau o adnewyddu'r amddiffynfeydd oddeutu 200 Oed Crist, yn ôl canlyniadau profion dyddio radiocarbon ar y ffos, a bu cyfnod pellach o ailadeiladu'r ffos oddeutu 275–300 Oed Crist. Gan fod cynllun ffurfiol pendant i drefi a chaerau Rhufeinig, mae strydoedd Caerfyrddin ar linellau syth a'r A484 yn dilyn llinell y ffordd o'r gorllewin i'r dwyrain drwy'r dref. Adeiladwyd Eglwys Sant Pedr y tu mewn i ffiniau'r dref rywbryd yn ystod y cyfnod Normanaidd (mae darnau o'r eglwys yn dyddio o'r 13eg ganrif yn ôl gwefan *Archwilio*) felly cafodd rhan o'r cynllun Rhufeinig ei newid yn ystod y cyfnod hwnnw.

Byddai'r eglwys wedi cael ei hadeiladu yn agos i borth gorllewinol y dref Rufeinig, ac mae dau gwestiwn amlwg yn codi:

a oedd pobl yn parhau i fyw yn ardal y dref Rufeinig yn y cyfnod ôl-Rufeinig, ac a oes unrhyw arwyddocâd i'r ffaith fod yr eglwys wedi cael ei chodi yn agos i'r porth? Un ddamcaniaeth yw bod codi eglwysi ger pyrth Rhufeinig yn gorfodi pobl i basio heibio i eglwysi ar eu teithiau – ac awgryma lleoliad yr eglwys fod pobl wedi parhau i fyw yma yn y cyfnod ôl-Rufeinig.

Yng nghladdgell Eglwys Sant Pedr, eglwys fawr ac amlwg â thŵr gwyngalchog, mae casged Richard Steele,

Allor Rufeinig ym mhorth Eglwys Sant Pedr, Caerfyrddin

sylfaenydd cylchgrawn *The Tatler*, ac mae corffddelw Syr Rhys ap Thomas i'w weld ger y gangell. Ym mhorth yr eglwys gwelir allor Rufeinig a ddarganfuwyd ar Stryd y Priordy.

Mae'r dystiolaeth archaeolegol yn awgrymu bod stryd Rufeinig arall yn rhedeg yn gyfochrog, ychydig i'r gogledd, â Stryd y Priordy, a fyddai heddiw o dan Barc Richmond, cartref Clwb Pêl-droed Caerfyrddin. Gwnaeth cwmni Archaeology Wales waith cloddio archaeolegol ar safle garej Denzil Evans ger Stryd y Priordy yn ystod 2018, gan fod caniatâd wedi ei roi i adeiladu tai a fflatiau yno, a dangosodd y gwaith hwn fod olion y dref Rufeinig i'w gweld o dan y strydoedd presennol.

Darganfuwyd yno lestri pridd yn dyddio o'r ail ganrif, yn cynnwys un gwpan gyfan, ac awgrymodd yr archaeolegwyr ei bod yn enghraifft o gwpan a gafodd ei gwneud yn yr Almaen. Awgrymir felly bod trigolion Moridunum bryd hynny yn ddigon cefnog i fewnforio nwyddau o'r cyfandir.

Ymddengys fod ardal o fusnesau bychain a chreftwyr *artisan* yng nghornel ogledd-ddwyreiniol y dref, ac yn y gornel ogledd-orllewinol cafwyd olion tŷ gyda system wresogi danddaearol *hypocaust* ynddo – mae hyn, hefyd, yn awgrym bod y trigolion o statws uwch.

Mae'n rhaid bod olion y gaer filwrol o dan yr ardal i'r de o Stryd y Brenin ac o dan Stryd Spilman ac i'r gogledd o Dan y Banc, felly mae siawns reit dda fod gwesty'r Ivy Bush y tu mewn i ffiniau'r gaer. Sgwn i a oedd Iolo Morganwg yn ymwybodol o hyn wrth iddo hel aelodau ei Orsedd at ei gilydd yng ngardd yr Ivy Bush ym mis Gorffennaf 1819?

Cynhaliwyd yr Eisteddfod Genedlaethol yng Nghaerfyrddin yn 1974, a ffaith ddiddorol am yr Eisteddfod hon yw mai yma y perfformiwyd yr Opera Roc 'Nia Ben Aur' am y tro cyntaf. Ymhlith y cast roedd aelodau o'r grwpiau pop Edward H. Dafis, Sidan, Ac Eraill a Hergest. Cofnodwyd y ffaith i'r Eisteddfod ymweld â Chaerfyrddin gan ffenestr liw yn y bar yng ngwesty'r Ivy Bush. Y tu cefn i'r ffenestr hynod liwgar honno gan John Petts mae'r ardd lle bu i orsedd Iolo ymgynnull, ac ar y ffenestr mae'r geiriau 'Yn Wyneb Haul Llygaid Goleuni – Y Gwir yn Erbyn y Byd'. Yn ogystal â choffáu Eisteddfod Genedlaethol 1974 roedd Petts yn cydnabod cysylltiad Iolo Morganwg â'r un safle yn 1819.

Ffenestr liw gwesty'r Ivy Bush

Er mwyn ychwanegu at y cyd-destun ehangach, a gwella'n dealltwriaeth o arferion Rhufeinig, rwyf am grybwyll y ddwy amffitheatr arall yng Nghymru.

Amffitheatr Tomen y Mur (SH 708389)

Rwy'n cyfeirio at yr amffitheatr fechan hirgron hon (23 medr x 28 medr) ar ochr ogledd-ddwyreiniol Tomen y Mur (ger y gilfan barcio) yn *Cam i'r Gorffennol* (2014). Bychan iawn yw hon o'i chymharu ag un Caerfyrddin – a dweud y gwir, does dim cymhariaeth. Amffitheatr fechan i ymarfer gydag arfau sydd ger Tomen y Mur; byddai rhai wedi gallu eistedd o amgylch yn gwylio'r digwyddiadau, ond ni fyddai lle i filoedd eistedd fel yn Moridunum.

Ymddengys fod yr amffitheatr hon, fel yr un yng Nghaerfyrddin, wedi ei gosod ar gyrion yr ardal lle byddai'r brodorion wedi sefydlu pentref, sef y *vicus* ger y gaer (Gresham, 1938). Os felly, mae modd awgrymu bod yr amffitheatr yn ddatblygiad hwyrach na'r gaer ei hun, a dyna'r awgrym yng Nghaerllion hefyd o safbwynt dyddiadau adeiladu.

Roedd safle Tomen y Mur wedi gorffen cael ei ddefnyddio erbyn y 120au Oed Crist, ac ni fu parhad trefol yma. Mae'r amffitheatr i'w gweld ger y llwybr am Domen y Mur.

Amffitheatr Caerllion (ST 338903)

Roedd Caerllion (Isca) yn gaer lengol ar lan afon Wysg ar gyfer y Rhufeiniaid yn ne Cymru, a chafodd ei sefydlu oddeutu 74 neu 75 Oed Crist er mwyn gorchfygu llwyth y Silwriaid. Os ydym am ddeall y patrwm o olion Rhufeinig yn ne Cymru, mae Caerllion yn allweddol gan mai o'r fan hon y dechreuodd popeth – yr ymgyrchoedd milwrol a'r ffyrdd draw am Gaerfyrddin i'r gorllewin ac i fyny'r cymoedd am Aberhonddu (Brecon Gaer) i'r gogledd.

Byddai Isca wedi bod yn gartref i 6,000 o filwyr o Ail Leng Awgwstws ar un adeg, ond heddiw mae rhannau helaeth o'r gaer wedi eu cuddio gan y dref bresennol. Ger yr amgueddfa mae'r baddondai wedi eu hadfer, a gellir gweld darnau o'r barics (rhai wedi eu hail-greu) ger y maes parcio yng nghanol Caerllion. Gyferbyn â'r barics mae'r amffitheatr, lle gwnaethpwyd gwaith cloddio archaeolegol rhwng 1926 ac 1927 gan Mortimer a Tessa Wheeler (Wheeler & Wheeler, 1928). Saif yr amffitheatr ger y ffordd Rufeinig *via principalis*, sef y ffordd a arweiniai'n syth i mewn i'r gaer at adeilad y brif swyddfa neu'r *principia*. Adeiladwyd yr amffitheatr rywbryd yn y cyfnod 80–90 Oed Crist, yn union yr un adeg ag yr adeiladwyd y Colisewm yn Rhufain, ar gyfer ymarferion a pharêds milwrol. Ffurf hirgrwn sydd i'r amffitheatr (41.3 medr ar draws yr echelin leiaf) ac roedd yn ddigon mawr i ddal yr holl leng, gyda chloddiau anferth wedi eu gorchuddio â charreg a bwtresi ar y tu allan i'w dal yn eu lle. Byddai'r wal garreg fewnol wedi ei gorchuddio â phlastr gwyn a'r llawr wedi ei orchuddio â thywod.

Roedd y ddwy brif fynedfa, gyda drysau mawr o bren, ar yr ochrau gogleddol a deheuol, a byddai ystafelloedd aros neu newid ar gyfer milwyr, neu hyd yn oed anifeiliaid, yn y cyntedd a oedd o dan fwa o frics, a gosodwyd seddau uwchben y mynedfeydd (mae wyth mynedfa yma i gyd). Awgryma'r dystiolaeth archaeolegol fod dau gyfnod o adeiladu neu adnewyddu i'r amffitheatr. Adeiladwyd cysegrfa ar gyfer y dduwies Nemesis yn ddiweddarach, yn un o'r ystafelloedd aros yn yr amffitheatr. Erbyn diwedd y drydedd ganrif roedd y Rhufeiniaid wedi gadael Caerllion.

Mae amffitheatr Caerllion yn parhau i fod mewn cyflwr arbennig ac yn safle sy'n werth ei weld. Mae'r holl brofiad o ymweld â Chaerllion yn fendigedig, a'r baddondy a'r amgueddfa yn cyfoethogi'r profiad, yn sicr.

Sir Benfro

Yn y llyfr *Roman Frontiers in Wales and the Marches* mae Burnham a Davies yn dangos bod ffordd Rufeinig yn ymestyn tua'r gorllewin o Gaerfyrddin. Dyma ardal llwyth yr Octapitae, sydd fwy neu lai yn cyfateb i ffiniau Sir Benfro heddiw. Ond mae diffyg olion Rhufeinig yn y de-orllewin – sefyllfa debyg i'r un ym Mhen Llŷn. Ai Caerfyrddin, felly, oedd terfyn yr Ymerodraeth Rufeinig yn y de orllewin?

Awgrymir bod y ffordd Rufeinig o Moridunum yn ymestyn am 44km hyd at bentref Cas-wis (Wiston), ond tan yn ddiweddar doedd neb yn siŵr ble roedd pen y daith. Gwelir llinell y ffordd ar ffurf marciau cnydau mewn caeau (*cropmarks*) neu lle mae ffurf y sarn (*agger* neu wyneb y ffordd) yn dal yn amlwg. Darganfuwyd darnau o'r ffordd hon wrth adeiladu ffordd osgoi Hendy-gwyn ar Daf ychydig flynyddoedd yn ôl.

Ers cyhoeddi llyfr Burnham a Davies yn 2010 mae Ymddiriedolaeth Archaeolegol Dyfed wedi darganfod caeran Rufeinig yng Nghas-wis, a chadarnhawyd ei bod yn dyddio o rhwng 74 Oed Crist a thua 100 Oed Crist. Dangosodd arolwg geoffisegol (DAT 2014) fod ffurf cerdyn chwarae (*playing card*) nodweddiadol Rufeinig i'r gaer a gwelwyd cynllun yr adeiladau mewnol. Byddai dyddiadau o'r fath yn cyd-fynd ag ymgyrchoedd milwrol i'r gorllewin cyn sefydlu Caerfyrddin (Moridunum) fel y brif dref / gaer yn y de-orllewin.

O ganlyniad i'r arolwg geoffisegol hwn, darganfuwyd *vicus*, sef pentref masnachu ar y tu allan i'r gaer, ar yr ochr ddeheuol. Awgryma'r dystiolaeth archaeolegol fod y pentref wedi cael ei ddefnyddio mewn cyfnodau ar ôl i'r gaeran orffen cael ei defnyddio. (Gweler http://www.dyfedarchaeology.org.uk/ projects/wistonromanfort.htm.)

Drwy garedigrwydd Felicity Sage o Ymddiriedolaeth Archaeolegol Dyfed, cefais gopi o'r Cofnodion Amgylchedd Hanesyddol (HER) ar gyfer Sir Benfro, ac er bod sawl awgrym o lociau lled-sgwâr wedi cael eu gweld o'r awyr, dim ond y gaer yng Nghas-wis sy'n ymddangos, gydag unrhyw sicrwydd, fel petai'n gaer neu gaeran Rufeinig yn Sir Benfro. Gan fod y gaer ger y ffordd Rufeinig, mae hyn yn gwneud synnwyr. Cyfeirnod map y gaer yw SN 025186.

Mae'r gaer ychydig i'r gogledd o bentref Cas-wis. Gweler Pennod 11: mae Castell Cas-wis (SN025181) gerllaw yn un o gestyll y llinell Landsger.

Rwy'n crybwyll darganfyddiadau Rhufeinig diweddar ar Ynys Môn a ger Abersoch yn Llŷn fel mymryn o atodiad i'r bennod hon, gan fod tebygrwydd o fath rhwng hanes yr ardaloedd hyn a Sir Benfro yn y cyfnod Rhufeinig. Gallwn awgrymu'n sicr bellach fod y Rhufeiniaid wedi ymgyrchu i'r gorllewin o Gaerfyrddin a Chaernarfon, er nad oes awgrym iddynt aros yno yn hir iawn ar ôl yr ymgyrchoedd milwrol cynnar hyn. Wrth drafod dylanwad y Rhufeiniaid rhaid ystyried bod rhai o'r safleoedd neu'r llociau lled-sgwâr yn Sir Benfro yn rhai brodorol Brythonig-Rufeinig (Romano-British) lle bu i'r brodorion fabwysiadu arferion Rhufeinig.

Yn dilyn ymgyrchoedd milwrol, byddai'r Rhufeiniaid wedi rhoi rhyddid a chyfrifoldeb gweinyddol i'r llwythi brodorol ar yr amod bod trethi yn cael eu talu – mae hwn yn batrwm gweddol gyffredin. Canlyniad hyn, yn sicr, fyddai bod rhai o'r brodorion yn cael eu 'Rhufeineiddio'.

Yng nghofnodion Ymddiriedolaeth Archaeolegol Dyfed mae manylion am safleoedd megis Upper Scolton, sydd â dwy ochr lled sgwâr ac i'w weld o'r awyr fel ôl cnwd (*cropmark*), ac awgrym hanesyddol o loc lled-sgwâr sydd wedi ei ddinistrio bellach yng Nghastell Mwrtach sy'n cynnwys awgrym, o leiaf, o ddylanwad Rhufeinig. Wedi dweud hynny, gallasai'r rhain fod yn safleoedd o'r Oes Haearn neu'r Canol Oesoedd hefyd, yn ddigon hawdd.

Safle Castle Flemish (SN 007267) ger Treamlod (Ambleston), a gloddiwyd gan Mortimer Wheeler yn 1922, yw'r safle arall amlwg yn Sir Benfro sydd â chysylltiad â'r cyfnod. Darganfuwyd darnau o lestri pridd, teils a brics Rhufeinig yno gan Wheeler, ond er i Wheeler ddehongli'r safle fel un milwrol, y farn gyffredinol bellach gan archaeolegwyr yw mai lloc trapisoid brodorol ydyw. Gallai rhywun lleol fod wedi ei 'Rufeineiddio' – y diffiniad ohono felly yw safle brodorol Brythonig-Rufeinig (James, 2016). Rhennir y lloc gan ffordd ddiweddar ychydig i'r gogledd o Dreamlod.

Mae'n debygol y bydd mwy o ddarganfyddiadau Rhufeinig yn cael eu gwneud yn Sir Benfro yn y dyfodol. Os bu'r Rhufeiniaid yn ymgyrchu yn Sir Benfro, mae'n bosib bod caerau ar hyd yr arfordir yn aros i gael eu darganfod.

Dolaucothi, Pumsaint / Pumpsaint

Petai rhywun yn gofyn pam y bu i'r Rhufeiniaid drafferthu o gwbl gyda Chymru, y darn bach gwlyb mynyddig gorllewinol hwn o

Ynysoedd Prydain oedd â llwythau o Geltiaid brodorol gelyniaethus ym mhobman, mae'n debyg mai un ateb rhesymol fyddai 'er mwyn y mwynau'. Mae mwynau megis plwm, copr ac aur i'w cael yma yng Nghymru, ond nid tasg hawdd yw profi yn archaeolegol fod y Rhufeiniaid wedi mwyngloddio yma.

Dim ond drwy ddarganfod gwrthrychau o'r cyfnod mewn cyd-destun archaeolegol sicr y mae modd cadarnhau (neu awgrymu) unrhyw weithgaredd go iawn yn y cyfnod Rhufeinig, a dyma un o'r cwestiynau mawr yn achos gwaith aur Dolaucothi. Er bod y Fictoriaid wedi mwyngloddio ar raddfa eang iawn yn Nolaucothi, mae dwy geuffordd yn cael eu cydnabod (neu mae awgrym eu bod) yn rhai Rhufeinig sydd wedi goroesi'r cyfnod o brysurdeb yn y 19eg ganrif. Gelwir y rhain yn Geuffordd Rufeinig Isaf a Cheuffordd Rufeinig Uchaf.

Nid oes gwrthrychau Rhufeinig wedi eu darganfod yn y ceuffyrdd penodol hyn, ac o'u cymharu â cheuffyrdd tebyg yn Sbaen y mae'r awgrym o'u tarddiad Rhufeinig wedi ei gynnig. Siâp trapesoid nodweddiadol Rufeinig sydd i'r ceuffyrdd yn Nolaucothi, ond does neb wedi gallu esbonio pam mae siâp y

Ceuffordd Rufeinig Dolaucothi

geuffordd isaf yn fwy trapesoid a'r geuffordd uchaf yn fwy sgwâr mewn trawstoriad.

Crëwyd y ceuffyrdd hyn gan law dyn, a gellir gweld olion ceibio ar y graig. Os crëwyd y twneli drwy geibio, mae hynny'n awgrymu bod y gwaith wedi digwydd cyn i ddefnyddio ffrwydron ddod yn fwy cyffredin yn ystod yr 17eg ganrif. Does neb chwaith wedi gallu profi na gwrthbrofi bod gweithgaredd yma yn y cyfnod cyn hanes, cyn i'r Rhufeiniaid gyrraedd.

Saif gwaith aur Dolaucothi ar ochr ddeheuol afon Cothi. Gerllaw, ryw hanner milltir i ffwrdd ar ochr ogleddol yr afon, roedd caer Rufeinig Luentinum– safle pentref Pumsaint heddiw. Felly, er prinder y dystiolaeth archaeolegol bendant, mae'n hollol resymol awgrymu bod y milwyr Rhufeinig wedi cloddio am aur yma.

Mae tafarn bresennol y Cothi Arms fwy neu lai yng nghanol y gaer, a ffordd yr A482 am Lanbedr Pont Steffan yn rhannu'r gaer yn ddwy. Does fawr o olion i'w gweld yma, er bod rhywun yn cael argraff o linell amddiffynnol y gaer wrth adael Pumsaint am y gogledd, lle mae'r tir yn syrthio'n gyflym. Awgrymaf mai'r peth callaf i'w wneud ym Mhumsaint, yn hytrach na cheisio gweld

Olwyn bwmpio dŵr Dolaucothi

olion go iawn, yw sefyll yng nghanol y pentref wrth y dafarn a cheisio dychmygu eich bod yng nghanol y gaer. Dychmygwch yr adeiladau, y gweithgaredd, y synau ... a'r arogleuon.

Dangosodd arolwg geoffisegol gan Barry Burnham a David Hopewell (2012) fod *vicus* neu adeiladau, a rhyw fath o weithgaredd, i'r dwyrain o'r gaer, a daethpwyd o hyd i faddondy i'r de-orllewin yn y 19eg ganrif – nid oes sicrwydd bellach ble yn union roedd safle'r baddondy.

Adeiladwyd y gaer yn dilyn ymgyrchoedd Frontinus yn erbyn y Silwriaid rywbryd yn y 70au Oed Crist, o glawdd a phalisâd pren. Lleihawyd maint y gaer yn yr ail ganrif drwy godi waliau cerrig, ond mae'n debyg (fel sydd mor gyffredin gyda'r caerau yng Nghymru) bod y gaer wedi peidio â chael ei defnyddio'n filwrol erbyn cyfnod Hadrian yn y 120au Oed Crist. Efallai fod parhad o weithgaredd yn y *vicus* a'r tu allan i'r gaer ar ôl hyn yn gysylltiedig â'r mwyngloddio, a chawn awgrym o dystiolaeth archaeolegol o hyn o'r 3–4ydd ganrif.

Bellach mae gwaith aur Dolaucothi dan ofal yr Ymddiriedolaeth Genedlaethol ac mae teithiau tywys Fictoraidd a Rhufeinig yn cael eu cynnig bob yn ail yn ystod y dydd. Dyma'r ffordd orau o ddarganfod yr hanes Rhufeinig. Ymunwch â thaith dywys sy'n ymweld â'r ceuffyrdd Rhufeinig – mae'r daith yn para oddeutu awr, ond gan fod gatiau cloëdig ar y ceuffyrdd, dyma'r unig ffordd o gael mynediad o dan ddaear.

Wrth gwblhau'r daith dywys mae'n werth edrych draw i gyfeiriad Allt Cwmhenog, i'r gogledd o'r gweithfeydd, lle darganfuwyd dyfrffosydd (yr *Annell leat* a'r *Cothi leat*). Awgrymir bod y dyfrffosydd hyn hefyd yn nodweddiadol Rufeinig, ac wedi bwydo dŵr ar hyd ochr y dyffryn i byllau neu danciau dŵr, a oedd wedyn yn cael ei ryddhau i'r gweithfeydd er mwyn clirio tir a chwalu'r graig a'r cerrig, a darganfod yr haenau o fwynau.

Er bod y broses hon, sef *hushing*, yn arferol yn y broses fwyngloddio yn Sbaen yn y cyfnod Rhufeinig, mae angen mwy o ymchwil cyn y gallwn gadarnhau bod hyn yn sicr wedi digwydd yma yn Nolaucothi. Mae'r peth yn debygol, ydi, ond mae angen gwneud mwy o waith archaeolegol ar y dyfrffosydd, a cheisio pennu dyddiadau pendant iddynt.

Daethpwyd o hyd i ddarn o olwyn bren ar gyfer cludo neu bwmpio dŵr allan o dan y ddaear wrth i weithwyr gloddio o dan Ogofâu Pit yn 1935, a hynny 44 medr islaw lefel y ddaear heddiw. Yn ôl canlyniadau prawf radiocarbon mae'r darn pren, sydd bellach yn yr Amgueddfa Genedlaethol yng Nghaerdydd, yn dyddio o oddeutu 90 Oed Crist. Dyma'r dystiolaeth orau fod y Rhufeiniaid wedi bod wrthi'n cloddio yma yn Nolaucothi, a gallwch weld olwyn debyg wedi ei hail-greu ger rhai o'r siediau diweddar.

Roedd modd codi dŵr drwy ddefnyddio person ifanc i 'gerdded' yn erbyn yr olwyn a chodi'r dŵr mewn cwpanau pren – gyda system o olwynion tebyg byddai modd codi dŵr o'r dyfnderoedd. Roedd cael gwared â'r dŵr yn hanfodol, gan mai llifogydd yw un o'r rhwystrau mwyaf cyffredin yn y diwydiant mwyngloddio.

Os ydych am gael yr wybodaeth ddiweddaraf am y gwaith archaeolegol yn Nolaucothi, darllenwch *The Dolaucothi Gold Mines, Geology and Mining History* gan Annels a Burnham yn ogystal â mynd ar un o'r teithiau tywys.

Carreg Pumsaint

Ryw hanner can llath o faes parcio Dolaucothi mae Carreg Pumsaint. Mae llwybr yn arwain drwy'r coed bron yn union cyn cyrraedd mynedfa'r Ymddiriedolaeth Genedlaethol, fel petai rhywun yn troi i gyfeiriad Pumsaint, ac fe welwch y garreg yn sefyll ar fryncyn bach ar ôl gadael y coed.

Carreg Pumsaint

Un chwedl yw bod y pum sant wedi cael eu dal mewn storm wrth gerdded ar eu pererindod i Dyddewi, a'u bod wedi defnyddio'r maen fel cysgod neu loches. Wrth edrych ar y 'powlenni'

152

sydd ar ochrau'r maen, rwy'n amau'n gryf mai powlenni mortar ar gyfer gweithio a malu'r mwynau oeddynt – ceir enghreifftiau tebyg o bowlenni mortar fel hyn o'r cyfnod Rhufeinig.

Ai maen a gafodd ei ddefnyddio yn y cyfnod Rhufeinig ar gyfer malu cerrig yw hwn, tybed, wedi ei ailosod yn ddiweddarach i sefyll ar ben y twmpath? Yn y cyfnod Rhufeinig byddai'r maen wedi gorfod gorwedd yn wastad ar y llawr er mwyn gwneud y gwaith malu. Does fawr o wahaniaeth rhwng powlenni mortar o'r cyfnod Rhufeinig a rhai canoloesol, felly mae'n anodd bod yn gwbl bendant.

Go brin, felly, fod y powlenni ar Garreg Pumsaint yn rhai naturiol. Mae powlenni mortar yr Oes Haearn yn debyg iawn o ran maint, ond o ystyried y cyd-destun mae'n debygol mai powlenni mortar yn gysylltiedig â gweithio mwyn yw'r rhain.

Gwyddom erbyn hyn mai tomen sbwriel yw yr hyn a elwir yn 'fwnt Normanaidd' ger y maes parcio – bu gwaith cloddio archaeolegol rhwng y 'mwnt' a Charreg Pumsaint yn ystod 1991–93. Awgrymodd profion dyddio radiocarbon a wnaethpwyd ar yr haenau o fwyn oedd wedi eu chwalu bod gweithio yma yn y cyfnod Rhufeinig. Ai tomen sbwriel yw'r domen lle saif y maen hefyd, tybed?

Atodiad: Darganfyddiadau Diweddar

Wrth ddarlithio am archaeoleg yn ardal Llŷn byddaf yn tynnu coes y gynulleidfa fod ar y Rhufeiniaid ormod o ofn pobl Llŷn (llwyth y Gangani) i fentro i lawr y penrhyn. Byddaf yn cyfeirio at fryngaerau Tre'r Ceiri, Garn Boduan a Garn Fadryn a gafodd eu defnyddio gan y brodorion Celtaidd yn y cyfnod Rhufeinig, gan awgrymu nad ymosodwyd arnynt gan y Rhufeiniaid. (Gweler *Cam i'r Gorffennol, Safleoedd archaeolegol yng ngogledd Cymru* am fy nadansoddiad cyflawn).

Segontium oedd y brif gaer yng ngogledd-orllewin Cymru, a hyd yma ychydig o dystiolaeth sydd i brofi bod y Rhufeiniaid wedi mentro fawr pellach na hynny i'r gorllewin. Mae caer fechan ym Mryncir, ar hyd y ffordd i Domen y Mur i'r de, ond tan yn ddiweddar doedd dim awgrym o gaer Rufeinig ar Benrhyn Llŷn.

Cafwyd haf sych iawn yn ystod 2018, ac wrth i'r tir sychu a chrasu ymddangosodd olion archaeolegol mewn caeau a oedd i'w gweld dim ond o'r awyr. Mae hen ffosydd yn dal mwy o ddŵr neu leithder, ac o ganlyniad maent yn ymddangos fel marciau gwyrdd neu dywyll wrth i weddill y caeau grasu a throi'n felyn. Yn ogystal, gall y tir lle byddai hen waliau yn sefyll fod yn llai tamp, ac felly'n crasu mwy na'r tir o'i amgylch. Efallai fod yr olion gweledol ar y ddaear wedi diflannu o ganlyniad i aredig y tir dros y canrifoedd, ond o'r awyr byddai'r marciau neu ôl cnydau (*cropmarks*) yn amlwg mewn amgylchiadau sych iawn fel a brofwyd yn haf 2018. O ganlyniad i'r sychder darganfu Toby Driver o Gomisiwn Brenhinol Cymru safle ger Abersoch oedd yn debyg iawn i gaeran Cemlyn ar Ynys Môn.

Yr hyn sydd yng Nghemlyn yw caeran Rufeinig fechan ledsgwâr wedi ei hamgylchynu gan ffos a chlawdd lled-grwn. Oherwydd y tebygrwydd mewn ffurf mae'n bosib bod Driver wedi darganfod caeran Rufeinig – y cyntaf ar benrhyn Llŷn – ond heb archwiliad archaeolegol pellach does dim modd bod yn gwbl sicr.

Ond os caeran Rufeinig yw'r darganfyddiad ger Abersoch, byddai hynny'n profi bod y Rhufeiniaid wedi ymestyn eu hymgyrchoedd – am gyfnod, yn sicr – o Segontium hyd at ben pellaf Llŷn. Byddai hon yn bennod newydd yn hanes y Rhufeiniaid yng ngogledd Cymru. Perthyn i ymgyrchoedd milwrol 77 Oed Crist fyddai caeran fel hon, mwy na thebyg.

Yn ystod 2015 roeddwn yn gwneud gwaith cysylltiadau cyhoeddus i Ymddiriedolaeth Archaeolegol Gwynedd, a dyma addasiad o'r datganiad a ysgrifennais am yr hyn a ddarganfuwyd yng Nghemlyn:

Caeran Rufeinig Cemlyn, Ynys Môn
(Ymddiriedolaeth Archaeolegol Gwynedd, 2015)
Mae archaeolegwyr o Ymddiriedolaeth Archaeolegol Gwynedd wedi gwneud darganfyddiadau pwysig iawn am hanes y Rhufeiniaid yng Nghymru. Daeth y darganfyddiadau hyn i'r golwg nid trwy gloddio archaeolegol arferol, ond gydag offer electronig. Yn ôl David Hopewell o Ymddiriedolaeth Archaeolegol Gwynedd,

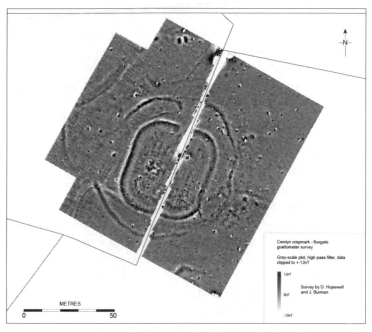

Caeran Cemlyn
(Llun drwy garedigrwydd Ymddiriedolaeth Archaeolegol Gwynedd

mae offer arolwg geoffisegol yn adnabod mân amrywiaethau yn
nodweddion magnetig y pridd ac yn caniatáu i archaeolegwyr
lunio map o'r olion claddedig, a hynny heb gyffwrdd mewn rhaw.
Y darganfyddiad diweddaraf yw caeran Rufeinig fechan ger
Cemlyn yng ngogledd Ynys Môn. Tynnwyd sylw'r archaeolegwyr
at y safle gan Mary Aris, hanesydd lleol sy'n tynnu lluniau o'r
awyr, wedi iddi sylwi ar siâp crwn mewn cnydau ar fryncyn isel
sy'n edrych dros arfordir Môn.

Derbyniodd Ymddiriedolaeth Archaeolegol Gwynedd gyllid
gan Cadw i wneud arolwg geoffisegol o'r safle. Cynhaliwyd yr
arolwg hwnnw gan David Hopewell, ac adroddodd yntau fod y
canlyniadau yn rhyfeddol o glir gan ddangos amlinelliad
digamsyniol o gaeran Rufeinig, gydag argraffiadau o adeiladau
petryal oedd, mae'n debyg, yn farics ar gyfer y milwyr. Gwelir
caeranau fel y rhain, sy'n llai na'r caerau Rhufeinig arferol, mewn
mannau arwyddocaol ar ffyrdd Rhufeinig, neu mewn mannau

addas ar gyfer cadw golwg ar yr ardal gyfagos. Amgylchir y gaeran gan ffos gron – rhywbeth nas gwelwyd yn unman arall yng Nghymru. Ond mae enghreifftiau tebyg wedi cael eu darganfod ar arfordir gogleddol Dyfnaint, lle tybir bod coelcerthi ar gyfer anfon negeseuon yn cael eu cynnau o fewn y clostiroedd. Credir bod y gaeran hon yn dyddio o'r ganrif gyntaf Oed Crist.

Mae'r darganfyddiad hwn yn arbennig o gyffrous gan mai dyma'r safle milwrol Rhufeinig cynnar cyntaf i'w ddarganfod ar Ynys Môn. Cafwyd disgrifiad lliwgar iawn o ymosodiad y Rhufeiniaid ar Ynys Môn gan y seneddwr a'r hanesydd Rhufeinig Tacitus, ond hyd yma ni fu tystiolaeth o gaerau na ffyrdd ar yr ynys. Mae David Hopewell yn gobeithio y bydd y darganfyddiad hwn yn arwain at rai eraill. Fel rheol, byddai oddeutu 15–20 milltir rhwng y caerau a'r caeranau, sef gwaith diwrnod o gerdded, ac fe'u cysylltwyd gan ffyrdd. Gan hynny, mae'n bur bosib bod caer yn barod i'w darganfod rywle yng nghanol Môn.

Dyma'r diweddaraf o sawl darganfyddiad a wnaethpwyd gan dîm arolwg geoffisegol Ymddiriedolaeth Archaeolegol Gwynedd yn ystod y degawd diwethaf. Ymysg y darganfyddiadau cyffrous eraill mae'r dreflan Rufeinig sifil gyntaf i'w darganfod yng ngogledd Cymru (ar lan y Fenai ger Brynsiencyn) yn ogystal â threflannau, ffyrdd ac adeiladau eraill o amgylch caerau Rhufeinig ledled Cymru na wyddai neb amdanynt o'r blaen.

Mae Ymddiriedolaeth Archaeolegol Gwynedd wedi cynnal ail arolwg cyflawn o'r ffyrdd Rhufeinig yn y fro, gan wneud sawl darganfyddiad newydd. Cyhoeddwyd y canlyniadau yn y llyfr *Roman Roads in North West Wales*.

Y Rhufeiniaid

Mwynfeydd Aur Dolaucothi
Cyfeirnod Map: OS Landranger 146 SN 665403
Mae'r mwynfeydd dan ofal yr Ymddiriedolaeth Genedlaethol a
gwelir arwyddion ffyrdd ar gyfer y safle i'r de o bentref
Pumsaint ar yr A482 rhwng Llanbed a Llanwrda. Codir tâl
mynediad, ac mae maes parcio, ond yn cau am 5yh.
Cyfeiriad: Pumsaint, Llanwrda SA19 8US
Rhif Ffon: 01558 650177

Caer Rufeinig Pumsaint
Cyfeirnod Map: OS Landranger 146 SN 656406
Gorwedda'r gaer Rufeinig o dan bentref Pumsaint

Pennod 7
Cerrig Ogam (Ogham)

Cyfnod: 5ed / 6ed Ganrif Oed Crist

Erbyn 383–393 Oed Crist roedd y Rhufeiniaid wedi gadael Cymru. Y stori yw bod Macsen Wledig, eu cadlywydd ym Mhrydain, wedi arwain gwrthryfel yn erbyn Rhufain a chael ei dderbyn yn Ymerawdwr Prydain a Gâl yn 384. Ychydig iawn o dystiolaeth archaeolegol sydd i awgrymu bod y Rhufeiniaid wedi aros yng Nghymru ar ôl 383, ac rydym yn tueddu i ddefnyddio'r dyddiad 393 fel diwedd y cyfnod Rhufeinig.

Y tebygolrwydd yw bod Macsen wedi mynd â'r milwyr Rhufeinig oddi yma – dyna awgrym rhai fel yr hanesydd Gildas, oedd yn ysgrifennu dros ganrif yn ddiweddarach. Mae Sieffre o Fynwy yn adrodd hanes Macsen yn *Historia Regum Britanniae* (tua 1136), ac wrth gwrs ceir stori Breuddwyd Macsen yn y Mabinogi. Yr un yw'r stori yn ei hanfod, er y gwahaniaethau rhwng stori Sieffre a'r un yn y Mabinogi, sef mai Macsen sy'n mynd â'r milwyr Rhufeinig o Gymru.

Yn y Mabinogi gwelodd Macsen ferch brydferth mewn breuddwyd, a disgyn mewn cariad â hi. Penderfynodd yrru ei filwyr i chwilio am y ferch hon, a theithiodd yr holl ffordd o Rufain i Gymru er mwyn cyfarfod Elen mewn caer yn Arfon (Segontium). Mynnodd Elen y byddai'n priodi Macsen dim ond os byddai ef yn dod draw i'w chyfarfod. Mewn ffordd, yr hyn sy'n cael ei gyfleu yw bod Macsen, drwy briodi merch frodorol, yn trosglwyddo rheolaeth i linach Gymreig. Cyfeiriodd Dafydd Iwan at Macsen yn ei gân enwog 'Yma o Hyd', gan roi hwb arall i'r stori a'r fytholeg.

Mewn gwirionedd roedd y Rhufeiniaid wedi bod yn gollwng eu gafael ar Gymru yn raddol ers yr ail ganrif –dim ond caer Segontium a thref Moridunum (Caerfyrddin) yn y gorllewin oedd mewn defnydd parhaol drwy'r cyfnod Rhufeinig. Doedd y rhan helaethaf o'r caerau milwrol llai ddim yn cael eu defnyddio erbyn

120–130 Oed Crist, sef cyfnod yr Ymerawdwr Hadrian. Trosglwyddo rheolaeth i arweinwyr lleol neu frodorol oedd y strategaeth Rufeinig erbyn hynny.

Yn ystod y 5ed ganrif, ar ôl ymadawiad y Rhufeiniaid, roedd mwy a mwy o ymosodiadau ar Gymru gan wahanol bobloedd, ac mae'n bosib bod rhai o'r brodorion wedi rhoi gwahoddiad i Wyddelod ymgartrefu yn ardal Dyfed er mwyn atal neu rwystro rhai o'r ymosodiadau hyn. Ai dyma oedd hanes y 'brenin' Voteporix, neu *'tyrant of the Demetae'* fel y'i gelwid gan Gildas?

Soniodd W. F. Grimes yn 1964 fod gwir angen dod o hyd i fwy o dystiolaeth archaeolegol sy'n dangos bod pobl o Iwerddon wedi mudo i Sir Benfro a gorllewin Sir Gaernarfon. Wrth grybwyll Sir Benfro mae Grimes yn cyfeirio at lwyth Gwyddelig y Dési, gan awgrymu bod y mudo wedi dechrau ers y 3edd ganrif Oed Crist.

Dyma hefyd gyfnod ailsefydlu Cristnogaeth yng Ngwledydd Prydain, o'r 5ed ganrif ymlaen. Rydym weithiau'n galw'r cyfnod yn 'Oes y Seintiau', neu'r 'Canol Oesoedd Cynnar', yn archaeolegol. Prin iawn yw'r olion o adeiladau a hyd yn oed tystiolaeth o ddefnyddio neu ailddefnyddio'r bryngaerau o'r cyfnod hwn, ond mae cerrig beddau'r trigolion mwyaf cefnog neu uchel eu statws yn weddol gyffredin. Cerrig naturiol, amrwd (*pillar-stones*) yw'r rhain gan amlaf, gydag arysgrifau wedi'u cerfio arnynt. Yn Lladin mae'r geiriau cerfiedig fel arfer, yn dynodi enw'r hwn a gladdwyd, ond yn ardal Dyfed gwelir nifer o gerrig dwyieithog sy'n defnyddio'r wyddor Ogam (Ogham), sef yr wyddor Wyddeleg o gyfnod y Canol Oesoedd cynnar, yn ogystal â'r Lladin.

Mae arysgrifau Ogam yn dyddio yn fras rhwng y ganrif gyntaf Oed Crist a'r 6ed ganrif, a defnyddid yr Wyddeleg gynnar. Cawn enghreifftiau eraill yn yr Hen Wyddeleg rhwng y 6ed a'r 10fed ganrif. Sir Benfro sydd â'r nifer fwyaf o gerrig Ogam y tu allan i Iwerddon.

Mae 20 llythyren yn yr wyddor Ogam, mewn setiau (*aicme*) o bump ar ffurf llinellau neu ricynnau (*notches*) ar ymyl neu ochr y cerrig, ac rydym yn darllen y geiriau am i fyny yn hytrach nag o'r chwith i'r dde. Awgryma'r ffaith fod y cerrig beddau hyn yn ddwyieithog, yn Lladin ac Ogam, fod y Gwyddelod a oedd wedi ymgartrefu yma yn Gristnogion.

Mae'r arfer o bwysleisio neu gydnabod llinach neu dad yr hwn sy'n cael ei gladdu ar nifer o'r cerrig yn awgrym arall o'r cysylltiad agos â'r traddodiad Celtaidd yn hytrach na'r traddodiad Rhufeinaidd. Mae'n amlwg, wrth drafod y cerrig isod, fod y rhan fwyaf yn enwi'r unigolyn a'r tad. Awgrym arall o'r cysylltiad Celtaidd yw'r ffaith fod yr arysgrif Ladin yn aml wedi ei cherfio ar hyd y cerrig yn hytrach nag ar draws. Mae'n arferol yn nhraddodiad Cristnogaeth Rufeinaidd i weld arysgrifau ar draws y cerrig. Gallwn awgrymu neu ddadlau fod cerfio ar hyd y cerrig yn arwydd pellach o'r cysylltiad Celtaidd – a'r tebygrwydd amlwg felly gyda'r arysgrifau Ogam sy'n darllen am i fyny ar hyd ochr y garreg.

Nid yw pob enghraifft o arysgrifen Ladin ar gerrig Cristnogol cynnar yng Nghymru yn ymddangos ar hyd y cerrig, serch hynny. Ysgrifennais am garreg Rosteece, Llanerfyl, yn fy nghyfrol *Cam Arall i'r Gorffennol* (2016) – mewn llinellau ar draws y garreg mae'r arysgrif ar honno, felly hefyd garreg Voteporix (drosodd), ond mae nifer helaeth o'r arysgrifau Lladin ar y cerrig dwyieithog yn tueddu i fod ar hyd y garreg. Does dim sôn am y geiriau Lladin arferol *Hic Iacet* (sy'n golygu 'yma gorwedda') ar y cerrig Ogam chwaith, wrth gyfeirio at yr hwn sy'n cael ei gladdu.

Nid yw'r term 'Dark Ages' yn cael ei ddefnyddio gan archaeolegwyr bellach – term â safbwynt Fictoraidd ymerodraethol iddo oedd o mewn gwirionedd. Doedd hwn ddim yn gyfnod tywyll o bell ffordd, ac erbyn hyn rydym yn cyfeirio at y cyfnod fel y Canol Oesoedd Cynnar. Yr unig beth 'tywyll' am y cyfnod rhwng ymadawiad y Rhufeiniaid a dyfodiad y Normaniaid yw ein diffyg gwybodaeth am y canrifoedd dan sylw.

Dyma gyfnod lle roedd pobl yn symud, felly, yn enwedig ar hyd yr arfordir gorllewinol, ac mae'n rhaid ystyried y posibilrwydd fod Gwyddelod yn ymosod ar Gymru yn y cyfnod ansefydlog hwn ar ôl ymadawiad y Rhufeiniaid. Mae'n bosib hefyd bod rhai Gwyddelod yn cael gwahoddiad i ymgartrefu yma gan y brodorion lleol er mwyn atal bygythiadau gan bobl neu lwythi eraill, fel y soniais eisoes.

Yn Nyfed, sef ardaloedd Sir Benfro a Cheredigion heddiw, gwelir nifer o gerrig beddau ac arnynt arysgrifau Lladin ac Ogam

– llawer mwy nag sydd wedi'u darganfod yn y gogledd-orllewin. A fu mwy o fudo, felly, i dde-orllewin Cymru o Iwerddon yn ystod y 5ed–6ed ganrif nag a fu i Wynedd, Môn a'r gogledd-orllewin?

Gwelir hefyd fwy o gerrig beddau Cristnogol cynnar yng ngorllewin Cymru yn ôl y dosbarthiad a gofnodwyd gan Nash-Williams (1950) – gall hyn fod yn adlewyrchiad o symudiadau pobl ar hyd yr arfordir gorllewinol neu deyrngarwch at y traddodiad Celtaidd Cristnogol yn hytrach na'r Gristnogaeth Rufeinaidd, a oedd yn fwy cyffredin yn nwyrain Ynysoedd Prydain. Llyfr Nash-Williams, *The Early Christian Monuments of Wales* yw'r beibl o safbwynt trafod hanes y cerrig Cristnogol cynnar hyn.

Mae dwy garreg y gellir eu hystyried yn gerrig Ogam yn Sir Gaernarfon: Carreg Icorix (mab Potentinus) sy'n dyddio o'r 6ed ganrif yw'r garreg Ogam enwocaf yng Ngwynedd, ac mae hi bellach wedi ei chynnwys yn wal gardd fferm Llystyn Gwyn ger Bryncir (SH 482455). Mae lintel dros y garreg yn y wal honno o flaen y tŷ, gan wneud y garreg yn ddigon hawdd i'w chanfod, ond dylid nodi bod y garreg ar dir preifat. Mesura'r slaben o garreg

Carreg Icorix

ryw fedr o hyd a tua 70cm o uchder. Canfuwyd y garreg oddeutu 1901 mewn cae cyfagos, felly does neb yn sicr o safle gwreiddiol bedd Icorix.

Prin y gellir gweld yr arysgrif Ogam '*Icorigas*' sydd ar hyd ymyl uchaf ochr dde'r garreg. Gwelir argraff o'r llythrennau Lladin ar hyd ymyl uchaf y garreg, ond mae'n amhosib eu darllen. Awgrymir bod carreg Icorix yn dyddio o'r 6ed ganrif a hynny ar sail arddull y llythrennau Rhufeinaidd.

Awgryma Nash-Williams fod carreg Jaconus (mab Minius) o'r 6ed ganrif – sydd hefyd yn cynnwys y symbol Chi-Rho (Crist) – yn un arall ac arni arysgrif Ogam bosib ar ei hochr dde, ond gan fod difrod i'r ochr honno o'r garreg nid yw Nash-Williams yn cadarnhau hynny'n derfynol. Hon yw Carreg Treflys sydd yn eglwys Sant Mihangel (SH 534 378) rhwng Cricieth a Phorthmadog.

Un garreg yn Sir Ddinbych ac arni arysgrif Ogam sy'n cael ei chrybwyll gan Nash-Williams yn *The Early Christian Monuments of Wales*, a honno yw Carreg Similinius Tovisacus sydd bellach yn yr Amgueddfa Genedlaethol (o Frynybeddau, Clocaenog yn wreiddiol). Gwelir sawl enghraifft o Gerrig Ogam yn Sir Frycheiniog, gan gynnwys Carreg Turpillius, Parc Glanusk; Carreg Catianus, Crai; Carreg Rugniatis, Defynnog; Carreg Cunacernivus, Y Trallwng, Carreg Gluvoca (?), Ystradfellte a Charreg Maccutrenus Salicidunys, Trecastell.

Awgrymaf fod cynifer o Gerrig Ogam yn Nyfed a Brycheiniog, o'u cymharu â'r nifer yng Ngwynedd a Môn, yn awgrym bod mwy o fudo wedi bod i'r de-orllewin nag a fu i'r gogledd-orllewin yn y cyfnod ôl-Rufeinig. Heblaw am y dylanwad posib ar enwau lleoedd (mae un awgrym bod yr enw Llŷn yn tarddu o'r gair *Lagin*, sef pobloedd ardal Leinster yn Iwerddon), y cerrig hyn yw'r unig dystiolaeth sydd gennym ni o fudo yn y cyfnod hwn.

Cyfeiriodd Ptolemy at Benrhyn Llŷn fel 'penrhyn y Gangani' yn yr ail ganrif – un o lwythoedd Iwerddon a oedd yn byw yn ne-orllewin yr ynys oedd y Gangani. Ai dryswch daearyddol rhwng Iwerddon a Llŷn ar ran Ptolemy oedd hyn, gan na fu o erioed yng Nghymru?

Fel y soniodd W. F. Grimes yn y 1960au, mae angen mwy o

dystiolaeth archaeolegol arnom er mwyn awgrymu neu gadarnhau faint o fudo oedd yn digwydd, ond efallai mai digon rhesymol yw awgrymu'r canlynol: os bu i bennaeth llwyth neu arweinydd megis Voteporix symud i Ddyfed, mae'n rhesymol meddwl bod eraill o'r llwyth wedi ei ddilyn. Ai dyma pam, tybed, y mae cymaint mwy o Gerrig Ogam yn Sir Benfro nag mewn unrhyw le arall yng Nghymru?

Carreg Voteporix, Amgueddfa Sir Gaerfyrddin, Abergwili

Bellach mae carreg fedd Voteporix (Vortiporius) sydd ag arysgrif Ogam a chroes gylchog hwyrach arni, yn yr Amgueddfa Sirol yn Abergwili ger Caerfyrddin. Rhwng 1542 ac 1974 roedd adeilad yr amgueddfa yn balas neu gartref i Esgobion Tyddewi, ac yma y cyfieithwyd y Testament Newydd i'r Gymraeg yn 1567 yng nghyfnod yr Esgob Richard Davies, un o gyd-weithwyr William Salesbury, Llansannan. Bu'r safle yn goleg dan ofal Esgobaeth Tyddewi o 1291 tan 1541 cyn cael ei addasu yn balas ar gyfer yr esgob.

Darganfuwyd y garreg-bilar twff crisialog (*crystal lithic tuff*) ger eglwys Castell Dwyran yn 1895 ac mae'n sylweddol ei maint, yn ddwy fedr o uchder. Gwelir yr arysgrif Ladin ar draws y garreg yn darllen MEMORIA / VOTEPORIGIS / PROTICTORIS, sef 'Cofeb Voteporix y Gwarchodwr'. Noda Nash-Williams fod y ffurf 'Y' ar gyfer y llythyren 'V' yn 'Voteporix' yn ffurf a ddefnyddiwyd yn Rhufain yn y 4edd ganrif ac yng Ngâl a Sbaen yn y 5ed–6ed ganrif.

Mae'r arysgrif Ogam arni yn darllen am i fyny '[Carreg] Voteporix' neu 'Votecorigas' yn

Carreg Voteporix

163

y ffurf Wyddeleg. Defnyddiaf y cromfachau i ddynodi geiriau neu lythrennau sydd wedi eu colli o'r arysgrif.

Voteporix oedd arweinydd llwyth y Demetae yng nghanol y 6ed ganrif a disgrifir ef fel 'teyrn o ddyn' gan yr hanesydd Gildas. Bu farw Voteporix oddeutu 550 Oed Crist. Daw'r teitl *Protector* o'r cyfnod Rhufeinig i ddisgrifio'r milwyr *imperial bodyguard*, ac mae'n bosib bod hwn yn deitl roedd teulu Voteporix wedi ei etifeddu ers cyfnod y Rhufeiniaid yn hytrach nag yn enw yr oedd ef ei hun wedi ei haeddu neu ei ennill. Mae anghytundeb ymhlith yr ysgolheigion parthed yr enw Voteporix, gan mai 'Voteporigis' yw'r enw Lladin ar y garreg. Mae hefyd gwestiwn ai cyfeiriad at statws teuluol yw'r gair *protictoris* neu ryw fath o lygredd Lladin o'r enw Voteporix – ond pam fyddai gwneuthurwr y garreg fedd eisiau rhoi ei enw ddwywaith arni, oni bai ei fod yn llygriad o'r enw a / neu yn gamgymeriad llwyr? Tydi hynny ddim yn gwneud synnwyr. Tybiaf fod teitl teuluol yn ateb mwy tebygol na llygriad o'r enw Voteporix. Yn y bôn, allwn ni ddim bod gant y cant yn sicr mai hon yw carreg fedd y brenin Voteporix y mae Gildas yn cyfeirio ati.

Un peth yr hoffwn i ei wybod yw hyn: petai Voteporix yn arweinydd o Iwerddon a oedd wedi derbyn gwahoddiad i ymgartrefu yn Nyfed er mwyn amddiffyn yr ardal rhag ymosodiadau, oni fyddai hyn yn denu mwy o'i lwyth i ymgartrefu yma? Ar hyn o bryd does gennym ddim tystiolaeth archaeolegol ddigonol i awgrymu faint oedd yn mudo heblaw am y cerrig beddau Ogam.

Carreg Bivadus, Llanwinio, Amgueddfa Sir Gaerfyrddin, Abergwili

Mae Carreg Bivadus, ac arni arysgrif Ogam a chroes gylchog ddiweddarach, wedi ei gosod y drws nesa i garreg Voteporix yn Amgueddfa Sir Gaerfyrddin. Carreg o'r 5ed–6ed ganrif ydyw, a gafodd ei hailddefnyddio yn y 7fed–9fed ganrif pan gerfiwyd croes-gylch Ladin arni. Darllen yr arysgrif Ladin: BIVAD- / FILI BODIBE/V[?a] E, sef '[carreg] Bivadus mab Bodibeva', a gallwn weld y llythrennau Ogam am i fyny ar ddwy ochr y garreg: BIVVA[IDONA(s)] / AVVI BODDIB[EVVA(s)], '[carreg] Bivvaidu disgynnydd Boddibevva'. Does neb a ŵyr pwy oedd Bivadus.

Cerrig Clydai

Yn eglwys wledig a distaw Sant Clydai ger Boncath mae tair carreg fedd o'r 5ed–6ed ganrif. Mae arysgrif Ogam ar ddwy ohonynt ac un (fel yn achos carreg Bridell, drosodd) wedi cael ei hailddefnyddio'n ddiweddarach, pan naddwyd croes gylchog ar ben yr arysgrif Ladin wreiddiol. Mae'r arysgrifau yn weddol hawdd i'w gweld gan fod y llythrennau wedi eu lliwio yn ddiweddar, o bosib â sialc.

Carreg Bivadus

Mae'r cerrig mewn rhes yn erbyn wal orllewinol yr eglwys, ac rwy'n eu disgrifio o'r chwith i'r dde (y cerrig ar y chwith a'r dde yw'r rhai gydag ysgrifen Ogam arnynt).

Cerrig Clydai

165

Carreg Dobitucus

Hon yw'r garreg sydd â chroes gylchog wedi ei naddu dros yr arysgrif Ladin o'r 5ed–6ed ganrif. Gwelir Croes Malta yn glir ar ben uchaf y garreg, ac wrth edrych yn ofalus ar ei hyd gellir gweld bod coes y groes wedi ei cherfio dros enw Dobitucus. Does dim amheuaeth, felly, nad oedd y garreg hon wedi cael ailddefnydd rai canrifoedd ar ôl iddi gael ei naddu i goffáu Dobitucus – yn wir, ymddengys i'r garreg gael ei throi â'i phen i lawr a'i gosod yn y ddaear felly yng nghyfnod ychwanegu'r groes gylchog. Efallai mai'r llinell ar waelod coes y groes oedd lefel gosod y garreg yn y ddaear – mae'r llinell hon hefyd wedi cael ei naddu dros yr arysgrif Ogam ar ymyl chwith y garreg.

Awgryma Gareth Longden (2003) fod naddu'r groes dros yr arysgrif yn weithred fwriadol ddelwddrylliol neu eiconoclastig gan Gristnogion er mwyn chwalu'r gorffennol, 'Paganaidd' efallai, mewn rhyw ffordd. Ond ar y llaw arall, efallai fod naddwr y groes gylchog wedi gweld cyfle i ailddefnyddio'r garreg fedd Gristnogol, er bod arysgrif Ladin ac Ogam arni yn barod a dyna pam y bu iddo droi'r garreg â'i phen i lawr. Felly mae modd dadlau yn erbyn damcaniaeth Longden nad gweithred o chwalu symboliaeth baganaidd neu flaenorol fyddai'n gyfrifol am osod y groes ar ben yr ysgrifen Ladin. Gan fod carreg Bridell hefyd wedi cael ei hailddefnyddio, efallai nad oedd arwyddocâd mawr i hyn, ac mai'r hyn a ddigwyddodd yma, yn syml, oedd ailddefnyddio carreg addas.

Damcaniaeth Longden yw bod y weithred ddelwddrylliol o chwalu neu gerfio dros arysgrif flaenorol yn rhoi perchnogaeth o'r newydd i'r cerrig – yn eu 'trawsffurfio' mewn cyfnod cyfnewidiol yn hanes yr eglwys Ganoloesol. Fy nheimlad am hyn oll yw bod angen astudio mwy o enghreifftiau o gerrig a gafodd eu hailddefnyddio, a cheisio gweld a oes arferion neu batrymau amlwg yn ymddangos. Ar hyn o bryd nid wyf wedi fy argyhoeddi gan ddadl Longden, ond rwy'n fodlon cadw meddwl agored.

Mae adroddiadau hanesyddol Richard Rolt Brash yn datgan bod y maen hwn wedi sefyll yn fferm Dugoed yn 1874, ond nid oes modd cadarnhau ei leoliad gwreiddiol. Deallwn hefyd o adroddiad Richard Rolt Brash (1874) fod cloc haul wedi bod ar y garreg unwaith, y tu allan i'r eglwys.

Darllen yr arysgrif arni fel a ganlyn: DOB[I]TVC / FILVS EVOLENG [I], sef '[Carreg] Dobitucus mab Evolengus', ac yn Ogam: DIOIV[A]TUCEAS

Carreg Solinus

Yn 1874 tynnodd Richard Rolt Brash lun o'r garreg hon pan oedd yn sefyll yng ngiât yr eglwys (*lych gate*). Yr arysgrif Ladin arni yw SOLINI / FILVS / VENDONI, sef '[Carreg] Solinus mab Vendonius', a'r llythyren 'D' wedi ei cherfio tu chwith.

Gwelwn yr enw 'Vendonius' hefyd ar garreg Defynnog, Sir Frycheiniog: '[Carreg] Rugniatis mab Vendonius'. Oes cysylltiad, tybed? Dyma gwestiwn sy'n amhosib ei ateb ar hyn o bryd.

O ystyried yr arysgrif mae'n weddol sicr mai carreg fedd oedd hon, ond mae awgrym hefyd y gall fod yn garreg i ddynodi perchnogaeth tir. Dydw i ddim mor siŵr – o gofio ei bod yn dyddio o tua 432 Oed Crist, a bod enw tad a mab arni, mae'r garreg hon yn cydymffurfio â chynllun cerrig beddau eraill.

Carreg Etternus

Dyma'r ail garreg fedd yng Nghlydai sydd ag arysgrif Ogam arni, y tro hwn ar ymyl chwith ac ymyl dde'r maen. Awgryma Nash-Williams (1950) fod yr arysgrif Ogam wedi parhau ar hyd pen uchaf y garreg cyn i'r cerfiadau gael eu colli neu eu difrodi yn hanesyddol. Mae'r arysgrif Ladin mewn llythrennau mawr Rhufeinig: ETTERN FILI VICTOR[is], sef '[Carreg] Etternus mab Victor', ac mewn Ogam i fyny un ochr ac i lawr yr ochr arall mae ETTERN[I] / MAQI VICTOR.

Mae'n ddifyr sylwi mai dolerit smotiog yw'r garreg hon, yr un math o garreg ag a gafodd ei defnyddio i greu rhai o feini Côr y Cewri (gweler Pennod 3). Unwaith eto, mae'n rhaid ystyried tybed a oedd arwyddocâd arbennig i'r dolerit smotiog yn y cyfnod Cristnogol cynnar. Mae'n rhaid edrych yn fanwl iawn ar yr arysgrif Ogam er mwyn gweld y llythrennau gan fod ansawdd anwastad a smotiog y garreg yn ei gwneud hi'n anodd iawn i'w gweld. Ai fel hyn yr oedd y garreg yn edrych yn y 5ed–6ed ganrif hefyd, tybed?

Carreg Nettasagrus, Bridell

Saif y garreg bigfain hon ar ochr ddeheuol Eglwys Bridell ar yr A478 rhwng Aberteifi a Dinbych-y-pysgod. Yr hyn sy'n ddiddorol amdani yw bod croes gylchog o'r 9fed ganrif wedi ei naddu arni yn ogystal ag arysgrif Lladin ac Ogam o'r 5ed–6ed ganrif. Dyma garreg arall sydd wedi cael ei hailddefnyddio, felly. Os yw'r garreg fedd wreiddiol yn dyddio o'r 5ed–6ed ganrif, a heb gael ei symud o'i safle gwreiddiol, mae'n debygol ei bod hi yno ymhell cyn adeiladu'r eglwys. Ailadeiladwyd yr eglwys yn ystod y 19eg ganrif, ond byddai rhywun yn disgwyl i'r safle fod yn cael ei defnyddio ers y Canol Oesoedd, os nad y Canol Oesoedd Cynnar.

Mae'r arysgrifau Lladin ac Ogam fel a ganlyn: '[Carreg] Nettasagrus mab disgynnydd Brecos', a'r arysgrif Ogam yn rhedeg ar hyd cornel ogleddol y maen, yn darllen am i fyny: NETTASAGRU MAQI MUCOI BRECOS.

Awgryma Barber a Williams (1989) fod cafn-nodau ar y garreg, gan gyfeirio at *'cup markings on its surface'*, ond o edrych yn ofalus rhaid cyfaddef nad ydyn nhw'n amlwg. Does dim cyfeiriad at gafn-nodau ar wefan *Archwilio* ar gyfer Dyfed, na gan Rees (1992), felly mae marc cwestiwn sylweddol ynglŷn â

Carreg Nettasagrus

Croes gylchog ac arysgrif Ogam ar y chwith

damcaniaethau Barber a Williams. Efallai na ddylwn grybwyll Barber a Williams gan fod rhai o'u damcaniaethau mor ddadleuol (gweler Pennod 3), ond teimlaf ddyletswydd i drin a thrafod popeth yn drylwyr. Rwy'n amau'n gryf nad oes cafn-nodau ar y garreg werdd *porphyrite* hon – amrwd iawn yw ei hwyneb deheuol ac mae'n gwbl bosib mai nodweddion naturiol yw'r cafn-nodau honedig hyn, yn hytrach na nodweddion wedi eu creu gan ddyn, a fyddai'n weddol gyson eu maint ac yn weddol llyfn.

Nid oes modd, ychwaith, cadarnhau ai maen hir o'r Oes Efydd wedi cael ei ailddefnyddio yn y cyfnod Cristnogol Cynnar yw hwn. Er mwyn ateb y cwestiwn hwnnw, byddai'n rhaid gwneud gwaith cloddio archaeolegol o amgylch y garreg i ddatgelu a gafodd y garreg ei hailgodi mewn unrhyw gyfnod. Byddai canlyniadau profion radiocarbon, neu ddarganfod gwrthrychau penodol o dan y garreg, yn rhoi ateb terfynol.

Carreg Vitalianus, Nanhyfer

Ychydig i'r dwyrain o borth deheuol Eglwys Sant Brynach mae Carreg Vitalianus sydd yn dyddio o'r 5ed–6ed ganrif. Gwelir arysgrif Ogam ar ochr chwith wyneb y garreg ond mae'r cerfiadau wedi gwisgo'n arw ac nid yw'n hawdd eu gweld. Wedi ei gerfio arni mae VITALIANI / EMERETO, sef '[Carreg] Vitalianus Emereto'.

Awgryma Rees (1992) fod yr enwau 'Vitalianus' ac 'Emeritus' yn rhai digon cyffredin yn y cyfnod hwnnw, ond awgryma pamffledyn sydd i'w gael yn yr eglwys fod 'Emereto', o bosib, yn fersiwn llygredig o 'Emeritus', sef rhywun a gafodd ei ryddhau gydag anrhydedd o'r fyddin. Efallai fod 'Emereto' yn cyfeirio at yr ardal yr oedd Vitalianus yn byw ynddi, hyd yn oed.

Carreg Vitalianus

169

Carreg Maglocunus, Nanhyfer

Mae'r garreg hon bellach yn ffurfio rhan o silff ffenestr y tu mewn i transept / ale groes ddeheuol Eglwys Sant Brynach. Arni yn Lladin mae MAGLOCVN(i) FILI CLVTOR, sef '[Carreg] Maglocunus mab Clutorius' ac yn Ogam, MAGLICUNAS MAQI CLUTAR[].

Carreg Maglocunus

Gan fod y garreg y tu mewn i'r eglwys mae cyflwr yr arysgrif Ogam yn glir iawn, yn llawer mwy amlwg nag ar garreg Vitalianus, ond mae darn o'r garreg hon wedi ei dorri ryw dro dros y canrifoedd.

Carreg Trenegussus

Carreg Trenegussus, Cilgerran

Yn y fynwent, ar ochr ddeheuol yr eglwys yng Nghilgerran mae Carreg Trenegussus sy'n dyddio o'r 6ed ganrif. Gallwn gyfieithu'r Ogam a'r Lladin i '[Carreg] Trenegussus mab Macutrenus'. Sylwodd Nash-Williams fod croes fechan, o gyfnod hwyrach, efallai, wedi ei naddu ar ochr dde'r garreg.

Wrth feddwl am gerrig Ogam

170

Nanhyfer a Bridell, a oes arwyddocad neu reswm, tybed, pam mae'r cerrig hyn ar yr ochr ddeheuol i'r eglwys yn y fynwent? Dyma gwestiwn arall sydd ag angen mwy o waith ymchwil.

Cerrig Breudeth, Eglwys Dewi Sant, Breudeth

Ym mhorth yr eglwys gorwedda dwy garreg anferth gydag

Carreg Ogam ar ochr chwith y porth, wedi gweld defnydd diweddarach fel postyn giât

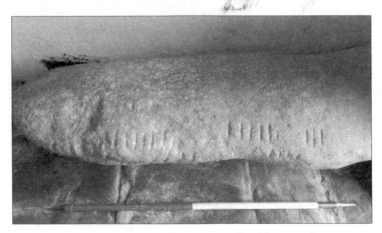

Carreg Ogam Vendagnus ar ochr dde y porth

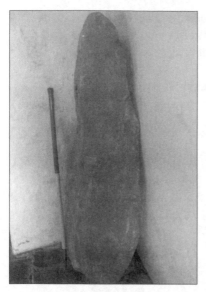

Carreg Briacus ger drws eglwys Breudeth

arysgrifau Ogam arnynt. O'u cymharu â rhai o'r cerrig beddau eraill yn y bennod hon, mae'r rhain o faint sylweddol iawn ac yn llawer mwy amrwd na'r cerrig piler cymharol siapus naturiol megis rhai Cilgerran neu Genarth. Mae trydedd carreg yn y porth gydag arysgrif arni sy'n anodd iawn i'w darllen (carreg Briacus) a phedwaredd carreg gydag arysgrif Ladin yn unig arni ger y drws y tu mewn i'r eglwys. Mae'r cyfeiriad ysgrifenedig cyntaf at yr eglwys yn 1326, yn Llyfr Tyddewi.

Mae'r garreg fwyaf yn y porth wedi gweld defnydd (a difrod) fel postyn giât, ond mae'r cerfiadau Ogam i'w gweld yn glir ar hyd ymyl y garreg. Mesura'r garreg ychydig dros 2 medr o uchder, a hon sydd ar y llaw chwith wrth i chi ddod i mewn i'r porth – a dweud y gwir, mae'n atgoffa rhywun o gorff morfil wedi glanio ar draeth. Anodd yw credu y bu'r garreg hon yn sefyll ar un adeg. Yn ôl yr hanes lleol (wn i ddim pa sail sydd i hyn) cafodd y garreg ei darganfod ar safle hen gaer neu *rath* Cas Wilia ychydig i'r dwyrain o'r eglwys, ond er i waith cloddio archaeolegol gael ei wneud yn y gaer ni chafwyd tystiolaeth bendant i gadarnhau unrhyw ddefnydd o'r gaer yn ystod y 5ed–6ed ganrif, sef cyfnod y garreg fedd hon. Mae'r arysgrif ar y garreg fel a ganlyn: '[Carreg]? mab Quagte', ac mewn Ogam, yn darllen am i lawr, mae MAQI QAGTE.

Ar y garreg sydd ar y llawr ar ochr dde'r porth wrth ddod i mewn, gwelir arysgrif Ladin: VENDOGNI / FILI / V[ ]NI. Mae'r Ogam yn darllen VEN[D]OGNI, neu '[Carreg] Vendagnus mab V...nus'. Awgryma Nash-Williams fod y garreg hon hefyd yn tarddu o'r gaer neu'r *rath* ar dir fferm Cas Wilia, ac mae'r dehongliad o'r ysgrifen yn seiliedig ar gofnod Edward Llwyd o'r 17eg ganrif. Mesura hon ychydig dros 1.5 medr.

Wrth edrych tuag at ddrws mewnol yr eglwys mae carreg i'w gweld sy'n sefyll yn erbyn y wal ar yr ochr dde i'r drws. Anodd iawn yw darllen yr arysgrif arni: '[Carreg]Briacus mab ...'. Roedd y garreg hon yn wreiddiol yn fferm Neuadd Rickardston, ac mae arddull y llythrennau'n awgrymu bod hon, o bosib, yn dyddio o'r 6ed ganrif.

Ar y llawr y tu mewn i'r eglwys mae carreg o dywodfaen micaidd leol (*micaceous sandstone*) a gallwn ddarllen yr ysgrifen arni yn weddol hawdd: MACCATER(ENI) / FILI / CATOMAG[LI], sef '[Carreg] Maccutrenus mab Catlomagus'. Gwelwn yr enw 'Macutrenus' hefyd ar garreg fedd Cilgerran. Awgryma Nash-Williams fod yr ail 'C' yn yr enw Macutrenus yn ychwanegiad diweddarach.

Cerrig Sant Teilo, Maenclochog a Chenarth

Y tu mewn i'r eglwys ym Maenclochog (sydd ar agor bob ddydd) mae dwy garreg sydd wedi eu cuddio braidd y tu cefn i'r porth yn erbyn wal ddeheuol corff yr eglwys. Daw'r cerrig yn wreiddiol o eglwys hynafol Sant Teilo (SN 099269) a daethpwyd â nhw i Faenclochog er mwyn eu cadw'n saff.

Ar ochr chwith y garreg fwyaf mae arysgrif Ogam o'r 5ed–6ed ganrif yn darllen [A]NDAGELLI MACU CAVETI[/?]', sef '[Carreg] Andagellus mab Cavetus, Yma gorwedda'. Daw croes, sydd uwchben yr arysgrif Ladin, o'r 7fed–9fed ganrif. Mae'r garreg yn un o'r cerrig dolerit smotiog lleol, ac mae natur smotiog y garreg yn ei gwneud hi'n anoddach i ddarllen yr arysgrif Ogam.

Cofféu Coimagnus mae'r ail garreg, gyda'r ysgrifen Ladin COIMAGNI / FILI CAVETI, sef '[Carreg] Coimagnus mab Cavetus'. Ymddengys fod y ddwy garreg yn cofféu meibion Cavetus, ac awgryma arddull yr ysgrifen ar garreg Coimagnus mai hon yw'r diweddaraf o'r ddwy.

Mae'r drydedd garreg, a fu unwaith ar fferm Temple Druid, bellach ym mynwent Eglwys Sant Llawddog / Sant Teilo, Cenarth ar ôl cael ei symud yno yn 1896, ac mae yma gysylltiad teuluol arall posib. Arni mae'r arysgrif CVRCAGN / FILI / ANDAGELL, sef '[Carreg] Curcagnus mab Andagellus'. Mae'n debyg i Lewis Morris, yr hynafieithydd enwog o Fôn, ddisgrifio'r garreg hon wrth iddo sefyll ger Bwlch-y-clawdd, Maenclochog.

Y tebygolrwydd, felly, yw bod y tair carreg yma'n coffáu unigolion o'r un teulu: y taid, Cavetus, y meibion, Andagellus a Coimagnus, a Currcagnus, mab Andagellus ac ŵyr i Cavetus.

Atodiad Ceredigion

Carreg Llannarth

Dyma garreg y mae posibilrwydd fod arni arysgrif Ogam, a hynny ar hyd ochr chwith y garreg, sy'n dyddio o'r 5ed–6ed ganrif. Ailddefnyddiwyd y garreg yn y 9fed–10fed ganrif ac mae arni groes yn yr arddull Wyddelig, ac ysgrifen yn ymwneud â Gurhirt. Cyfeirir at y garreg gan rai fel 'Croes Gurhirt'.

Carreg Dallus Dumelus, Llanddewibrefi

Er nad oes arysgrif Ogam ar y garreg hon o'r 6ed ganrif mae'r gair 'Dumelus' yn awgrymu enw Gwyddelig.

Carreg Llanwnnws

Carreg yn dyddio o ddechrau'r 9fed ganrif a does dim arysgrif Ogam arni, ond mae'r cylchoedd dwbl o amgylch y groes, a'r ffaith fod llinellau dwbl wedi cael eu defnyddio i ddarlunio'r groes a'i choes, yn nodweddiadol o arddull Wyddelig. Felly mae modd dadlau y bu dylanwad Gwyddelig arni, sy'n awgrymu mudo o Iwerddon i'r ardal yn ystod y 9fed ganrif.

Carreg Trenaccalto, Rhuddlan

Carreg o'r 5ed–6ed ganrif yng ngardd High Mead House / fferm Crug yr Ŵyl. Nid yw Nash-Williams yn hollol eglur ynglŷn â lleoliad y garreg hon. Gwelir arysgrif Ogam ar ochr chwith ac ochr uchaf y garreg, yn darllen '[carreg] Trenaccalto'. Mae'r arysgrif Ladin mewn tair llinell yn darllen am i lawr: TRENACATVS / [h]IC IACIT FILIVS / MAGALINI, sef 'Trenacatus mab Maglagnus yn gorwedd yma'.

Atodiad Sir Gâr

Carreg Avitoria, Eglwys Cymmin

Mae arysgrif Ogam i'w gweld ar ddwy ochr y garreg ac yn darllen am i fyny: INIGENA CUNIGNI AUITTORICES sef '[carreg] merch Cunignos', ac yn y Lladin: AVITORIA / FILIA / CNVNIGNI, 'Avitoria merch Cunignus'. Awgryma Nash-Williams fod Cunignus yn cyfeirio at Sant Cynin, mab neu ŵyr i Brychan Brycheiniog, gan fod carreg arall yn Llannewydd (Newchurch) gydag arysgrif arni sy'n cyfeirio at 'Cun(e)gnus', a bod yr enw hefyd yn gysylltiedig â Llangynin.

Carreg Dumeledo, Eglwys Llan-dawg

Mae hon yn garreg ddiddorol gan fod yr arysgrif Ogam a'r arysgrif Ladin yn cofnodi unigolyn gwahanol. Mae'r arysgrif Ogam o'r 5ed–6ed ganrif yn darllen am i fyny ar ddwy ochr y garreg: DUMELEDONAS // MAQI M(UCOI, '[carreg] Dumeledo mab o linach ...'. Yn y Lladin cawn gofnod o dair llinell am i lawr ar hyd wyneb ac ochr y garreg: BARRIVEND- / FILIVS VENDVBARI // HIC IACIT, sef '[carreg] Barrivendus mab Vendubarus yn gorwedd yma'.

Carreg Decabar Balom, Eglwys Llangeler

Mae'r garreg hon bellach wedi ei chwalu yn dair rhan, a dim ond y darn uchaf sydd wedi goroesi. Mae hwn i'w weld mewn cwpwrdd gwydr yn yr eglwys. Mae'r arysgrif Ogam arni fel a ganlyn: DECCAIBAR VUGLOB DISI, sef 'Deccaibar Vuglob [y tlawd]'. Mae'r arysgrif Ladin yn cofnodi: DE[CAB]ARBALON / F[(L]IVS BROCAGN-, sef 'Decabar Balom mab Brocagnus'.

Atodiad Sir Benfro

Carreg Maglia-Dubracunas, Ynys Bŷr (Caldey)

Gwelir arysgrif Ogam ar ddwy ochr y garreg: MAGL[IA(?)]DUBR[ACUNAS(?) MAQI] INB, sef '[carreg] Maglia-Dubracunas mab ...'.

Carreg Tigernacus-Dobagnus, Trefwrdan (Jordanston)

Y garreg ar gornel adeilad stabl ger Llangwarren House, Trefwrdan. Gwelir yr arysgrif Ogam ar ochr chwith y garreg: DOVAGNI sef '[carreg] Dovagnus'.

Carreg Andagellus, Llandeilo

Ym mynwent Llandeilo cawn garreg gydag arysgrifau Ogam a Lladin arni, a chroes ddiweddarach o'r 7fed–9fed ganrif. Mae'r arysgrif Ogam ar ochr chwith y garreg: [A]NDAGELLI MACU CAV[ETI(/)], sef '[carreg] Andagellus mab Cavetus'.

Carreg Maccudiccl

Carreg Efessangus Asegnus, Mynydd Stambar, Llanfyrnach

Mae'r garreg hon ym mynwent Capel Glandŵr gyda'r arysgrif Ogam ar ochr dde'r garreg: EF[E]S-S[A]NG[I] ASEG[NI], sef '(carreg) Effessangus Asegnus'.

Carreg Maccudiccl, Mathri (SM 879320)

Yn Lladin mae'r arysgrif yn cofnodi Maccudiccl: 'Maccudiccl mab Caticus yn gorwedd yma'. Gwelir yr arysgrif Ogam ar ymyl cefn y garreg, ac awgryma Nash-Williams ei bod yn bosib bod cofnod o ddau berson gwahanol yma, gan fod cael dau fath o arysgrif ar ddwy ochr yr un garreg yn anarferol iawn, os nad yn eithriadol. Mae hefyd yn awgrymu ei bod yn dyddio o'r 5ed–6ed ganrif.

Gwelir y garreg ym mhorth yr eglwys, wedi ei gosod yn erbyn wal ogleddol y porth, a chan fod yr arysgrif Ogam ar gefn y garreg yn erbyn y wal nid yw'n hawdd ei gweld. Mae'r arysgrif i goffáu Maccudiccl yn ddigon amlwg, ac wrth graffu ar hyd cefn ymyl y garreg (yr ochr agosaf at ddrws mewnol yr eglwys) mae modd gweld rhai o'r rhicynnau Ogam.

Arysgrif Ogam ar ymyl carreg Maccudiccl

Cerrig Llandudoch

Gellir gweld cerrig eraill o ddiddordeb yn Sir Benfro yn Llandudoch, sef Carreg Sagragnus yn yr Abaty, Abaty Santes Fair a Charreg Hogtivis yn yr eglwys leol.

Cerrig Ogam (Ogham)

Cerrig Voteporix a Bivadus

Amgueddfa Sir Gaerfyrddin, Abergwili, Caerfyrddin SA31 2JG
Ffôn: 01267 228696 e-bost: amgueddfeydd@sirgar.gov.uk
Ar agor o ddydd Mawrth i ddydd Sadwrn, 10yb – 4.30yp

Cerrig Clydai, Boncath

Cyfeirnod Map: OS Landranger 145 SN 251355
O Boncath, dilynwch y ffordd wledig am Bwlch y Groes gan
fynd yn syth yn eich blaen yn y groesffordd i gyfeiriad Star.
Trowch i'r chwith yn y groesffordd yn Star i gyfeiriad Cwm
Cneifa (Cwm Cych Road). Mae'r cerrig yn yr eglwys, sydd ar y
llaw dde ymhen rhyw hanner milltir. Mae digon o le i barcio a'r
eglwys ar agor fel arfer.

Carreg Nettasagrus, Bridell

Cyfeirnod Map: OS Landranger 145 SN 177421
Saif y garreg bigfain hon ar ochr ddeheuol Eglwys Bridell ger yr
A478 rhwng Aberteifi a Dinbych-y-pysgod. Mae modd parcio o
flaen yr eglwys mewn cilfan oddi ar yr A478 ger cyffordd
fechan.

Carreg Vitalianus, Carreg Maglocunus, Nanhyfer

Cyfeirnod Map: OS Landranger 145 SN 083400
Carreg Vitalianus yw'r garreg ar yr ochr dde i borth yr eglwys
yn Nanhyfer, a chyn cyrraedd y Garreg Groes o'r 10fed –11eg
ganrif. Mae'r eglwys dros y bont ac ar y llaw chwith ym
mhentref Nanhyfer. Mae digon o le i barcio, a'r eglwys ar agor
fel arfer.

Mae carreg Maglocunus bellach yn ffurfio rhan o silff
ffenestr oddi mewn i Eglwys Sant Brynach, yn y transept
deheuol.

Carreg Trenegussus, Cilgerran

Cyfeirnod Map: OS Landranger 145 190431
Cerddwch tuag at Eglwys Sant Llawddog ar hyd Stryd yr
Eglwys o gyfeiriad y castell. Mae'r garreg ar ochr ddeheuol yr
eglwys yn y fynwent yng Nghilgerran. Yn amlwg, os ydych am
ymweld â charreg Trenegussus byddai'n gwneud synnwyr i chi
ymweld â Chastell Cilgerran ar yr un pryd.

Cerrig Breudeth

Cyfeirnod Map: OS Landranger 157 SM 858240
Mae Eglwys Dewi Sant, Breudeth, oddi ar yr A487 rhwng
Tyddewi a Hwlffordd. Trowch oddi ar yr A487 ym Mhenycwm
(ychydig i'r dwyrain o Solfach a ger RAF Breudeth). Dilynwch y
ffordd i gyfeiriad Mathri – bydd y safle RAF ar eich llaw chwith
– ac wrth gyrraedd y groesffordd bydd angen i chi gymryd y
troad i'r dde a pharcio ger Fferm Breudeth.

Mae'r cerrig ym mhorth yr eglwys. Bydd yr eglwys fel arfer
ar agor, ac mae digon o lefydd parcio ger y beudy dros y ffordd
â'r eglwys.

Cerrig Sant Teilo, Maenclochog, a Charreg Cenarth, Eglwys Maenclochog

Cyfeirnod Map: OS Landranger 145 SN 083274.
Mae'r cerrig yn sefyll ar yr ochr dde yn erbyn wal corff yr
eglwys ger y porth. Mae'r eglwys yng nghanol y pentref a'r
drws fel arfer ar agor.

Eglwys Sant Llawddog / Sant Teilo, Cenarth

Cyfeirnod Map: OS Landranger 145 SN 270145
Gwelir y garreg yn y fynwent o flaen yr eglwys.

Pennod 8
Cerrig Cristnogol Cynnar

Cyfnod: Canol Oesoedd Cynnar, 10fed–11eg Ganrif

Prin iawn yw'r olion archaeolegol yng Nghymru sy'n dyddio o'r canrifoedd rhwng diwedd cyfnod y Rhufeiniaid yn 393 Oed Crist a dyfodiad y Normaniaid yn ystod hanner olaf yr 11eg ganrif. Tydi'r adeiladau yn sicr ddim fel arfer yn goroesi – neu, yn hytrach, nid yw archaeolegwyr wedi eu darganfod – ond mae cerrig beddau a cherrig coffa yn dal i fodoli heddiw. Dyma rai o'r ychydig nodweddion archaeolegol o'r Canol Oesoedd Cynnar y gallwn eu gweld, eu cyffwrdd a'u hastudio.

Croes Caeriw
Cyfnod: 1033–1035 Oed Crist
Saif y groes hon ar ochr y ffordd o flaen Castell Caeriw.

Croes Caeriw

Mae'n deg dweud bod croes Geltaidd Caeriw ar y cyd â chroes Nanhyfer yn ddwy o'r enghreifftiau gorau o'u bath yng Nghymru. Trafodais enghraifft arall, Maen Achwyfan (SJ 129788) ger Treffynnon, sy'n dyddio o'r 10fed ganrif hwyr–11fed ganrif, yn *Cam Arall i'r Gorffennol* (2016). Ond cyn ymhelaethu ymhellach, mae'n rhaid nodi hyn: er ein bod yn sôn am groesau Celtaidd, gwelwn ddylanwad celf Llychlynnaidd ar nifer ohonynt yn ogystal.

Croes goffa frenhinol i Maredudd ap Edwin, un o dywysogion cynnar Deheubarth, sydd yma yng Nghaeriw, a chredir bod y garreg yn dyddio o 1033 ar y cynharaf, gan mai dyma'r dyddiad y daeth Maredudd a'i frawd, Hywel, yn gyd-reolwyr ar deyrnas Deheubarth. Lladdwyd Maredudd ddwy flynedd yn ddiweddarach, gan awgrymu 1035 fel y dyddiad diweddaraf ar gyfer creu'r groes.

Y patrwm swastica ar groes Caeriw

Saif y groes i uchder o 4 medr ac mae'n cynnwys dau ddarn: y groes Geltaidd ar siâp olwyn â gwddw byr, wedi ei osod ar ben coes. Cysylltir y ddau ddarn o garreg â thyno, sef dull o gysylltu cerrig neu bren a'i gilydd –y dull *mortise and tenon*, lle mae'r tyno yn cael ei osod mewn twll neu fortais. Gwelwn fod y goes yn lletach ar y gwaelod ac wedi'i gwneud o garreg galetach na'r olwyn-groes sydd wedi'i gwneud o dywodfaen.

Ar y goes mae cerfiadau cywrain gan gynnwys patrymau ar ffurf croesau cam neu swasticas mewn paneli, a chlymau plethog ar baneli eraill. Tua thraean o'r ffordd i fyny'r goes ar yr ochr fewnol (ochr y castell) gwelwn ddau banel bychan: ar yr un ar yr ochr chwith mae coffadwriaeth i Maredudd. Darllen yr ysgrifen: MARGIT/EUT RE/X. ETG[uin] FILIUS, sy'n golygu '[Croes] Margiteut (neu Maredudd) mab Etguin (neu Edwin)'.

Gwelir dylanwad Llychlynnaidd yn y clymau plethog ar y groes, sy'n awgrymu bod y Llychlynwyr wedi bod yn ymosod ac yn masnachu, os nad yn ymgartrefu, yn yr ardal ar wahanol adegau rhwng y 9fed a'r 11eg ganrif o'u cadarnleoedd yn Iwerddon ac Ynys Manaw.

Yr hyn sydd yn ddiddorol yma yw bod y groes wedi cael ei hail-leoli yn ystod yr 20fed ganrif a does neb yn hollol siŵr o'i safle gwreiddiol. O edrych o'r ffordd, mae Castell Caeriw i'w weld y tu ôl i'r groes.

Croes Nanhyfer

Ochr croes Nanhyfer

Croes Nanhyfer, Eglwys Sant Brynach

Cyfnod: 10fed hwyr–11fed ganrif Oed Crist

Saif y groes ger llwybr y fynwent ychydig i'r dwyrain o borth yr eglwys yn Nanhyfer.

Mae hon yn garreg groes debyg iawn i groes Caeriw, a adeiladwyd drwy ddefnyddio dau ddarn o garreg i greu'r groes gyfan. Mae ysgrifen ar y goes hon hefyd, yn union fel croes Caeriw, yn Lladin: H/AN./.EH a gwelir yn ogystal 'DNS' ar gefn y groes. Dehonglir 'DNS' fel talfyriad o Dominus (Arglwydd).

Mae'r groes o garreg dolerit leol ac, fel yn achos croes Caeriw uchod, yn ddau ddarn wedi eu cysylltu â'i gilydd â thyno, a phen ucha'r goes fymryn yn deneuach na'r gwaelod. Gwelir eto baneli ar wynebau'r goes, yn cynnwys patrymau plethog, ac eto, fel yn achos Caeriw, batrymau croesau cam neu swastica. Gwelir y panel lle mae'r mwyafrif o'r ysgrifen o dan y panel swasticas ar flaen y goes (yr ochr ddwyreiniol).

Eto, mae tebygrwydd rhwng hon a chroes Caeriw yn eu cynllun – mae tro yng nghynllun neu ffurf breichiau'r groes o fewn y cylch addurnol sy'n amgylchynu'r groes gyfan ar ben y garreg. Mae ochrau'r goes wedi eu haddurno â chlymau plethog hefyd, sy'n gwneud hon yn rhyfeddol o safbwynt y cerfiadau cywrain sydd drosti. Gwelir hefyd gerfiadau ar ymyl cylch y groes.

Gweler yr Atodiad – yno rwy'n sôn am yr ywen waedlyd a charreg fedd Tegid sydd i'w gweld ym mynwent Eglwys Sant Brynach. Os ydych am ymweld â'r eglwys mae'n hawdd cynnwys yr holl nodweddion hanesyddol o fewn un ymweliad a fyddai'n cymryd ryw 20 munud neu hanner awr i'w gwblhau, oni bai eich bod yn dymuno treulio mwy o amser yn yr eglwys fendigedig hon.

Croes y Pererinion, Nanhyfer

Nid nepell o'r eglwys yn Nanhyfer mae croes wedi ei cherfio ar graig naturiol. Wrth gerdded i fyny'r allt o'r eglwys i gyfeiriad y castell (Castell Nanhyfer SN 082401) mae arwydd ar ochr chwith y ffordd yn cyfeirio at y groes sydd ar y graig ryw 30 medr ar hyd y llwybr. Nid hawdd yw gweld ffurf y groes ond mae hi yno, ar graig siâl hollol naturiol. Croes wedi ei naddu o'r graig yw hon, yn sefyll ar Lwybr y Pererinion i Dyddewi, a gwelwn fod stepen wedi ei chreu yn y graig er mwyn galluogi pererinion i gyrraedd neu

Croes Pererinion Nanhyfer

gyffwrdd y groes. Mae croes fechan arall wedi ei cherfio o dan y groes yn ogystal.

Mae'r stepen o dan y groes yn llyfn ac wedi gwisgo o ganlyniad i'r holl ymwelwyr sydd wedi bod yma, ac uwchben y stepen hon mae'r 'ail groes' – er nad ydi hi'n fawr mwy na llinell gerfiedig ar draws hollt naturiol yn y graig.

Disgrifir y groes fel un â breichiau cyfatebol o ran maint (*equal-armed cross*), a saif ryw ddwy fedr o'r llawr. Cerfwedd yw'r groes – hynny yw, mae'r groes yn sefyll allan o wyneb y graig yn hytrach na'i bod wedi ei naddu i mewn i'r garreg.

Does dim sicrwydd pryd naddwyd y groes, ond gwelir sawl carreg groes debyg ar hyd Llwybr y Pererinion yn Llŷn. Mae carreg groes Pistyll (SH 319418), er enghraifft, yn dyddio o'r 8fed–9fed ganrif, ac mae un arall debyg iawn yng Nghapel Uchaf uwchben Clynnog Fawr. Mae'r ddwy garreg yma yn Llŷn yn enghreifftiau o groesau cylchog (croes mewn cylch) ar gerrig neu fowlderi rhydd.

Cyhoeddwyd llyfr o'r enw *The Holy Kingdom* (1999) gan Adrian Gilbert, Alan Wilson a Baram Blackett, ac ynddo mae'r awduron yn 'awgrymu' bod darn o groes Crist wedi cyrraedd gorllewin Cymru. Is-deitl y llyfr yw *Quest For The Real Arthur* – sy'n dweud y cyfan ac yn egluro fy nefnydd o ddyfynodau uchod! Yn dilyn cyhoeddi'r llyfr bu cryn ddiddordeb yn y groes ar y graig yn Nanhyfer.

Mae straeon llên gwerin lleol yn sôn bod 'ogof' y tu ôl i'r groes, ac o dan y groes mae'n bosibl gweld darn o'r graig sy'n ymdebygu i wal gerrig. Mae'n debyg i rywun neu rywrai geisio symud rhai o'r cerrig er mwyn cael hyd i'r 'ogof' yn gymharol ddiweddar. Yn sgil hyn bu'n rhaid i Cadw sicrhau bod y safle bellach yn Heneb Gofrestredig – gwelwn rybudd clir ar yr arwydd at y groes yn rhybuddio rhag difrodi'r safle.

Rwy'n gofyn o ddifrif: a fyddai unrhyw un yn ei iawn bwyll yn disgwyl darganfod darn o groes Crist yma? Dyma ganlyniad gwallgofrwydd yr holl lyfrau sydd wedi cael eu cyhoeddi am wahanol agweddau ar Arthur yn y degawdau diweddar – mae pobl yn credu'r damcaniaethau sydd ynddynt ac yn difrodi safleoedd archaeolegol / hanesyddol o ganlyniad.

Wrth graffu'n ofalus ar ochr y graig mae modd gweld bod darn uchaf y groes yn gerfwedd sy'n sefyll allan o'r garreg siâl naturiol, a bod gwaelod coes y groes wedi ei adeiladu o gerrig sydd yn cau'r 'ogof' neu'n ffurfio wal o dan y groes. Mae mortar rhwng rhai o'r cerrig sy'n dystiolaeth fod hon yn wal sydd wedi cael ei hadeiladu gan ddyn a'i hadfer yn gymharol ddiweddar.

Nid tasg hawdd yw gwahaniaethu rhwng y graig naturiol a'r wal gerrig, ac nid hawdd yw gwybod faint o'r wal gerrig sydd wedi cael ei hatgyweirio dros y blynyddoedd, ond wrth gymryd cam yn ôl mae rhywun yn gallu gweld ffurf y groes, a dyna sy'n bwysig. Mae ymwelwyr yn gosod ambell ddarn arian a blodau rhwng cerrig y wal fel offrymau.

Gan fod Eglwys Sant Brynach, Croes y Pererinion a'r Castell mor agos at ei gilydd, mae'n gwneud synnwyr i ymweld â'r cyfan yn ystod un daith, os yw amser yn caniatáu.

Y ddwy groes a'r stepen, Nanhyfer

Cerrig Cristnogol Cynnar

Y daith gerdded

Croes Caeriw
Cyfeirnod Map: OS Landranger 158 SN 047037
Defnyddiwch faes parcio'r castell. Mae'r groes ar ochr ffordd yr
A4075 yng Nghaeriw, ychydig i'r gogledd o'r A477 sef y ffordd o
Benfro i Sanclêr.

Croes Nanhyfer
Cyfeirnod Map: OS Landranger 145 SN 083400
Mae'r groes ym mynwent Eglwys Sant Brynach, a digonedd o le
parcio o flaen yr eglwys.

Carreg y Pererinion
Cyfeirnod Map: OS Landranger 145 SN 080400
Dilynwch y ffordd i Gastell Nanhyfer. Mae'r arwydd i'r groes ar
y chwith ger troad yn y ffordd.

186

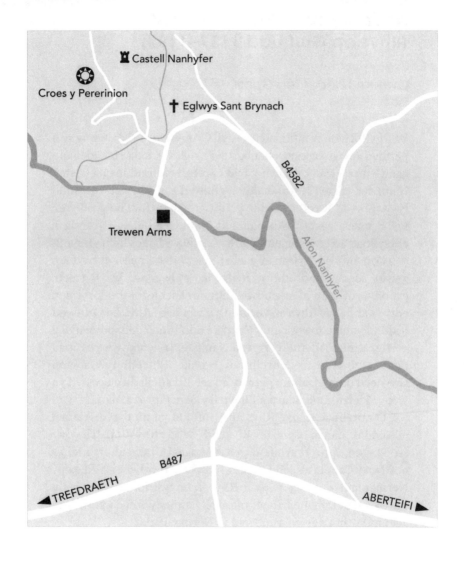

Pennod 9
Ar drywydd yr Arglwydd Rhys
(Rhys ap Gruffudd 1137–1197)

Cyfnod: 12fed–13eg Ganrif

Yn y gyfrol hon, fy niffiniad o gestyll Cymreig yw'r rhai hynny sy'n perthyn i dywysogion Deheubarth a'r rhai a gafodd eu hadeiladu gan Gymry – gan dderbyn y bydd ambell eithriad megis Castell Nanhyfer, castell Normanaidd a gipiwyd gan Rhys ap Gruffudd (yr Arglwydd Rhys) cyn iddo godi tŵr neu orthwr newydd yno. Felly, mae i gastell Normanaidd Nanhyfer hanes Cymreig a chysylltiad â'r tywysogion Cymreig ... nid yw hanes byth yn syml!

Gan fod tywyslyfrau ar gael ar gyfer nifer o'r cestyll rwyf am geisio osgoi ailadrodd y ffeithiau amlwg ac, yn hytrach, canolbwyntio un ai ar nodweddion archaeolegol diddorol neu edrych ar hanes Rhys ap Gruffudd a'i feibion. Rhys ap Gruffydd oedd y cyntaf o dywysogion Cymru i ddechrau adeiladu cestyll o gerrig, ac mae Aberteifi (1171) a Nanhyfer (rywbryd yn y 1160au neu'r 1170au) yn enghreifftiau cynnar. Wnaeth tywysogion Gwynedd ddim dechrau defnyddio cerrig i adeiladu eu cestyll yn Nolwyddelan, Dolbadarn a Chastell y Bere tan y 1220au.

O ran llinach, mae Rhys ap Gruffudd yn un o gymeriadau allweddol hanes Cymru. Ei daid oedd Rhys ap Tewdwr (1065–1093), un o sylfaenwyr tywysogaeth Deheubarth fel yr oedd yn y Canol Oesoedd. Cafodd Rhys ap Tewdwr ei ladd gan y Normaniaid yn 1093 a'i ŵyr, Rhys, fu'n gyfrifol am ailsefydlu tywysogaeth Deheubarth yn ystod ail hanner y 12fed ganrif, gan adennill y tir a'r grym a gollwyd i'r Normaniaid.

Merch Rhys ap Tewdwr yw'r enwog Nest, a gafodd blentyn siawns gyda'r Brenin Harri I cyn iddi briodi Gerallt Windsor (Gerald FitzWalter / Gerald de Windsor o Gastell Penfro – gweler hanes Castell Penfro, Pennod 10). Rwy'n ymhelaethu ynglŷn â Nest yn ddiweddarach yn y bennod hon.

Priododd Gruffudd ap Rhys, (mab Rhys ap Tewdwr),

Cofeb Gwenllian yng Nghastell Cydweli

Gwenllian, un o ferched Gruffudd ap Cynan (tywysog Gwynedd) a chwaer i Owain Gwynedd. Y Gwenllian hon, sef mam yr Arglwydd Rhys, a arweiniodd fyddin yn erbyn y Normaniaid yng Nghydweli yn 1136. Collodd Gwenllian, merch Gruffudd, ei bywyd yn y frwydr honno, ac mae cofeb iddi o flaen Castell Cydweli.

Maes Gwenllian yw'r enw a roddir ar faes y frwydr rhwng Gwenllian a byddin Deheubarth a'r Normaniaid dan arweinyddiaeth Maurice de Londres, arglwydd Cydweli, ger Mynyddygarreg ger Gwendraeth Fach. Yn ôl y traddodiad lleol, mae'r domen isel ar ochr ogleddol y cae yn dynodi man claddu Gwenllian ac un o'i meibion, Morgan. Cipiwyd y mab arall, Maelgwyn, gan y Normaniaid.

Ni ddylid drysu rhwng Gwenllian ferch Gruffudd a brwydr Cydweli a'r dywysoges Gwenllian, merch Llywelyn ap Gruffudd a fu farw ym Mhriordy Sempringham yn 1337. Priododd yr Arglwydd Rhys â Gwenllian arall, sef Gwenllian merch Madog ap Maredydd, tywysog Powys.

Cestyll: Dinefwr, Dryslwyn, Carreg Cennen

Castell Dinefwr

Gwyddom, o ganlyniad i adroddiadau Gerallt Gymro yn y 1190au, fod Dinefwr yn un o brif lysoedd y tywysogion Cymreig, ac yn cael ei gydnabod felly ochr yn ochr ag Aberffraw yng Ngwynedd a Phengwern ym Mhowys. Cawn wybod hefyd drwy gofnodion *Brut y Tywysogion* fod Rhys ap Gruffudd wedi cipio Cantref Mawr a'r castell yn Ninefwr yn 1165 gan eu cadw tan ei farwolaeth yn 1197. Yr hyn nad yw'n eglur o *Brut y Tywysogion* yw beth oedd ffurf y castell yn Ninefwr, a phwy a'i hadeiladodd.

Manteisiodd Rhys ar agwedd fwy goddefgar y Brenin Harri II, yn sicr o 1171 ymlaen, a thrwy'r ddealltwriaeth rhyngddynt sicrhaodd Rhys gyfnod o sefydlogrwydd gwleidyddol yn ogystal â chyfnod o ddadeni diwylliannol. Y cyfaddawd rhwng Rhys a Harri oedd bod Rhys ap Gruffudd yn gweithredu fel prif ustus ar ran y Brenin yn ne-orllewin Cymru o 1172 ymlaen. Roedd gan Harri ddigon ar ei blât yn delio â thrafferthion mewn rhannau eraill o'i deyrnas felly roedd y ddealltwriaeth hon gyda Rhys ap Gruffudd yn un gyfleus iddo yntau yn ogystal.

Ward fewnol Castell Dinefwr

Arweiniodd marwolaeth Rhys ap Gruffudd yn 1197 at ansefydlogrwydd wrth i'w feibion frwydro ymhlith ei gilydd. Gruffudd, y mab hynaf, oedd yr etifedd disgwyliedig, ond roedd y meibion eraill, Rhys Gryg, Maredudd, Maelgwn a Hywel Sais, hefyd am sicrhau grym a dylanwad yn Neheubarth.

Oherwydd yr holl anghydfod teuluol, bu'n rhaid i Llywelyn ab Iorwerth ymosod ar Ddeheubarth yn 1216 er mwyn cael trefn ar feibion yr Arglwydd Rhys a rhannu Deheubarth rhwng y tri mab. Cafodd Maelgwn reoli'r de-orllewin, Rhys Gryg gafodd gestyll Dinefwr a Dryslwyn a rhannwyd Ceredigion rhwng Rhys Ieuanc ac Owain (meibion Gruffudd, a fu farw yn 1201).

O safbwynt archaeolegol, does dim olion amlwg o gyfnod Rhys ap Gruffudd i'w gweld yng Nghastell Dinefwr – mae'r ffaith fod cymaint o waith ailadeiladu wedi digwydd ar ôl ei gyfnod yn anhawster mawr i ddarganfod unrhyw beth. Gwaith ei fab, Rhys Gryg, yw'r rhan fwyaf o'r adeiladwaith rydym yn ei weld heddiw, mwy na thebyg, gydag ambell ychwanegiad gan Edward I. Gan fod tebygrwydd rhwng tyrau crwn Dinefwr a Dryslwyn o ran cynllun – felly hefyd, i raddau, holl gynllun y cestyll – mae'n rhesymol awgrymu mai adeiladwaith Rhys Gryg sydd yma yn bennaf yn Ninefwr a Dryslwyn.

Felly, ni allwn ond dyfalu sut gastell oedd yn Ninefwr yng nghyfnod yr Arglwydd Rhys, a phwy oedd yn gyfrifol am y gwaith adeiladu hwnnw. Efallai mai rhyw fath o gastell cylchfur (*ringwork*) oedd yma, fel yr un yng Nghydweli cyn codi'r castell o garreg, ond yn syml iawn, nid ydym yn gwybod hynny i sicrwydd. Annhebygol hefyd fyddai darganfod llawer mwy drwy waith cloddio archaeolegol, gan fod siawns reit dda fod unrhyw olion yn dyddio o gyfnodau cyn y 13eg ganrif wedi eu chwalu gan waith adeiladu diweddarach Rhys Gryg. Does dim modd cysylltu Rhys ap Tewdwr ag unrhyw gastell yn Ninefwr.

O edrych yn ofalus ar safle Castell Dinefwr gwelwn ei fod wedi ei godi ar graig sylweddol yn Nyffryn Tywi, safle amlwg amddiffynnol. Byddai safleoedd Dinefwr a Dryslwyn hefyd wedi bod yn ddeniadol yn yr Oes Haearn neu'r cyfnod Rhufeinig, ond ar wahân i'r caerau Rhufeinig ger Tŷ Newton ym Mharc Dinefwr,

does dim olion o'r Oes Haearn na'r cyfnod Rhufeinig wedi eu
darganfod ar unrhyw un o'r safleoedd. Mae'r gorthwr crwn yn
Ninefwr a'r un yn Nryslwyn yn nodweddiadol o gestyll Cymreig
o'r cyfnod hwn, ac mae'n debygol iddynt gael eu hadeiladu yng
nghyfnod Rhys Gryg yn y 1230au. Gwelir tyrau Normanaidd tebyg
yn Ynysgynwraidd (Skenfrith), Tretŵr a Bronllys. Gorthwr crwn
Castell Dolbadarn a adeiladwyd gan Llywelyn ab Iorwerth yn y
1220au yw'r esiampl amlwg yng Ngwynedd o gynllun tebyg. Hyd
at yn ddiweddar, credid mai dylanwad tyrau crwn y Mers oedd
ar dyrau Cymreig tebyg er, wrth gwrs, bod twr crwn William
Marshal yng nghastell Penfro yn eu rhagflaenu.

Mewn papur diweddar, *Recent research on Parks, Gardens
and Designed Landscapes of Medieval North Wales and the
Shropshire Marches*, awgrymodd Spencer Smith (a fu'n gweithio
gydag Ymddiriedolaeth Archaeolegol Gwynedd) fod cynllun Tŵr
Wakefield ar safle Tŵr Llundain yn llawer mwy tebygol o fod yn
ddylanwad ar steil gorthwr Dolbadarn.

Dadl Smith yw bod castell fel Dolbadarn yn llys a chartref i'r
brenin, sef tywysog Gwynedd yn yr achos hwn, a bod angen i'r
twr, fel yn achos Tŵr Wakefield, fod yn ddigon urddasol o ran
cynllun ac o statws digon uchel ar gyfer derbyn ymwelwyr a
gwesteion brenhinol. Awgryma Smith fod gan Siwan (Joan),
gwraig Llywelyn Fawr, neuadd a gardd ar wahân yn Nolbadarn –
byddai hyn yn cadarnhau statws brenhinol y safle.

Bu dylanwad y Normaniaid ar Ddeheubarth ar ôl marwolaeth Rhys ap Tewdwr yn 1093 yn bellgyrhaeddol. Un datblygiad a fabwysiadwyd gan y Cymry yn eu sgil oedd sefydlu trefi, a chodwyd trefi Cymreig y tu allan i gestyll Dinefwr a Dryslwyn. Amaethyddiaeth wledig fu'r drefn Gymreig ar hyd y canrifoedd o safbwynt

Tŵr crwn Castell Dinefwr

Tu mewn i dŵr crwn Castell Dinefwr gyda llefydd tân yn amlwg

economi, ond dan ddylanwad y Normaniaid dechreuodd tywysogion Deheubarth symud tuag at fasnach drefol.

I droi at hanes diweddarach Castell Dinefwr, gwyddom fod yr ystafell haf (*summerhouse*) wedi cael ei hychwanegu ar ben y tŵr crwn erbyn ail hanner yr 17eg ganrif. Mae lluniau o Stad Dinefwr sy'n dyddio o oddeutu 1660 yn dangos yr ystafell haf gyda tho conigol iddi. Cafwyd ychwanegiad tebyg yng Nghastell Dolwyddelan – cododd y Barwn Willoughby de Eresby lawr ychwanegol i'r tŵr ac ychwanegu murfylchau o amgylch y to yng nghanol y 19eg ganrif. Ymyrraeth gan y cyfoethog oedd hyn yn oes y *Picturesque*. Drwy ychwanegu at dŵr Dolwyddelan roedd de Eresby yn creu rhywbeth oedd yn debycach i'r syniad o gastell rhamantaidd, ac o'r ystafell haf ar ben tŵr crwn Dinefwr roedd gan y teulu Rice olygfa 360° dros eu stad, ar hyd Dyffryn Tywi. Hyd heddiw, gallwn gerdded o amgylch yr ystafell haf ar ben y tŵr crwn a gweld gweddillion lle tân ynddi. O ben muriau Castell Dinefwr gellir gweld Castell Dryslwyn sydd ryw 4 milltir i ffwrdd.

Yn dilyn Brwydr Bosworth, Syr Rhys ap Thomas (Abermarlais), disgynnydd i deulu Gruffudd ap Nicholas (m

1460), oedd yn gyfrifol am Dŷ Newton a Pharc Dinefwr. Mae'n bosib bod y Tŷ Newton gwreiddiol yn dyddio o gyfnod Gruffudd ap Nicholas yn y 15fed ganrif. Erbyn yr 17eg ganrif roedd y teulu Rice (disgynyddion i Syr Rhys ap Thomas) yn gyfrifol am y stad. O gyfnod y Tuduriaid ymlaen roedd y ffasiwn wedi newid yn llwyr a phobl am fyw mewn neuaddau a thai yn hytrach na hen gestyll tamp ac oer, a phrin iawn yw'r cestyll a oroesodd y cyfnod Tuduraidd yn gyfan oni bai eu bod wedi cael eu trawsnewid yn gartrefi i'r uchelwyr, fel yn achos cestyll Caeriw, Talacharn, y Waun a Chastell Powys.

George Rice a'i wraig, Cecil, yn ail hanner y 18fed ganrif sy'n cael y clod am drawsnewid a datblygu'r gerddi a'r parc. Comisiynwyd y tirlunydd garddio Capability Brown yn 1775 i drawsnewid y parc – roedd y pwyslais bellach ar ffurfiau mwy naturiol i barciau yn hytrach na llinellau syth, ffurfiol. Clywais sôn fod Capability Brown wedi cael siec o £1000 am ei waith ymgynghori ym Mharc Dinefwr, ond wedi i mi ymweld â Thŷ Newton a gwirio fy ffeithiau, gwelais mai rhwng £400 a £600 a gafodd mewn gwirionedd, a fyddai'n werth oddeutu £50,000–60,000 heddiw.

Bu'r Rhufeiniaid yn Nyffryn Tywi, ac mae gweddillion dwy gaer Rufeinig ychydig i'r gogledd-ddwyrain o Dŷ Newton o fewn ffiniau presennol Parc Dinefwr. Ni ddarganfuwyd y ddwy gaer tan tua 2003, ac o ganlyniad i arolwg geoffisegol a wnaed ar yr olion, rydym yn gwybod eu bod yn deillio o ddau gyfnod gwahanol. Does dim i'w weld ar wyneb y tir oherwydd yr holl aredig a fu dros y canrifoedd.

Mae'n debyg bod y gaer gyntaf yn deillio o gyfnod yr ymgyrchoedd yn ne Cymru yn y 70au Oed Crist yn erbyn llwyth y Demetae yn y de-orllewin. Dyma un o'r caerau mwyaf i'w darganfod yn ne Cymru, felly mae'n rhaid bod hwn yn safle allweddol yn Nyffryn Tywi ar gyfer yr ymgyrchoedd i'r gorllewin.

Gorwedda'r ail gaer, sy'n llai o faint, ar ben cornel gogleddol y gaer gyntaf, sy'n cadarnhau bod dau gyfnod gwahanol o adeiladu. Mae'n debyg bod cyfnod segur rhwng adeiladu'r ddwy gaer. Roedd yr ail gaer yn cael ei defnyddio tan oddeutu y 120au Oed Crist pan oedd y milwyr Rhufeinig yn gadael y caerau yng

Nghymru – dyma'r patrwm gyda'r rhan fwyaf o'r caerau milwrol, a dim ond ambell gaer weinyddol fel Segontium (Caernarfon) neu drefi fel Moridunum (Caerfyrddin) oedd yn parhau i gael eu defnyddio drwy'r cyfnod Rhufeinig cyfan.

Roedd archaeolegwyr yn ymwybodol o'r caerau Rhufeinig yng Nghaerfyrddin a Llanymddyfri, ond roedd absenoldeb caer yn ardal Llandeilo wedi achosi penbleth dros y blynyddoedd, gan fod y caerau fel arfer o fewn pellter diwrnod o gerdded i'w gilydd. Awgrymodd un o fy hen athrawon ym Mhrifysgol Cymru Caerdydd, Michael Jarrett (Jarrett, 1969), ei bod yn bosib na fu cymaint â hynny o safleoedd milwrol yn y de-orllewin, ond mae darganfyddiadau fel hyn yn Ninefwr drwy arolygon geoffisegol yn awgrymu mai ni sydd heb ddarganfod popeth yn hytrach na bod y Rhufeiniaid wedi osgoi ardaloedd penodol. Dim ond cipolwg sydd ei hangen ar fap gwefan *Archwilio* i weld bod darnau o'r ffordd Rufeinig ac ambell ddarganfyddiad o wrthrychau Rhufeinig fwy neu lai yn dilyn llinell yr A40 rhwng Llandeilo a Chaerfyrddin.

Castell Dryslwyn

Pan oeddwn yn fyfyriwr archaeoleg ym Mhrifysgol Cymru Caerdydd yn nechrau'r wythdegau, roedd yn ofynnol i mi gyflawni wyth wythnos o waith ymarferol, ac un o'r safleoedd lle roedd myfyrwyr Caerdydd yn cael eu gyrru oedd Castell Dryslwyn. Penderfynais i, yn hytrach, fynd i gloddio ar dirwedd yr Oes Efydd yn y Cheviots, ar y ffin rhwng Lloegr a'r Alban, gyda Colin Burgess (1938–2014), un o archaeolegwyr enwocaf y dydd. Tydw i ddim yn difaru cael y profiad o weithio hefo Burgess – yn wir, arhosais ymlaen yn hirach nag oedd ei angen yn y Cheviots gan fy mod yn mwynhau gweithio gyda Burgess – ond rydw i yn difaru na chefais gyfle i gloddio yng Nghastell Dryslwyn.

Ryw bedair milltir a hanner yw Castell Dryslwyn o Gastell Dinefwr – gellir gweld y naill o'r llall. Tybed, felly, pam roedd angen dau gastell mor agos at ei gilydd, o gofio nad yw Castell Carreg Cennen yn bell iawn chwaith? Os Dinefwr oedd y prif lys, mae'n rhaid mai is-lysoedd yn nhywysogaeth Dinefwr oedd Dryslwyn a Charreg Cennen.

Ward fewnol Castell Dryslwyn yn edrych tuag at y neuadd

Saif Castell Dryslwyn ar ddarn o graig yng nghanol dyffryn gwastad Tywi: safle amddiffynnol addas iawn ar gyfer adeiladu castell. Does dim sôn am y castell mewn unrhyw adroddiadau hanesyddol cyn 1245, sy'n awgrymu bod hwn yn gastell diweddarach na Dinefwr, ond gwyddom fod Dryslwyn a'r dref Gymreig gysylltiedig yn rhan bwysig o dywysogaeth Deheubarth yn ail hanner y 13eg ganrif.

Wrth gerdded ar hyd y llwybr o'r maes parcio ger yr afon i fyny am y castell mae olion y dref Gymreig i'w gweld yn glir i'r chwith o'r llwybr. Gwelir y ffos a'r clawdd sylweddol oedd yn amddiffyn y dref, ac wrth gerdded ymhellach i fyny'r llwybr mae'r platfformau neu lwyfannau ar gyfer y tai a'r adeiladau yn amlwg iawn wedi eu torri i mewn i ochr y bryn.

Cytunir bellach ei bod yn debygol mai castell wedi'i adeiladu gan Rhys Gryg yw hwn, ond gan fod Rhys Gryg wedi marw yn 1234 (mae ei gorffddelw i'w gweld yn Nhyddewi) rhaid ystyried mai rhai o'i feibion, neu ddisgynyddion yr Arglwydd Rhys, fu'n gyfrifol am gwblhau'r gwaith adeiladu.

Y digwyddiad enwocaf a gysylltir â Chastell Dryslwyn yw gwrthryfel Rhys ap Maredudd yn erbyn Edward I yn 1287. Roedd hyn bum mlynedd ar ôl cwymp Llywelyn ap Gruffudd, Tywysog Gwynedd. Bu i Iarll Cernyw (ar ran Edward I) ymosod ar Dryslwyn gydag 11,000 o filwyr (Gwarchae Dryslwyn) – dyma enghraifft benigamp o'r Saeson yn defnyddio mwy o fyddin nag oedd ei angen. Tacteg y Saeson oedd ceisio tanseilio'r castell drwy dwnelu o dan y muriau, ond yn anffodus iddynt hwy disgynnodd y tir am eu pennau wrth iddynt gloddio o dan y castell, a chollodd nifer eu bywydau. Er bod y Cymry wedi gwrthsefyll y gwarchae am ddeng niwrnod yn ystod mis Awst 1287, buddugoliaeth i'r Season oedd hi yn y diwedd a bu'r castell ym meddiant y Saeson hyd at ddechrau'r 15fed ganrif.

Does dim sicrwydd beth fu hanes y castell yn ystod Gwrthryfel Glyndŵr, ond does dim sôn amdano mewn unrhyw ddogfennau ar ôl y cyfnod hwn. Mae'n debyg i gwnstabl y castell, Rhys ap Gruffudd, ymuno â Glyndŵr, ac awgryma tystiolaeth archaeolegol fod y castell wedi ei losgi a'i ddinistrio'n fwriadol rywbryd yn ystod neu ar ôl cyfnod Glyndŵr.

Y ward fewnol ar ochr ddeheuol y castell yw'r darn gorau i'w archwilio er mwyn ceisio dehongli'r safle. Ger y fynedfa i'r ward fewnol gwelir y gorthwr crwn – un o'r adeiladau cyntaf i'w codi yma, a thŵr nodweddiadol grwn o gyfnod tywysogion Deheubarth. Dim ond gwaelod y tŵr sydd wedi goroesi, ond mae'n bosib gwerthfawrogi ei ffurf wrth edrych yn ofalus.

O fewn y ward fewnol gwelir adfeilion y Neuadd Fawr a'r Siambr Fawr. Sylwer ar y ffenestri urddasol sydd bob amser yn awgrym o bwysigrwydd a statws ystafell. Byddai'r ystafelloedd hyn yn addas ar gyfer tywysogion, wrth gwrs. Nodwedd ddiddorol ar lawr y Neuadd Fawr yw'r plinth, sef sylfaen carreg y lle tân a fyddai wedi bod yng nghanol y llawr cyntaf. Gwelir nodwedd debyg iawn yn nhŵr gogleddol Castell y Bere. Gan fod y lle tân yng nghanol y llawr rhaid oedd cael llwyfan o garreg o dan y tân.

O edrych allan ar ochr ddeheuol y castell gellir gweld Tŵr Paxton ar ochr bellaf afon Tywi (gweler Atodiad). Bu cyfnod pellach o adeiladu ac o gynnal a chadw pan oedd y castell yng ngofal y Saeson.

Castell Carreg Cennen

Heb os, dyma un o'r safleoedd mwyaf trawiadol ar gyfer castell yng Nghymru gyfan, gyda'r castell yn sefyll ar glogwyni serth o galchfaen 90 medr uwchben dyffryn Cennen, a'r Mynydd Du yn gefndir. Wrth deithio ar hyd y ffordd gul i'r castell o bentref Trap, cludir y dychymyg yn ôl i'r 13eg ganrif: hawdd yw dychmygu teithio ar gefn ceffyl i fyny'r allt tuag at y castell, ac mae rhywbeth rhamantaidd iawn am yr olygfa. Does dim tref gyfagos i darfu ar yr olygfa na'r awyrgylch.

Darganfuwyd arian Rhufeinig o'r ganrif 1af a'r ail ar y safle, sy'n awgrymu bod rhyw ddefnydd wedi bod o'r safle yn ystod y cyfnod Rhufeinig, ond does dim olion wedi eu darganfod i gynnig unrhyw esboniad pellach. Fel arfer, tybir bod unrhyw waith adeiladu diweddarach wedi chwalu olion cynharach, os oedd rhai o gwbl.

Dyma gastell arall oedd yn amlwg â rhan bwysig yn nhywysogaeth Deheubarth gan ei fod yn agos iawn at gestyll Dinefwr a Dryslwyn yn ddaearyddol. Mae'n anodd meddwl am ardal arall o Gymru lle mae cynifer o gestyll o'r un cyfnod yn perthyn i'r un teulu mor agos i'w gilydd â'r tri chastell yma.

Bu'r castell ym meddiant Edward I ar ôl Rhyfel 1277, ym meddiant Llywelyn ap Gruffudd am gyfnod yn ystod Rhyfel 1282 ac wedyn yn nwylo Rhys ap Maredudd yn ystod Gwrthryfel 1287. Y Saeson fu'n rheoli'r castell wedyn hyd at Wrthryfel Glyndŵr.

Wrth gerdded y darn olaf o'r llwybr troed at fynedfa'r castell mae'r tŵr gogledd-ddwyreiniol a thŵr y capel yn ein hwynebu, a'r clogwyn mawr yr ochr arall i wal y ward allanol. Golygfa drawiadol, heb os, cyn mynd drwy'r barbican, yr amddiffynfa ychwanegol o flaen y porth mewnol.

Gan fod llethr llai serth ar ochr ddwyreiniol y castell, mae ward allanol yma a dwy linell o furiau. Mae adfeilion hen odyn galch yn y ward allanol, a fyddai wedi creu calch ar gyfer y mortar adeiladu, a ffos wedi ei thorri i'r graig naturiol o flaen y cysylltfur mewnol. Bellach mae rhodfa newydd yn ein cludo drwy'r barbican at borth y castell. Ger y barbican mae ffosydd eraill wedi eu torri i'r graig naturiol – ychwanegiadau at yr elfen amddiffynnol.

Bychan a lled-sgwâr yw'r ward fewnol y tu mewn i'r castell,

Castell Carreg Cennen

gyda'r neuadd fawr a'r capel ar ochr ddwyreiniol y ward. Ar yr ochr ddeheuol mae'r clogwyni serth – rhaid edrych drwy'r ffenestri i werthfawrogi mor drawiadol yw'r clogwyni hyn, ac afon Cennen islaw.

Un o uchafbwyntiau ymweliad â'r castell yw mentro i lawr i'r ogof yn y graig galchfaen o dan ei ochr dde-ddwyreiniol. Er mwyn cyrraedd yr ogof rhaid dilyn tramwyfa ac iddi do o fwa cerrig, cyn dringo grisiau i lawr i'r galchfaen naturiol. Credaf ei bod yn ddiddorol fod y dramwyfa y tu allan i'r cysylltfur deheuol, ac felly y tu allan i'r castell ei hun, a bod y dramwyfa wedi ei hadeiladu'n bwrpasol er mwyn cyrraedd yr ogof.

Does dim golau i lawr yno ac mae'r llawr yn anwastad iawn, felly os ydych am fentro bydd angen golau neu dortsh arnoch. Diwedd y daith yw cyrraedd terfyn yr ogof ac yno gwelwch y bowlen naturiol lle mae dŵr yn cronni. Treuliad dŵr dros filoedd o flynyddoedd sydd wedi ffurfio'r bowlen yn y calchfaen, ond digon o waith fod digon o ddŵr erioed wedi ymgasglu yn y bowlen i ddarparu dŵr ar gyfer trigolion y castell.

Mae'n bosibl bod y dramwyfa wedi cael ei hadeiladu er mwyn cau mynedfa'r ogof i ymosodwyr fel nad oedd ond yn bosib cyrraedd yr ogof o'r castell ei hun. Byddai hyn yn dileu'r gwendid amddiffynnol a grëwyd gan yr ogof.

Defnyddiwyd ceg yr ogof ar gyfer cadw colomennod, ac mae modd gweld tyllau pwrpasol ar gyfer y colomennod yn y waliau sy'n cau ceg yr ogof. Sgileffaith creu'r dramwyfa amddiffynnol tuag at yr ogof fyddai hyn, nid ymgais bwrpasol i adeiladu colomendy.

Os ydych am weld ychydig o'r castell heb symud o'ch cadair freichiau, mae clipiau ar wefan YouTube o'r grŵp Y Cyrff yn perfformio yn ward fewnol y castell ar ddiwedd yr 1980au / ddechrau'r 1990au fel rhan o raglen *Horni* gyda Meirion Davies ar gyfer S4C. Mae'r clipiau yn ddigon hawdd i'w darganfod drwy chwilio'r we – mae ansawdd y rhaglen wedi dyddio'n arw, ond mae'n rhoi syniad o faint a nodweddion y castell.

Castell Aberteifi

Efallai mai'r digwyddiad pwysicaf yn hanes Castell Aberteifi oedd cynnal yr eisteddfod gyntaf yma yn 1176. Mae nifer o haneswyr yn cyfeirio at yr eisteddfod hon fel y cyntaf o'i bath, er y byddai rhai yn dadlau fod Maelgwn Gwynedd wedi cynnal eisteddfod rai canrifoedd ynghynt tra oedd yn ei lys ar safle presennol Castell Deganwy.

Rhyw fath o barti croeso i'w gartref newydd oedd eisteddfod Rhys ap Gruffudd yn Aberteifi yn 1176. Roedd hyn ar ôl i Rhys, yn 1172 yn Nhalacharn, gael ei gydnabod yn 'yr Arglwydd Rhys' gan Harri II (tad y brenhinoedd Rhisiart a John). Rhoddodd Rhys gadeiriau a gwobrau i enillwyr y cystadlaethau, ac efallai mai dyma sail rhai o arferion cyfoes yr Eisteddfod Genedlaethol. Y tu allan i'r castell ac o flaen y caffi newydd mae carreg goffa i eisteddfod 1176.

Nid hwn oedd y castell cyntaf i gael ei adeiladu ar y safle – roedd y castell gwreiddiol yn eiddo i Gilbert de Clare, ac ar ôl cipio Aberteifi yn 1165 dechreuodd Rhys ailadeiladu'r castell o garreg o 1171 ymlaen. O ganlyniad i ddylanwad y Normaniaid, roedd gwreiddiau tref Aberteifi yn rhai Seisnig, ond byth ers cyfnod Rhys ap Gruffudd tyfodd yr elfen Gymreig a Chymraeg yn y dref, elfen sydd wedi parhau hyd heddiw.

Gwerthwyd y castell i'r Brenin John yn 1200 gan Maelgwn, un o feibion yr Arglwydd Rhys – digwyddiad sy'n cymhlethu hanes a chymeriad tref Aberteifi. Oherwydd yr holl waith ailadeiladu a thirweddu garddwrol Fictoraidd yng Nghastell

Aberteifi, mae'n weddol anodd dehongli'r olion archaeolegol gwreiddiol. Rhoddir dyddiad posib o oddeutu 1244 ar gyfer y Tŵr Dwyreiniol sydd ger y ffordd fawr, 1321 ar gyfer y Tŵr De-ddwyreiniol gyferbyn â'r bont, a dyddiad o oddeutu 1244 ar gyfer rhannau o'r Tŵr Gogleddol sydd ynghlwm â Castle Green House. Mae'n deg dweud bod y Tŵr Gogleddol wedi gweld cryn addasiadau, ac er nad yw'r cysylltfur cyfan yn wreiddiol, mae'n dilyn llinell y cysylltfur canoloesol.

Y Tŵr Gogleddol yw un o'r enghreifftiau cyntaf yng Nghymru o dŵr yn cael ei atgyfnerthu gan sbardunau (*spurred tower*). Adeiladwyd yr adeilad a elwir yn Castle Green House yn 1808 gan John Bowen, a bu ambell ychwanegiad a newidiadau iddo yn 1827 ac 1851. Disgrifir y tŷ fel un o arddull cyfnod y Rhaglywiaeth (*Regency*), sy'n dangos dylanwad pensaernïaeth Eidalaidd. Heddiw mae amgueddfa ac arddangosfeydd yn Castle Green House – ers 1999 bu cynllun dan ofal Gwirfoddolwyr Castell Aberteifi i adfer a dehongli'r castell a chawsant nawdd o £12 miliwn tuag at y gwaith. Awgrymaf fod ymweliad â'r castell ar ei newydd wedd yn ddifyr, ond nid oes cymaint â hynny o

Castle Green House

ymdeimlad canoloesol yma – cewch brofiad gwell yn hynny o beth yng nghestyll Carreg Cennen a Dryslwyn.

Er gwaethaf yr holl waith adfer diweddar, yr hyn sy'n tanio dychymyg y rhan fwyaf ohonom yw'r atgofion am yr hen wraig, Barbara Wood, a oedd yn byw yn feudwy neu *recluse* yn yr hen dŷ tan yn hwyr yn y 1980au. Ei hunig gwmni oedd ei chathod, a phrin y byddai'n mentro allan i dref Aberteifi. Symudodd Barbara yno yn wreiddiol gyda'i mam, Gladys, yn 1940. Wrth ddefnyddio'r gair *recluse* mae rhywun yn meddwl am gymeriadau fel yr actor Hollywood-aidd Howard Hughes, ac mae'n beth rhyfeddol erbyn heddiw i ddychmygu bod rhywun yn gallu ymneilltuo o sŵn y byd a bywyd bob dydd. Doedd gan Barbara na'i mam yr arian angenrheidiol i gynnal a chadw castell o'r fath, a dirywio yn raddol oedd hanes darnau sylweddol o'r castell yn ogystal â'r gerddi.

Gyda dyfodiad yr Ail Ryfel Byd, codwyd blwch amddiffyn ar ochr ddeheuol y castell yn 1940/41 er mwyn cadw golwg dros y bont ac afon Teifi. Enghraifft o flwch amddiffyn FW3/22 sydd yma yn ôl gwefan tracesofwar.com, a bu 40 aelod o'r South Wales Borderers yn gwersylla yma tan 1942. Yn ddiweddarach, bu aelodau o'r Royal Engineers yn defnyddio Tŷ'r Ardd hyd at ddiwedd y Rhyfel.

Castell Cilgerran

Castell Normanaidd oedd Cilgerran a dechreuwyd ei adeiladu yng nghyfnod Roger Montgomery, a fu farw yn 1094 cyn cwblhau'r castell (gweler Pennod 10: Cestyll Seisnig).

Cipiwyd y castell gan yr Arglwydd Rhys yn 1164–1165 a bu'r castell yng ngofal y Cymry wedyn hyd at farwolaeth Rhys yn 1196. Erbyn 1204 roedd y castell yn ôl ym meddiant y Saeson, a dan ofal William Marshal.

Mae cryn ddryswch hanesyddol ac archaeolegol pa gastell yn union oedd Cenarth Bychan, a adeiladwyd gan Gerallt Windsor. Er bod mymryn o bosibilrwydd fod Gerallt wedi adeiladu castell cylchfur yma ar safle Cilgerran, does dim sicrwydd o gwbl o hynny. Wrth drafod Nest a Gerallt byddaf yn crybwyll safleoedd posib ar gyfer castell Cenarth Bychan.

Hen gerdyn post o Gastell Cilgerran

Castell Nanhyfer

Castell mwnt a beili yn y dull Normanaidd arferol sydd yma yn Nanhyfer. Adeiladwyd y castell yn wreiddiol gan Robert FitzMartin o deulu'r FitzMartins, arglwyddi Cemais. Mae'n bosib bod llys Cymreig ar y safle (neu yn yr ardal) cyn i ardal Cemais gael ei chipio gan y Normaniaid rywbryd oddeutu 1108–09.

Yn dilyn Brwydr Crug Mawr ger Aberteifi yn 1136, roedd Deheubarth yn ôl dan ofal y Cymry, ac yn ddiweddarach, gyda dyfodiad Rhys ap Gruffudd yn dywysog Deheubarth yn 1155, mae'n debygol iawn fod Rhys wedi adeiladu castell carreg yma yn Nanhyfer. Cafodd y tŵr gorllewinol (sef y mwnt gwreiddiol) ei ailgodi o garreg mor gynnar â'r 1160au, o bosib.

Tua'r un cyfnod, sef y 1150au hwyr, rhoddodd Rhys diroedd yn ôl i'r Normaniaid er mwyn cadw'r heddwch. Erbyn y 1170au roedd ei ferch, Angharad, yn briod â William FitzMartin, mab Robert, ac o ganlyniad daeth y FitzMartins yn ôl i Gastell Nanhyfer. Roedd hwn yn gyfnod pan newidiodd perchnogaeth y castell yn aml, rhwng y Normaniaid a thywysogion Deheubarth, a byddai William FitzMartin wedi bod yn ifanc iawn yn y 1150au. Does dim digon o dystiolaeth ddogfennol i fod yn hollol sicr pwy yn union oedd yma yn y cyfnodau dan sylw.

Yn 1171 yr adeiladodd Rhys ap Gruffudd â charreg yng Nghastell Aberteifi, felly mae'n rhesymol awgrymu fod rhan, o leiaf, o'r adeiladau cerrig yng nghastell Nanhyfer o wneuthuriad yr Arglwydd Rhys gan gynnwys y tŵr cerrig gorllewinol, ond mae'n bosib bod William FitzMartin wedi adeiladu neu addasu yma hefyd.

Ailgipiwyd y castell gan Rhys ap Gruffudd yn 1191, a rhoddwyd ef wedyn yng ngofal Maelgwn, un o'i feibion. Dair blynedd yn ddiweddarach carcharwyd yr Arglwydd Rhys yma am gyfnod gan Maelgwn ac un arall o'i feibion, Hywel Sais, sy'n awgrym o natur gythryblus y cyfnod – hyd yn oed o fewn un teulu. Ai yn y tŵr crwn gorllewinol y carcharwyd Rhys, felly, yr union dŵr y bu iddo ei godi rai blynyddoedd ynghynt?

Mae dau fwnt neu dŵr i'w gweld yma. Y mwnt gorllewinol yw'r un Normanaidd gwreiddiol, a chyfeirir ar yr un llai ar yr ochr ddwyreiniol fel y 'castell mewnol'. Gwelir ffos amddiffynnol ar ochr orllewinol y tŵr llai hwn, wedi ei thorri i'r graig naturiol ac yn gwahanu'r tŵr oddi wrth y beili neu'r buarth. Cawn adeiladwaith o garreg yma hefyd.

Gan fod llys yr Arglwydd Rhys yn Ninefwr, Dyffryn Tywi, castell ymylol oedd Nanhyfer ar y gorau; ac er i William FitzMartin ailgipio ardal Cemais ar ddechrau'r 13eg ganrif, symudodd i Drefdraeth i sefydlu canolfan fwy addas yn fuan wedyn. Bu farw'r Arglwydd Rhys yn 1197 ac mae adroddiadau

Cornel adeilad y neuadd yng Nghastell Nanhyfer

hanesyddol yn nodi i'r castell gael ei ddinistrio'n fwriadol gan y Cymry yn 1195 rhag i'r Normaniaid ddefnyddio'r safle.

Faint – os unrhyw beth o gwbl – o'r castell a gafodd ei ailgodi gan William FitzMartin cyn iddo benderfynu bod Trefdraeth, tref agosach at y môr, yn ganolfan lawer mwy addas na Nanhyfer? Dyna, mewn gwirionedd, oedd diwedd oes y castell yn Nanhyfer. Roedd hyn yn enghraifft gynnar o'r patrwm cyfarwydd o symud o'r ardaloedd gwledig am y trefi a safleoedd mwy cyfleus.

Mae gwaith cloddio archaeolegol wedi cael ei wneud ar y safle dros y degawd diwethaf dan oruchwyliaeth Chris Caple o Brifysgol Durham. Caple fu'n cloddio yng Nghastell Dryslwyn yn y 1980au, fel y soniais yn gynharach yn y bennod hon.

Yn ystod 2018 agorwyd ffos archaeolegol dros ran o'r neuadd, sy'n adeiladwaith yn perthyn i'r Arglwydd Rhys – neuadd o garreg yn dyddio o ganol y 12fed ganrif, ac efallai mor gynnar â'r 1150au hwyr neu'r 1160au. Darganfuwyd cerrig wedi eu siapio (*dressed stone*) yn ystod y gwaith cloddio hwnnw – dyma awgrym o statws brenhinol y neuadd a'r castell yn ystod y 12fed ganrif. Ceir cerrig wedi eu siapio neu eu haddurno yn aml yng nghestyll tywysogion Cymru sy'n dyddio o'r 12fed a'r 13eg ganrif. Gwelwyd hefyd olion llosgi ar waelod muriau'r neuadd – tystiolaeth, efallai, i Hywel Sais chwalu a llosgi'r neuadd yn fwriadol yn y 1190au, rhag i'r Normaniaid ailddefnyddio'r castell?

Fel rhan o'r gwaith cloddio yn ystod haf 2018 torrwyd ffos archaeolegol drwy'r clawdd er mwyn gallu gweld trawstoriad ohono. Drwy wneud hyn gellid gweld y gwahanol haenau a'r gwahanol gyfnodau o adeiladu yn glir yn y trawstoriad. Bu i mi ymweld â Chastell Nanhyfer yn ystod y Diwrnod Agored a gynhaliwyd yno yng Ngorffennaf 2018, ac mae'n rhaid i mi ganmol safon gwaith yr archaeolegwyr – roedd yn drawstoriad bendigedig wedi ei gloddio gyda gofal a sgíl arbennig. Roedd pedwar cyfnod gweddol amlwg o godi cloddiau i'w gweld – o'r clawdd Normanaidd cyntaf drwy'r blynyddoedd o ddatblygu gan William FitzMartin a Rhys ap Gruffudd.

Gweler adroddiadau Chris Caple am fwy o fanylion am y gwaith cloddio diweddar.

Cestyll Rhaeadr a Llanymddyfri

Y castell yn Rhaeadr fyddai wedi amddiffyn ffiniau gogleddol Deheubarth o'i leoliad ar graig uwchben afon Gwy. Ychydig iawn sydd i'w weld yma bellach gan fod y safle wedi ei dirweddu, ac mae darnau o'r beili bellach o dan dai. Defnyddir safle'r castell fel parc picnic, ac yn hynny o beth dyma le heddychlon i hel atgofion am yr Arglwydd Rhys.

Gellir gweld darnau o'r ffos sydd wedi ei thorri i'r graig ar ochrau gogleddol a dwyreiniol y castell wrth gerdded ar hyd y llwybr o gyfeiriad yr afon, yn ôl am Stryd y Castell. Yma, cawn argraff o'r castell a oedd wedi ei adeiladu ar ben craig naturiol ger yr afon. Castell o bridd a phren fyddai yma – mwnt a beili i bob pwrpas, ac er bod cofnod hanesyddol o 1858 yn awgrymu bod gweithwyr wedi darganfod adeiladwaith o gerrig yma, does dim sicrwydd fod y cofnod hwn yn gywir. Rhys ap Gruffudd a adeiladodd y castell yn 1177 a gwnaeth waith ailadeiladu pellach yn 1194. Mae sôn, yn ogystal, i'r castell gael ei ddinistrio gan Llywelyn ab Iorwerth yn 1231 yn ystod un o'i ymgyrchoedd i'r de.

Castell yng nghwmwd Gwerthrynion oedd yma yng nghyfnod tywysogion Deheubarth – yr ardal rhwng Gwy a Hafren. Nennius, y mynach oedd yn ysgrifennu yn y 9fed ganrif, sydd wedi cysylltu'r enw Gwerthrynion â Gwrtheyrn, a dyna pam, efallai, fod gwefannau megis un *Vortigern Studies* yn gwneud cysylltiad di-sail rhwng stori Gwrtheyrn a chastell Rhaeadr. Anwybyddwch hyn – castell yn perthyn i'r Arglwydd Rhys oedd yma!

Darganfuwyd pen bwyell garreg yma yn y 1930au, yn ôl adroddiad yn *Archaeologia Cambrensis*, ond mae hwn yn debygol o fod yn wrthrych sy'n dyddio o'r cyfnod Neolithig, ymhell cyn cyfnod y castell.

Fel yn achos Nanhyfer, castell Normanaidd oedd yn Llanymddyfri yn wreiddiol, ond daeth y castell yn ei dro i feddiant tywysogion Deheubarth. Castell mwnt a beili oedd yma yn y cyfnod Normanaidd ac mae'r ffurf wedi ei gadw yn y dirwedd. Richard Fitz Pons (c.1080–1129) oedd yn gyfrifol am sefydlu'r castell ar graig naturiol uwchben afon Brân yng nghyfnod Harri I.

Atgyfnerthwyd y castell gan Harri II rhwng 1159 ac 1161, ond

Cerflun Llywelyn ap Gruffydd Fychan

cipiwyd y castell wedyn gan Rhys ap Gruffudd yn 1162 a bu'r castell ym meddiant tywysogion Deheubarth hyd at gyfnod Edward I a rhyfel 1277. Bu Llywelyn ap Gruffudd yma am gyfnod byr yn 1282 ond y tebygolrwydd yw bod yr adeiladwaith o garreg rydym yn ei weld heddiw yn dyddio o gyfnod John Giffard, a'i cafodd yn wobr am ei gefnogaeth i Edward I ar yr amod ei fod yn atgyfnerthu'r castell. Byddai'r castell, sydd ger y maes parcio yng nghanol Llanymddyfri, wedi amddiffyn ochr ddwyreiniol Deheubarth yng nghyfnod Rhys ap Gruffudd a'i olynwyr.

Ymosododd Glyndŵr ar y castell yn ystod ei wrthryfel yn 1403. Mae un o nodweddion modern mwyaf diddorol y castell yn deillio o gyd-destun Gwrthryfel Glyndŵr, sef cerflun Toby a Gideon Petersen o Sanclêr i goffáu Llywelyn ap Gruffydd Fychan. Nid gor-ddweud yw datgan fod cerflun y brodyr wedi anfarwoli Llywelyn, tirfeddiannwr lleol a wrthododd fradychu Glyndŵr.

Cymeriad ymylol yn hanes Cymru fyddai Llywelyn ap Gruffydd Fychan oni bai iddo wrthod bradychu Glyndŵr a thalu pris uchel am ei deyrngarwch i Gymru. Crogwyd, tynnwyd a chwarterwyd Llywelyn ap Gruffydd Fychan yn gyhoeddus yn

Sgwâr y Farchnad, Llanymddyfri, ar 9 Hydref 1401. Gwelir cofeb fechan iddo ar wal gwesty The Bear ar Stryd y Farchnad.

Nid fi yw'r cyntaf na'r olaf, mae'n siŵr, i gymharu cerflun llachar arian y Petersens â chymeriad Darth Vader o'r gyfres ffilmiau *Star Wars* o ganlyniad i'w helmed!

Corffddelw yr Arglwydd Rhys / Gerallt Gymro, Tyddewi

Corffddelw yw un o fy hoff eiriau yn y Gymraeg – *effigy* yn Saesneg – gair sydd wedi dod yn fwyfwy cyfarwydd i mi drwy'r gwersi ar archaeoleg eglwysi rwy'n eu cynnal ar gyfer dysgwyr Cymraeg.

Yn ystlys gorawl ddeheuol Cadeirlan Tyddewi mae corffddelw yr Arglwydd Rhys. Mae'n rhaid i mi fynegi pryder am gyflwr y gorffddelw – mae rhannau ohoni, ei goes chwith yn enwedig, bron yn sicr yn erydu a llwch mân i'w weld ar wyneb y garreg. Hon yw'r ddelwedd fwyaf cyffredin o'r Arglwydd Rhys – yn arwrol a rhyfeddol o bwerus, ac mae angen gwaith cadwraeth brys ar y gorffddelw.

Corffddelw yn dyddio o'r 14eg ganrif sydd yma, felly cafodd ei gosod ar fedd yr Arglwydd Rhys beth amser ar ôl ei farwolaeth sydyn o ganlyniad i haint yn 1197. 'Beddfaen honedig' yr Arglwydd Rhys yw disgrifiad y gadeirlan ohono yn ôl yr wybodaeth sydd ger y gorffddelw.

Corffddelw yr Arglwydd Rhys yn Nhyddewi

Y drws nesaf i Rhys ac ychydig i fyny'r ystlys mae corffddelw Gerallt Gymro (*Giraldus Cambrensis*). Unwaith eto, oherwydd ansicrwydd hanesyddol, mae'r gadeirlan yn cydnabod ei bod yn bosib nad corffddelw Gerallt Gymro sydd yma – gallai fod yn gorffddelw i'w nai, Giraldus Fitz Philip de Barri. Hefyd yn Eglwys Gadeiriol Tyddewi mae corffddelw

Rhys Gryg, mab yr Arglwydd Rhys. Gorwedda Rhys Gryg yn yr ystlys gorawl ogleddol, yr ochr arall i'r gangell a'r seintwar oddi wrth gorffddelwau Rhys ap Gruffudd a Gerallt Gymro.

Ar ôl marwolaeth Owain Gwynedd, tywysog Gwynedd, yn 1170 yr Arglwydd Rhys oedd y tywysog mwyaf pwerus yng Nghymru hyd at gyfnod Llywelyn ab Iorwerth. Bu'n rhaid i Llywelyn Fawr ymosod ar Ddeheubarth yn 1216 er mwyn cael trefn ar feibion Rhys, ond bu i Rhys Gryg ochri gyda Llywelyn o hynny ymlaen.

Wrth edrych ar hanes Cymru yn gyffredinol, mae tywysogion Gwynedd, Llywelyn Fawr a Llywelyn ein Llyw Olaf, yn hawlio llawer mwy o sylw na'r Arglwydd Rhys, a theimlaf fod tueddiad i anghofio am yr hyn a gyflawnodd yr Arglwydd Rhys. Cyfeirir at Rhys ap Gruffudd fel tywysog Cymru mewn ambell ddogfen, tywysog Gwynedd yw teitl arferol Llywelyn Fawr ac yn dilyn Cytundeb Trefaldwyn 1267 cydnabuwyd Llywelyn ap Gruffudd yn dywysog Cymru gan Harri III.

Gweler hefyd: Abaty Ystrad Fflur, Abaty Talyllychau, Pennod 12. Claddwyd rhai o feibion yr Arglwydd Rhys yn abatai Ystrad Fflur a Thalyllychau.

ATODIAD:

Stori Nest (c.1085; marw cyn 1136)

Cyhoeddodd Geraint Dyfnallt Owen ei nofel *Nest* yn 1949 gan adrodd stori'r dywysoges a elwid yn 'yr Helen o Droia Gymreig' neu 'Helen Cymru'. Nest oedd merch Rhys ap Tewdwr, meistres y Brenin Harri I a gwraig Gerallt Windsor (Gerald FitzWalter neu Gerald de Windsor), cwnstabl Normanaidd Castell Penfro. Roedd Nest hefyd yn gariad i Owain ap Cadwgan, un o feibion tywysog Powys (tywysogaeth oedd yn cynnwys darnau o Geredigion bryd hynny).

Cafodd Nest naw o blant gan o leiaf bum dyn gwahanol, ac roedd yn adnabyddus am ei phrydferthwch. Yn ei harddegau fyddai Nest pan fu iddi feichiogi gyntaf gyda phlentyn Harri I.

Roedd wedi cael ei dal yn wystl, i bob pwrpas, gan y Normaniaid yn dilyn marwolaeth ei thad, Rhys ap Tewdwr a ganwyd eu mab, Henry FitzHenry yn y flwyddyn 1103.

Efallai fod Nest a Harri yn gariadon go iawn, ond penderfynodd Harri y byddai trefnu iddi briodi Gerallt Windsor yn rhoi ychydig mwy o hygrededd i Gerallt yn y de-orllewin – byddai wedyn yn briod â merch cyn-dywysog Deheubarth. Mae'n debyg bod o leiaf bump o blant wedi eu geni yn ystod y briodas hon. Merch i Gerallt Windsor a Nest oedd Angharad FitzGerald, a hi oedd mam Gerallt Gymro, a aned yng Nghastell Maenorbŷr oddeutu 1146.

Cwnstabl Castell Penfro oedd Gerallt Windsor, ond bu'n gyfrifol am adeiladu Castell Caeriw yn fuan ar ôl 1102 (mae darn o'r hen dŵr yn dal i sefyll hyd heddiw) a chastell arall i'r gogledd o'r enw Cenarth Bychan tua 1108. Yn ôl adroddiadau *Brut y Tywysogion*, o'r castell yng Nghenarth Bychan y cipiwyd Nest gan Owain ap Cadwgan (gweler isod), ond mae'r un stori i'w gweld yn nhywyslyfrau diweddar Castell Caeriw, gan awgrymu bod lleoliad y cipio yng Nghaeriw.

Beth bynnag yw'r gwir am stori Nest mae nodweddion archaeolegol y gallwn o leiaf eu crybwyll yng nghyd-destun Nest. Mater arall, wrth gwrs, yw gallu profi hyn gydag unrhyw sicrwydd. Os yw'r stori am Owain ap Cadwgan yn ymosod ar Gastell Caeriw yn wir, mae'r union siafft geudy neu gilfach lle dihangodd Gerallt Windsor yn amlwg yn y Porthdy Mewnol.

Syrthiodd Owain ap Cadwgan mewn cariad â Nest, oedd yn gyfyrderes iddo, yn dilyn ymweliad â Chastell Caeriw (neu Cenarth Bychan, o bosib) yn 1109. Ychydig yn ddiweddarach, a gyda charfan o filwyr, ymosododd ar y castell gyda'r bwriad o gipio Nest. Anogodd Nest ei gŵr, Gerallt, i ddianc drwy siafft y ceudwll, ond cafodd hi ei chymryd gan Owain, ac mae'n bosib bod Nest wedi geni dau o blant yn ystod y berthynas hon cyn iddi gael ei dychwelyd at Gerallt. Bu'n rhaid i Owain ffoi i Iwerddon, ac yn ddiweddarach cafodd ei ladd gan Gerallt. Awgrymir yn nhywyslyfr Castell Caeriw fod Nest yn 'ddigon parod i gael ei chipio', gan ychwanegu at y gymhariaeth rhyngddi a Helen o Droia.

Mae'r gilfach a oedd gynt yn wardrob neu doiled ar gyfer yr

hen dŵr i'w gweld yn isel ar ochr dde'r Porthdy Mewnol yng Nghaeriw. Credwn heddiw mai'r porthdy mewnol yw'r unig adeiladwaith i oroesi o gyfnod Gerallt, ac o edrych ar asgell y dwyrain mae modd gweld gwahaniaeth yn y gwaith cerrig yn y wal – byddai hyn yn cyfateb i leoliad yr hen dŵr ac adeiladwaith diweddarach.

Er bod Castell Caeriw yn cael triniaeth barchus o safbwynt archaeolegol, does dim sôn o gwbl yng nghyfrol Rees, *Dyfed* (1992) am hanes Nest yno, sydd efallai yn awgrym nad oes sicrwydd mai yng Nghaeriw y digwyddodd y cipio. Mae gwahaniaeth barn am union leoliad cipio Nest a'r weithred ei hun: cyfeiria Rees at y posibilrwydd mai Castell Cilgerran yw'r castell Normanaidd cynnar 'Cenarth Bychan' o'r lle 'rhedodd Nest i ffwrdd gydag Owain' (yn hytrach na chael ei chipio). Mae sawl adroddiad arall yn honni mai yng Nghastell Cenarth Bychan y cipiwyd hi, adroddiadau sy'n amlwg yn seiliedig ar Brut y Tywysogion sy'n nodi mai Cenarth Bychan yn hytrach na Chaeriw oedd safle'r cipio. Efallai mai dau enw sydd yma ar yr un castell – Cenarth Bychan a Chilgerran – does neb yn sicr iawn. Ai Gerallt Windsor a adeiladodd gastell cylchfur cynnar yng Nghilgerran oddeutu 1108? Byddai castell cylchfur wedi bod yng Nghilgerran cyn adeiladu'r tyrau crwn a'r cysylltfur carreg yn y 13eg ganrif.

Cenarth Bychan

O fewn tafliad carreg i Gilgerran mae sawl castell mwnt a beili y mae posib iddynt fod yn 'Cenarth Bychan'. Mae un mwnt y tu cefn i dafarn y White Heart yng Nghenarth, a ddisgrifir fel cartref Nest merch Rhys ap Tewdwr. Dau arall amlwg yw:

Parc y Domen Issa (Y Domen Fawr) Cenarth (SN 269414)

Ar ochr ddeheuol afon Teifi ac yn dyddio, o bosib, o gyfnod ymgyrchoedd Roger Montgomery ar ôl 1093. Byddai castell fel hyn wedi rheoli croesi afon Teifi yn ardal Cenarth.

Llwynduris Castle Mound, Llandygwydd (SN 237433)

Ar drywydd yr Arglwydd Rhys (Rhys ap Gruffudd 1137–1197)

Y daith gerdded

Castell Dinefwr, Landeilo
Cyfeirnod Map: OS Landranger 159 SN 612218
Mae'r castell ym Mharc Dinefwr, Llandeilo (yr Ymddiriedolaeth Genedlaethol). Mae modd cerdded ar hyd llwybr o'r bont ar ochr ddeheuol Llandeilo ar hyd afon Tywi a thrwy'r coed at y castell.

Castell Dryslwyn
Cyfeirnod Map: OS Landranger 159 SN 554204
Mae'r castell 2.5 milltir i'r gorllewin o Landeilo. Defnyddiwch yr A40 neu'r B4300. Mae arwyddion am y castell, a maes parcio, ger yr afon.

Castell Carreg Cennen
Cyfeirnod Map: OS Landranger 159 SN 668191
O Landeilo dilynwch yr A476 dros y bont. Yn Felinfach, trowch i'r chwith yn y gyffordd ac wedyn yn syth i'r dde i bentre Trap. Dilynwch yr arwyddion am y castell. Codir tâl mynediad, ac mae maes parcio swyddogol ger y ffermdy.

Castell Aberteifi
Cyfeirnod Map: OS Landranger 145 SN 177459
Mae'r castell yng nghanol tref Aberteifi gyferbyn â'r bont.

Castell Rhaeadr, Stryd y Castell, Rhaeadr
Cyfeirnod Map: OS Landranger 147 SN 968680
Mae'r castell y tu cefn i'r eglwys yn Rhaeadr, ychydig oddi ar yr A40 – dilynwch Stryd y Castell.

Castell Llanymddyfri
Cyfeirnod Map: OS Landranger 146 SN 767342
Parciwch ym maes parcio'r farchnad ar ochr ddeheuol y sgwâr.

Maes Gwenllian

Cyfeirnod Map: OS Landranger SN 425088
Ychydig i'r gogledd o Fynyddygarreg ac i'r dwyrain o'r A484
Cydweli – Caerfyrddin. Byddwch yn dod o hyd i'r cae lle bu'r
frwydr ger Rhydodyn yn y Gwendraeth Fach.

Castell Nanhyfer

Cyfeirnod Map: OS Landranger 145 SN 082401
Croeswch y bont yn Nanhyfer, ewch i'r chwith cyn cyrraedd yr
eglwys a dilyn yr allt i fyny am y castell. Gwelir arwyddion ar
gyfer y castell ar ochr dde y ffordd. Byddwch yn mynd heibio i
Groes y Pererinion ar y tro drwg sydd hanner ffordd i fyny am
y castell.

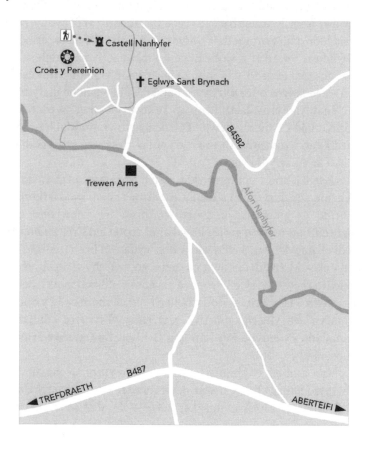

Pennod 10
Y Cestyll Seisnig

Cyfnod: 11eg–13eg Ganrif

Dymunaf yn y bennod hon ganolbwyntio ar gysylltiadau pwysig y cestyll â hanes Cymru a'r nodweddion archaeolegol o bwys, ond gan fod tywyslyfrau ar gael ar eu cyfer rwyf am osgoi disgrifiadau o deithiau cerdded o amgylch y cestyll.

Roedd Concwest y Normaniaid yn Lloegr dan arweinyddiaeth Gwilym Goncwerwr yn 1066 yn ddigwyddiad allweddol o safbwynt y newidiadau oedd ar droed yng Nghymru. Er bod Rhys ap Tewdwr wedi llwyddo i barhau i reoli Deheubarth ar ôl hynny, bu'n rhaid iddo dalu gwrogaeth i Gwilym. Gwnaeth Gwilym bererindod i Dyddewi yn 1081 a does fawr o amheuaeth nad cyfle iddo ddangos mai ef oedd 'y brenin go iawn' oedd y daith symbolaidd hon – arddangos pŵer a grym yn ogystal â phererindod grefyddol.

Yn dilyn marwolaeth Rhys ap Tewdwr yn 1093 llwyddodd y Normaniaid i symud i mewn i Ddeheubarth yn weddol hawdd – doedd gan Ddeheubarth mo'r grym i'w rhwystro rhag codi eu cestyll ac ymsefydlu yma.

Cestyll o bridd a phren oedd y cestyll Normanaidd gwreiddiol, yn bennaf ar ffurf mwnt a beili. Cestyll yw'r rhain sydd â thomen o bridd ar gyfer tŵr neu orthwr (pren fel arfer, ond ceir enghreifftiau o dŵr o gerrig hefyd ar ôl 1100 Oed Crist) a buarth wedi ei amgylchynu â chlawdd a ffos, gyda wal bren (palisâd) ar ben y clawdd. Byddai'r mwnt yn cael ei godi yn rhy serth i unrhyw un fedru rhedeg yn syth i'r copa, a'r syniad oedd bod modd saethu bwa saeth o leiaf dros gyrion y beili o'r tŵr. Y rhain oedd y cestyll cyntaf go iawn yng Nghymru a Lloegr, pan gyflwynwyd y dull hwn o adeiladu i wledydd Prydain gan Gwilym Goncwerwr ar ôl ei ymosodiad yn 1066.

Mae ambell enghraifft o gestyll o'r cyfnod Normanaidd (11–12fed ganrif) heb y mwnt neu'r domen – cyfeirir at y rhain fel y cestyll cylchfur (*ringworks*), sef cestyll sydd gan amlaf wedi eu creu o ffosydd, cloddiau pridd a phalisâd yn hytrach na muriau carreg. Ailadeiladwyd rhai o'r cestyll o garreg yn ddiweddarach, yn y 13eg ganrif.

Cestyll allweddol y Normaniaid oedd Castell Penfro yn y gorllewin, Caerfyrddin ac Aberteifi (gweler Pennod 9). Mae'r cestyll mwnt a beili neu gylchfur sydd ar hyd y llinell Landsger, sef y ffin rhwng Sir Benfro Seisnig a Sir Benfro Gymreig, yn cael sylw ym Mhennod 11.

Wrth i'r Normaniaid sefydlu yn y de-orllewin gwelwyd datblygiadau trefol o amgylch y cestyll. Trefi Seisnig oeddynt, gyda manteision masnach a darnau o dir yn cael eu cynnig i fasnachwyr ar ffurf bwrdais (*burgage*): trefi fel Hwlffordd, Penfro, Caerfyrddin, Dinbych-y-pysgod a Chydweli. Er mwyn denu mewnfudwyr a masnachwyr Normanaidd i'r trefi newydd rhaid oedd cynnig cartref a manteision masnachol i'r newydd-ddyfodiaid er mwyn eu perswadio i ymgartrefu a sefydlu busnesau yma yng Nghymru – a hynny yng nghanol tir y Cymry a allai wrthryfela ar unrhyw adeg. Tir yn perthyn i'r Brenin neu'r Arglwydd lleol oedd y bwrdais, a oedd yn cynnwys tŷ a darn o dir – byddai'r tenantiaid wedyn yn talu rhent am eu cartref a'r tir.

Cafodd y cestyll Normanaidd / Seisnig hyn, felly, effaith a dylanwad pellgyrhaeddol ar hanes Cymru. Does dim modd anwybyddu hynny oherwydd rhyw ymdeimlad o genedlaetholdeb: fe ddaeth y Normaniaid, fe godwyd y cestyll, a chafodd hynny effaith ar Gymru. Rhaid i ni ddelio â hynny. Mae'n rhaid ystyried hanes yn ei gyfanrwydd, neu fel jig-so – rhaid cael y darnau i gyd (neu y rhan fwyaf o'r darnau, o leiaf) er mwyn gwneud synnwyr o'r darlun cyfan. Cyfrifoldeb yr hanesydd a'r archaeolegydd yw dehongli'r gorffennol, waeth beth yw'n safbwyntiau gwleidyddol. Byddai anwybyddu'r cestyll Seisnig oherwydd cenedlaetholdeb nid yn unig yn ffolineb, ond byddai'n arwain at ddiffyg dealltwriaeth o'r hanes yn ei gyfanrwydd. Nid ein lle ni yw golygu hanes, ond fe allwn ddod â'r peth yn fyw a'i wneud yn bwnc trafod perthnasol.

Prin iawn yw'r olion archaeolegol sydd wedi goroesi rhwng y cyfnod Rhufeinig, sy'n diweddu oddeutu 393 Oed Crist, a dyfodiad y Normaniaid ar ddiwedd yr 11eg ganrif. Yn aml iawn, y cestyll a'r eglwysi Normanaidd yw'r olion cynharaf i ni eu gweld, a'r rheiny'n deillio o'r Canol Oesoedd Hwyrach. Fel y soniais ym Mhenodau 7 ac 8, yr unig nodweddion amlwg i oroesi o'r Canol Oesoedd Cynnar yw'r cerrig beddau – pur anaml y darganfyddir adeiladau o'r canrifoedd rhwng cyfnodau'r Rhufeiniaid a'r Normaniaid. Ambell waith byddwn yn dod o hyd i dystiolaeth archaeolegol o gyfnod y Llychlynwyr yn y 9fed a'r 10fed ganrif. Wrth reswm, roedd adeiladau yn bodoli yn y cyfnod ôl-Rufeinig ond ni fu iddynt oroesi (neu does neb hyd yma wedi eu darganfod neu eu hadnabod fel rhai o'r cyfnod hwnnw).

Wrth astudio ambell safle gwelir tystiolaeth archaeolegol sy'n profi fod rhai bryngaerau wedi cael eu hailddefnyddio yn y cyfnodau ôl-Rufeinig. Drwy ganlyniadau profion dyddio radiocarbon ac astudio'r gwrthrychau gallwn awgrymu dyddiadau posib ar gyfer hyn, ond rhaid cyfaddef mai prin iawn yw olion adeiladau o'r Canol Oesoedd Cynnar yma yng Nghymru.

Castell Nanhyfer

Gan fod Rhys ap Gruffudd, mwy na thebyg, wedi adeiladu tŵr carreg yng Nghastell Nanhyfer, rwy'n trafod y safle hwn ym

Darn o fur y castell mewnol yng Nghastell Nanhyfer

Mhennod 9 hefyd. Dyma gastell mwnt a beili nodweddiadol o'r cyfnod Normanaidd, pan goncrodd y Normaniaid dde-orllewin Cymru, a adeiladwyd gan Robert FitzMartin oddeutu 1108–09.

Castell Cilgerran

Saif y castell uwchben afonydd Teifi i'r gogledd-ddwyrain a Phlysgog i'r gogledd-orllewin ar safle sydd wedi ei amddiffyn yn naturiol gan y ddwy afon. Wrth gerdded i lawr at afon Teifi gellir gwerthfawrogi'n llawn mor drawiadol yw'r ceunant gyda'r castell uwchben – paentiodd yr arlunydd J.M.W. Turner lun dyfrlliw o'r olygfa yn 1798 sydd bellach yng nghasgliadau'r Tate (*D01354*).

Gyda marwolaeth Rhys ap Tewdwr yn 1093, cafodd y Normaniaid hi'n haws i orchfygu Deheubarth. Dechreuodd Roger Montgomery adeiladu'r castell wrth i'r Normaniaid sefydlu eu grym yn y rhan hon o dde-orllewin Cymru, ond bu farw yn 1094 cyn cwblhau'r gwaith.

Ar wefan *Archwilio* gellir gweld dogfen hanesyddol (ar ffurf PDF) o adroddiad dienw a diddyddiad yn cyfeirio at 'Kilgerran Castle', yn nodi mai Robert de Belesme (sic.) oedd yr adeiladwr. Roger de Bellême oedd un o feibion Roger Montgomery, ac mae'n bur debyg mai ef oedd yn gyfrifol am gwblhau'r gwaith adeiladu. Cawn gyfeiriad yn y ddogfen fer hon hefyd at yr arlunydd Richard Wilson (1714–1782) a baentiodd lun o'r castell. Cwynodd awdur y ddogfen fod y gwaith o chwarela cerrig lleol yn y 18fed ganrif wedi amharu ar y dirwedd a'r olygfa, a bod y trigolion lleol bellach yn defnyddio adfeilion y castell fel '*public latrine*'. Yn ei rwystredigaeth, medd awdur y ddogfen, roedd wedi methu mwynhau archwilio'r ddau dŵr crwn yng Nghilgerran ar gyfer ei adroddiad,

Cipiwyd y castell gan yr Arglwydd Rhys yn 1164/1165, a bu yng ngofal y Cymry wedyn hyd at farwolaeth Rhys yn 1197. Erbyn 1204 roedd y castell yn ôl ym meddiant y Saeson, a dan ofal William Marshal. Cipiwyd y castell gan y Cymry eto yn 1216 yn ystod ymgyrchoedd Llywelyn ab Iorwerth yn y de-orllewin.

Yr ail William Marshal, a oedd yno o 1223 ymlaen, sy'n gyfrifol am ran helaeth o'r adeiladwaith rydym yn ei weld heddiw, a chodwyd hwnnw ar ben y cloddiau cynharach.

Gan fod Edward III yn bryderus fod y Ffrancwyr am ymosod, gorchmynnodd waith pellach ar y castell. Rydym hefyd yn gwybod i'r castell gael ei ddinistrio yn ystod Gwrthryfel Glyndŵr yn negawd cyntaf y 15fed ganrif. Dolen arall o ddiddordeb i ni yma yw bod Harri VII wedi rhoi'r castell yn rhodd i Syr Rhys ap Thomas fel gwobr am ei gefnogaeth ym Mrwydr Bosworth, 1485.

O ystyried y drafodaeth ynglŷn â'r dywysoges Nest, ei phriodas â Gerallt Windsor a'r castell a adeiladwyd ganddo yng Nghenarth Bychan, rhaid ystyried y gallai fod cysylltiad rhyngddi hi a Chilgerran. Adeiladwyd castell, neu ran o gastell, yma gan Gerallt Windsor – castell cylchfur, o bosib – cyn codi castell William Marshal. Mae'n debyg y byddai darganfod neu gadarnhau lleoliad castell Cenarth Bychan yn help i ddatrys y dirgelwch hwn. Awgrymir yn nhywyslyfr Castell Cilgerran (Craster, 1957) fod posibilrwydd mai'r un lle yw Cilgerran a Chenarth Bychan.

Castell Penfro

Fel yn achos Cilgerran, mae'r castell cyntaf ym Mhenfro yn dyddio o 1093, sef cyfnod Roger de Montgomery; bu ei fab, Arnulf, yn gyfrifol am y castell nes i'r brenin Harri I ei feddiannu yn 1102. Castell cylchfur o bridd a phren fyddai'n bodoli yn y cyfnod hwn.

Cyfraniad pwysicaf Harri I i hanes Cymru yw ei rôl yn denu mewnfudwyr o Fflandrys yng ngogledd gwlad Belg i'r rhan ddeheuol hon o Sir Benfro, a Chantref Rhos rhwng y ddwy afon Cleddau yn benodol. Arbenigedd y Ffleminiaid oedd gweithio gyda gwlân, a dechreuwyd y broses o sefydlu trefi marchnad Normanaidd / Seisnig yn yr ardal, gan wthio'r Cymry (heb fawr o ddewis) i'r ucheldir i'r gogledd. (Gweler y drafodaeth am y Llinell Landsger, sef y ffin rhwng y Cymry a'r Normaniaid / Saeson ym Mhennod 11).

Datblygwyd y castell ymhellach gan William Marshal, a wasanaethodd nifer o frenhinoedd Lloegr: Harri II, Rhisiart I (the Lionheart), John a Harri III. Defnyddiwyd cerrig i ailgodi'r muriau a chodwyd y gorthwr silindrig enfawr oddeutu 1204 ymlaen. Drwy ei briodas ag Isabel de Clare (merch Richard de Clare, 'Strongbow') y daeth Castell Penfro i feddiant William.

Tŵr William Marshal, Castell Penfro

Strongbow, ail Iarll Penfro, oedd yn bennaf gyfrifol am oresgyniad y Normaniaid o Iwerddon rhwng 1169 ac 1170.

Heb os, Tŵr William Marshal yw'r nodwedd amlycaf a'r mwyaf rhyfeddol yng Nghastell Penfro – tybed faint o ddylanwad a gafodd hwn ar dyrau crwn cestyll y Mers, megis Bronllys neu Dretŵr? Yn ôl Spencer Smith (gynt o Ymddiriedolaeth Archaeolegol Gwynedd), Tŵr Wakefield yn Llundain yw'r gymhariaeth agosaf i dŵr crwn Castell Dolbadarn a adeiladwyd gan Lywelyn ab Iorwerth yn y 1220au. Mae'n awgrymu felly mai Wakefield, yn hytrach na Phenfro, a ddylanwadodd ar Lywelyn ab Iorwerth wrth iddo godi gorthwr Dolbadarn. Adeiladwyd Tŵr Wakefield yng nghyfnod Harri III, rywbryd rhwng 1220 ac 1240 – os felly, byddai hwn yn weddol gyfoes â gorthwr Dolbadarn a byddai Llywelyn wedi bod yn hynod ffasiynol o ran pensaernïaeth cestyll.

Arbenigedd Spencer Smith yw gerddi a thiroedd hela Canoloesol. Ef sydd wedi gwneud y gwaith diweddaraf ar Sycharth, a bu ei wybodaeth a'i barodrwydd i rannu'r wybodaeth honno yn werthfawr iawn i mi wrth ysgrifennu am Sycharth, cartref Owain Glyndŵr, yn fy nghyfrol *Cam Arall i'r Gorffennol*.

Ward fewnol Castell Penfro

Chwaraeodd Castell Penfro ran allweddol yng ngoresgyniad Iwerddon gan y Normaniaid, ac yn ddiweddarach dyma fan geni Harri VII neu Harri Tudur, y brenin o dras Gymreig ac ŵyr i Owain Tudur, Penmynydd, Ynys Môn. Priododd Owain Tudur weddw Harri V, Catherine de Valois, ac un o'u meibion hwy, Edmund, oedd tad Harri VII. Ei fam oedd Margaret Beaufort, sydd â chysylltiad â chapel a ffynnon Gwenffrewi yn Nhreffynnon. Harri VII oedd yr unig fab yn llinach Tŷ Caerhirfryn, ond roedd ei hawl i'r goron yn un dila mewn gwirionedd – roedd yn ŵyr i Catherine de Valois ond roedd Margaret â'i bryd ar weld ei mab yn cael ei goroni. Edward III oedd hen hen daid Margaret, felly roedd ganddi achos dros hawlio'r goron i'w mab, Harri.

Y cysylltiad rhwng Harri Tudur a Chastell Penfro oedd mai ei ewythr, Jasper, oedd Iarll Penfro pan aned Harri yno ym mis Ionawr 1457. Bu farw Edmund yng Nghaerfyrddin yn ymladd yn erbyn byddin Tŷ Efrog, a hynny dri mis cyn geni Harri. Addawodd Jasper y byddai yn gofalu am Margaret Beaufort, gweddw Edmund, nad oedd ond 13 oed yn geni Harri.

Bu Harri yn alltud am gyfnodau yn ystod Rhyfeloedd y

Rhosod, pan oedd y brenin o linach Tŷ Efrog, ond yn dilyn ei fuddugoliaeth yn erbyn Rhisiart III ar Faes Bosworth priododd Harri Tudur ag Elizabeth Efrog gan ddod â Rhyfeloedd y Rhosod i ben unwaith ac am byth a sefydlu llinach y Tuduriaid. Mae llun (*tableau*) o enedigaeth Harri Tudur yn Nhŵr Harri VII ger y Porthdy Mawr – sef man geni Harri yn ôl y sôn.

Nodwedd bensaernïol gwerth ei gweld yng Nghastell Penfro yw'r bwa Normanaidd neu Romanésg (*Romanesque*) sy'n arwain i Neuadd Richard Strongbow (Hen Neuadd oddeutu 1150–1170). Er bod rhan sylweddol o'r neuadd, a'r bwa ei hun, wedi eu hadfer yn y 1930au, dyma enghraifft dda o bensaernïaeth Romanésg gyda corbelau allanol yn y wal uwchben y bwa. Ffurf hanner cylch ar ben colofnau sydd i'r bwa, gyda sawl llinell o'r bwa yn gyfochrog mewn rhai mannau. Mae enghraifft dda iawn o fwa Romanésg yn Ystrad Fflur hefyd (gweler Pennod 12).

Ymddiriedolaeth breifat, sef Ymddiriedolaeth Castell Penfro, sy'n gyfrifol am Gastell Penfro yn hytrach na Chadw / Llywodraeth Cymru – sefyllfa gymharol anghyffredin yma yng Nghymru. Parc Cenedlaethol Arfordir Penfro sy'n gyfrifol am Gastell Caeriw ac ymddiriedolaeth breifat arall am Gastell Aberteifi. Adlewyrchir hyn i raddau yn nhywyslyfr Ymddiriedolaeth Castell Penfro gan fod ynddo duedd i drafod posibiliadau yn hytrach na ffeithiau ar adegau. Gwelir enghraifft o hyn lle mae awdur y llyfryn yn crybwyll y posibilrwydd fod bryngaer yr Oes Haearn yma ar un adeg – mewn gwirionedd, does dim tystiolaeth archaeolegol i gefnogi'r datganiad hwn.

Yn yr un modd, mae gwallau yn ei ymdriniaeth o Ogof Wogan sydd tan y castell. 'The vast cavern deep in the rock beneath the castle was a shelter for cave dwellers during the Ice Age,' sydd yn y llyfryn, er mai callestr o'r cyfnod Mesolithig (8000–4000 Cyn Crist), ar ôl yr Oes Iâ, a ddarganfuwyd yno. Cyfeirir at yr Oes Efydd fel cyfnod o 'anarchy and warfare' – nid dyma iaith yr archaeolegydd. Er hyn, mae'n dywyslyfr lliwgar a defnyddiol er bod yr arbenigedd archaeolegol y byddai rhywun yn ei gael yn nhywyslyfrau corff megis Cadw ar goll.

Rwyf yn trafod Ogof Wogan ym Mhennod 1 – mae'r grisiau sy'n arwain at yr ogof yn y Neuadd Fawr.

Castell Caeriw

(Gweler hefyd hanes Nest, Pennod 9)

Wrth gyrraedd Castell Caeriw o'r dwyrain byddwch yn croesi ffos sy'n debygol o fod yn dyddio o'r Oes Haearn, pan ddefnyddiwyd y safle fel bryngaer isel ger afon fordwyol Caeriw. Adeiladodd

Castell Caeriw

Gerallt Windsor (Gerald de Windsor) gastell o bren a phridd yma oddeutu 1100 – mae'n deg gofyn pa mor anodd yw gwahaniaethu yn archaeolegol rhwng ffosydd Gerallt Windsor a rhai cynharach o'r Oes Haearn, mewn sefyllfa fel hon.

Yn achos Caeriw, cadarnhawyd drwy gloddio archaeolegol fod hyd at bum ffos amddiffynnol i'r dwyrain o'r castell, a gan i'r cloddwyr ddarganfod gwrthrychau o'r cyfnod Rhufeinig mae'n debygol mai caer o'r Oes Haearn Hwyr yw hon, a gafodd ei defnyddio yn y cyfnod Rhufeinig hefyd. Bellach mae'r ardal oedd y tu mewn i'r gaer o'r Oes Haearn wedi ei chladdu o dan y castell Canoloesol.

Darganfuwyd gwrthrychau eraill o'r cyfnod ôl-Rufeinig yma hefyd wrth gloddio, a chan fod Croes Caeriw gerllaw (sy'n dyddio o ddechrau'r 11eg ganrif ac yn groes goffa i Maredudd ap Edwin, un o dywysogion cynnar Deheubarth), tybed a oedd amddiffynfa Gymreig yma yn y ganrif neu ddwy cyn cyfnod y Normaniaid? Does dim tystiolaeth o hyn – ar hyn o bryd, beth bynnag.

Adeiladwyd y ward fewnol o garreg yn gyntaf, yng nghyfnod

Syr Nicholas de Carew rhwng 1280 ac 1310, a bu ambell ychwanegiad gan Syr Rhys ap Thomas oddeutu 1480. Syr John Perrot sy'n gyfrifol am yr adeiladwaith diweddarach o oes Elisabeth, rhwng 1588 ac 1592, a gwaith Perrot a greodd y ddelwedd yr ydym ni bellach yn gyfarwydd â hi o Gastell Caeriw.

Yr Oriel Hir ar ochr ogleddol y castell, yr ochr sy'n wynebu'r afon, yw'r ddelwedd eiconaidd honno, gyda thŵr y gogledd-orllewin ar un ochr, a'r hyn a elwir yn 'ystafell â golygfa' ar yr ochr arall yn fframio'r oriel hir. Nid yw'n syndod felly i Turner, oddeutu 1832, baentio llun dyfrlliw o gastell Caeriw sy'n edrych draw am y castell o'r gorllewin (*Manchester City Galleries. 1917, 99*).

Ffenestri nodweddiadol sgwâr o gyfnod Elisabeth sydd yn waliau'r Oriel Hir (sef adeiladau John Perrot) a gellir gweld y bariau rhwng chwareli'r ffenestri (mwliwn) a'r croeslathau (transom) yn amlwg.

Yn ôl tywyslyfrau Castell Caeriw, drwy siafft ceudwll y Porthdy Mewnol y dihangodd Gerallt Windsor pan ymosododd Owain ap Cadwgan ar y castell gan gipio'r dywysoges Nest (gweler Atodiad Pennod 9). Mae ffenestr Nest i'w gweld yn Nhŵr y Capel, sy'n rhan o Asgell y Dwyrain. Ffenestr wedi ei phaentio gan bobl ifanc o Glwb Ieuenctid Methodistiaid Caeriw yw hon.

Mae sôn hefyd fod ysbryd Nest yn crwydro'r Hen Dŵr gyda'r nos. Cyfeirir weithiau at ysbryd Nest fel y 'ladi wen' neu'r '*white lady*'. Ceir manylion holl ysbrydion Castell Caeriw ar wefan Parc Cenedlaethol Arfordir Penfro.

Castell Maenorbŷr (Manorbier)
Yma y ganed Gerallt Gymro oddeutu 1146. Ŵyr i'r dywysoges Nest a Gerallt Windsor oedd Gerallt ar ochr ei fam, Angharad FitzGerald, a dyma ddarn arall pwysig o jig-so hanes tywysogion Deheubarth a'u holl gysylltiadau. Mae Gerallt Gymro yn gorwedd yn ystlys gorawl ddeheuol Cadeirlan Tyddewi, y drws nesaf i gorffddelw yr Arglwydd Rhys.

Adeiladwyd y castell gan y teulu de Barry rywbryd yn ystod hanner cyntaf y 12fed ganrif, a does dim tystiolaeth archaeolegol bendant fod castell pren yma cyn yr adeiladwaith o garreg. Yn 1403, pan oedd y castell dan ofal Syr John Cornwall, rhoddwyd gorchymyn gan y brenin (Harri IV) i'w atgyfnerthu rhag ymosodiadau gan Glyndŵr – ni ddigwyddodd ymosodiad o'r fath mewn gwirionedd.

Rhoddwyd y castell i Margaret Beaufort yn rhodd am oes gan ei mab, Harri VII. Daeth y teulu Philipps (Castell Picton) yn berchen ar y castell yn yr 17eg ganrif, ac mae'n parhau yn nwylo'r teulu hyd heddiw.

Castell Cydweli

Perthyn i gyfnod Harri I mae'r castell gwreiddiol yng Nghydweli, sef y cyfnod yn dilyn marwolaeth Rhys ap Tewdwr ac ar ôl gwrthryfel y Cymry yn 1096. Sefydlwyd cestyll Caerfyrddin, Casllwchwr, Llansteffan a Thalacharn yn ystod yr un cyfnod. Bwriad Harri I oedd ailsefydlu grym Normanaidd yn ne Cymru (tywysogaeth Deheubarth), ac roedd marwolaeth Rhys ap Tewdwr yn golygu nad oedd gwrthwynebiad digon cryf i

Castell Cydweli

ddyheadau'r Normaniaid nes cyfnod yr Arglwydd Rhys o ganol y 12fed ganrif ymlaen.

Castell cylchfur o bren a phridd oedd yma'n wreiddiol, a dechreuwyd ar y gwaith o adeiladu'r castell carreg o fewn y cylchfur gan Pain de Chaworth yng nghyfnod Edward I, o 1277 ymlaen. Cyn hynny bu Maurice de Londres yn gyfrifol am y castell (oddeutu 1136), a'i fyddin ef oedd yn gyfrifol am farwolaeth Gwenllian (merch Gruffudd ap Cynan a gwraig Gruffudd ap Rhys ap Tewdwr) ar Faes Gwenllian yn Chwefror 1136. Roedd ei gŵr, Gruffudd, wedi teithio i'r gogledd, mae'n debyg, i gyfarfod Owain Gwynedd yn Aberffraw, ac o ganlyniad arweiniodd Gwenllian ei byddin yn erbyn y Normaniaid yn absenoldeb ei gŵr.

Saif y castell ar lan gorllewinol afon Gwendraeth, lleoliad sy'n dilyn y patrwm Normanaidd a Seisnig o godi cestyll ger afonydd lle'r oedd modd cludo nwyddau, adnoddau a dynion yn rhwydd o'r môr. Wrth i'r castell gael ei ailwampio yng nghyfnod Edward I datblygodd ffurf gonsentrig i'r castell, sef cysylltfur o fewn cysylltfur yn creu ward fewnol a ward allanol. Dyddia'r cysylltfur mewnol o'r 1270au a'r cysylltfur allanol o ddechrau'r 14eg ganrif.

I'r de o'r castell roedd y dref Normanaidd gyda'r porth deheuol o'r 14eg ganrif yn gwahanu'r castell oddi wrth y dref.

Castell Caerfyrddin

Un cwestiwn amlwg, ond un anodd iawn ei ateb, yw faint o barhâd oedd yng Nghaerfyrddin fel tref rhwng ymadawiad y Rhufeiniaid a dyfodiad y Normaniaid. Rydym yn sôn am y Canol Oesoedd Cynnar rhwng y 6ed a'r 11eg ganrif – cyfnod lle mae olion a thystiolaeth archaeolegol yn brin.

Awgryma Gerallt Gymro fod rhannau o'r muriau Rhufeinig yn dal i sefyll yn y 12fed ganrif, felly byddai'r Normaniaid / Saeson wedi eu gweld. Sefydlwyd y castell mwnt a beili gwreiddiol gan y Normaniaid ar graig yn edrych dros afon Tywi – lleoliad amddiffynnol ger afon oedd yn bwysig iddynt yn hytrach nag unrhyw gysylltiad â'r Rhufeiniaid, er ei bod yn bur debyg i'r Rhufeiniaid ddewis lleoli eu caer hwy yng Nghaerfyrddin am resymau tebyg, ar lan afon Tywi ac ar linell y ffordd Rufeinig o Ddinefwr (Dyffryn Tywi).

Porth Castell Caerfyrddin

O gyfeiriad Sgwâr Nott mae porth y castell a'r ddau dŵr yn ein hwynebu, ac mae modd cerdded drwy'r porth i weld rhannau o'r castell ger Neuadd y Sir. Yn ddiddorol, heddiw mae Caerfyrddin yn parhau'n ganolfan weinyddol ar gyfer Cyngor Sir Gâr – yn sicr, bwriad y Normaniaid o gyfnod Harri I ac, yn ddiweddarach, Edward I, oedd sefydlu canolfan weinyddol Seisnig yma.

O droi i'r chwith ar ôl mynd drwy borth y castell gwelir y Ganolfan Wybodaeth, wedi ei lleoli yn hen adeilad y jêl neu'r carchar (Castle House) sy'n dyddio o'r 19eg ganrif. Dyma ganolfan wych, gyda llaw, os hoffech gael rhagor o wybodaeth am Gaerfyrddin a'r cyffiniau.

Unwaith eto, castell mwnt a beili Normanaidd oedd yma'n wreiddiol, ac mae enwau strydoedd megis The Mount a Castle Hill yn awgrymu dylanwad y cestyll Normanaidd a Seisnig diweddarach. Walter, Siryf Caerloyw, a gododd y castell mwnt a beili oddeutu 1109 ac fe ymosodwyd arno droeon gan y Cymry.

Ailgodwyd y castell o garreg yn 1145 yn dilyn ymosodiad gan y Cymry yn 1137. Bu'r castell ym meddiant Llywelyn Fawr am gyfnod yn y 13eg ganrif cyn cael ei gipio'n ôl gan William Marshal yn 1223. Ymddengys y bu cryn waith adeiladu yn ystod y 14eg ganrif gan gynnwys datblygu ystafelloedd brenhinol a gweinyddol yn y castell.

Cipiwyd y castell drachefn gan y Cymry yn ystod Gwrthryfel Glyndŵr yn 1405 – unwaith eto, dyma gastell Seisnig a fu ym meddiant y Cymry sawl gwaith yn ystod ei hanes. Gan ymddiheuro am ailadrodd: nid yw hanes byth yn syml, ac nid yw'r gwahaniaeth rhwng cestyll Seisnig a chestyll Cymreig mor amlwg â hynny chwaith, oni bai ein bod yn diffinio hynny yn nhermau pwy gododd y castell yn y lle cyntaf.

Gyda datblygiadau adeiladu ar ddiwedd y 18fed ganrif, a chodi Neuadd y Sir yn 1938, dinistriwyd rhan helaeth o'r castell.

Castell Edward I, Aberystwyth

Tref Seisnig arall oedd Aberystwyth. Cododd Edward I gastell yno yn 1277 ar dir oedd yn perthyn i Abaty Ystrad Fflur, a bu'n rhaid iddo dalu iawndal iddynt am y tir. Does dim tystiolaeth archaeolegol bod unrhyw amddiffynfeydd o amgylch y dref Seisnig wedi goroesi, nac awgrym fod unrhyw beth ar y penrhyn

Mynedfa fewnol Castell Aberystwyth

Tŵr ward fewnol Castell Aberystwyth

lle adeiladwyd Castell Edward cyn iddo godi'r castell. Adeiladodd Edward gestyll yn Llanfair-ym-Muallt a Rhuddlan yn yr un flwyddyn.

Cipiwyd y castell am gyfnod yn ystod gwrthryfel Llywelyn ap Gruffudd, ond methodd y Cymry yn ystod gwrthryfel Madog ap Llywelyn yn 1294–95 â'i gipio'n ôl o ddwylo'r Saeson. Bu Glyndŵr yma am gyfnod o bedair blynedd cyn i'r castell gael ei feddiannu gan y Tywysog Harri (Harri V). Dinistriwyd y castell ar ôl y Rhyfel Cartref (1642–1651).

Castell consentrig sydd yma, gyda dau gysylltfur syth ar ffurf diemwnt yn hytrach na chylchfuriau, ac mae'r fynedfa yn wynebu'r dwyrain. Un o ryfeddodau Castell Aberystwyth yw'r cylch o Gerrig yr Orsedd yn y ward fewnol, sy'n dyddio o gyfnod Eisteddfod Genedlaethol Aberystwyth 1916.

Efallai mai'r tŵr yn wal orllewinol y cysylltfur mewnol yw un o nodweddion amlycaf y castell – yn sicr, dyma'r rhan sy'n sefyll uchaf. Gellir cerdded drwy'r porth postern hwn o ochr y

Promenâd Newydd, a gwelir ffurf y pyrth allanol a mewnol ar ochr ddwyreiniol y castell wrth gerdded ato o gyfeiriad y dref. Gan fod rhywun yn gallu dilyn sawl llwybr o sawl cyfeiriad i mewn i Gastell Aberystwyth, rydym yn colli'r effaith arferol o gerdded i mewn i gastell caeëdig.

Mae tystiolaeth i rodfa porth mewnol y castell gael ei atgyweirio – gwelir wal wedi ei hadeiladu uwchben rhigol y porthcwlis (*portcullis*).

* * *

Y ddolen gyswllt yma yw bod y cestyll hyn wedi eu hadeiladu gan y Normaniaid neu yng nghyfnod Edward I er mwyn rheoli Deheubarth. Bu Rhys ap Tewdwr a'r Arglwydd Rhys yn eu tro yn llwyddiannus yn gwrthsefyll yr ymgyrchoedd Normanaidd / Seisnig, ond does dim modd osgoi gwreiddiau Seisnig trefi fel Penfro, Dinbych-y-pysgod, Hwlffordd, Aberteifi ac Aberystwyth.

Sefydlwyd Caerfyrddin gan y Rhufeiniaid, wrth gwrs, ond erbyn hyn mae Caerfyrddin ac Aberteifi yn teimlo'n drefi Cymreigaidd iawn. Er bod Aberystwyth yn dref Brifysgol, mae rhywun yn teimlo fod Aber hefyd yn dref Gymreig, a'r iaith Gymraeg yn ddigon amlwg – prin y byddai neb yn ymwybodol o wreiddiau Seisnig y dref. Nid felly Penfro a Hwlffordd.

Hoffwn eich cyfeirio, i gloi'r bennod hon, at lyfr Peter Humphries, *On the Trail of Turner, In North and South Wales* (Cadw) os ydych yn ymddiddori mewn celf. Paentiodd William Turner Gastell Cydweli o ochr dde-ddwyreiniol afon Gwendraeth, Castell Talacharn o aber afon Taf, Castell Penfro o ochr arall yr afon a Chastell Caeriw o lan yr afon o'r gorllewin.

Castell Nanhyfer
Cyfeirnod Map: OS Landranger 145 SN 082401
Croeswch y bont yn Nanhyfer, ewch i'r chwith cyn cyrraedd yr
eglwys a dilyn yr allt i fyny am y castell. Gwelir arwyddion ar
gyfer y castell ar ochr dde y ffordd. Byddwch yn mynd heibio i
Groes y Pererinion ar y tro drwg hanner ffordd i fyny am y
castell.

Castell Cilgerran
Cyfeirnod Map: OS Landranger 145 SN 195431
Oddi ar ffordd yr A478 rhwng Aberteifi a Dinbych-y-pysgod.
Mae'r castell yng nghanol y pentref, a gallwch barcio ar y stryd.

Castell Penfro
Cyfeirnod Map: OS Landranger 158 SM 982016
Mae Castell Penfro yng nghanol tref Penfro, ar ochr orllewinol y
dref. Codir tâl mynediad, a bydd yn rhaid i chi ddefnyddio'r
meysydd parcio cyhoeddus.

Castell Caeriw
Cyfeirnod Map: OS Landranger 158 SN 047038
Mae Caeriw ar yr A477 ychydig i'r gogledd-ddwyrain o Benfro.
Codir tâl mynediad ac mae maes parcio.

Castell Maenorbŷr
Cyfeirnod Map: OS Landranger 158 SS 065978
Dilynwch yr A4139 rhwng Penfro a Dinbych-y-pysgod.
Gwelwch arwyddion am Faenorbŷr / Manobier (B4585).
Parciwch ger y traeth a dilyn y llwybr i gyfeiriad y castell. Codir
tâl mynediad.

Castell Cydweli
Cyfeirnod Map: OS Landranger 159 SN 409071
Mae Cydweli ar ffordd yr A484 rhwng Caerfyrddin a Llanelli,
a'r castell yng nghanol y dref. Codir tâl mynediad ac mae maes
parcio.

Castell Caerfyrddin
Cyfeirnod Map: OS Landranger 159 SN 413200
Mae'r castell yng nghanol y dref, a'r fynedfa ger Sgwar Nott.
Gellir parcio yn y meysydd parcio cyhoeddus.

Castell Aberystwyth
Cyfeirnod Map: OS Landranger 135 SN 579815
Mae'r castell ger glan y môr ar ochr orllewinol y dref.

Pennod 11
Y Llinell Landsger: Archaeoleg 'Little England Beyond Wales'

Cyfnod: 11eg–13eg Ganrif

Mae dwy ochr yn Sir Benfro,
Un i'r Sais a'r llall i'r Cymro –
Melltith Babel wedi rhannu
Yr hen sir o'r pentigili.
                    Hen Bennill

Beth yn y byd yw 'Little England Beyond Wales'? Wel, dyma'r rhan o dde Sir Benfro a de-orllewin Sir Gâr lle mae'r iaith Saesneg a diwylliant Seisnig yn fwy amlwg na'r Gymraeg. Yr enw ar y ffin ieithyddol hon yw'r llinell Landsger neu'r Landsker Line, ond mae cyfeiriadau hanesyddol at y termau *Englishry* a *Welshry* yn ogystal. Yn yr 16eg ganrif cyfeiriodd William Camden at yr ardal Seisnig hon fel Anglia Transwalliana, a hyd heddiw mae'r Cymry yn cyfeirio at 'Sir Benfro Saesneg' wrth son am y tir i'r de o'r llinell Landsger yn y de-orllewin pellaf.

Sut mae modd i ddarn bach mor anghymreig o Gymru fodoli yn yr oes oleuedig hon? Mae'r ateb yn deillio o gyfnod y Normaniaid a'r effaith bellgyrhaeddol a gafodd Harri I ar yr ardal – dylanwad sydd wedi parhau hyd heddiw. Ond dylanwad hanesyddol neu ddim, alla i ddim deall sut ein bod ni Gymry Cymraeg yn caniatáu i'r sefyllfa hon fodoli – onid oes modd Cymreigio'r *Englishry*?

Fel archaeolegydd fyddwn i, yn amlwg, ddim o blaid chwalu'r nodweddion archaeolegol, a dylid cadw'r enwau llefydd Seisnig, hyd yn oed – nid ein gwaith ni yw ailysgrifennu hanes. Ond er mwyn gwneud y Gymraeg yn weledol a chlywedol ar strydoedd Penfro neu Aberdaugleddau, er mwyn sicrhau fod grwpiau pop Cymraeg yn canu yn Ninbych-y-pysgod neu Arberth (fel sy'n digwydd eisoes yn Neuadd y Frenhines), ac er mwyn gwneud i'r boblogaeth deimlo yn fwy Cymreig a Chymraeg – mae angen gweithio ac ymgyrchu'n galed yma.

'Landsker' yw'r gair Eingl-Sacsonaidd am ffin, a rhesymau hanesyddol sy'n esbonio defnydd o'r term yng nghyd-destun Sir Benfro wrth i'r Normaniaid ymsefydlu yma yn yr 11eg a'r 12fed ganrif. Petai rhywun yn tynnu llinell ar fap byddai'n rhedeg fwy neu lai o Dalacharn yn Sir Gâr hyd at Solfach ar arfordir gorllewinol Sir Benfro. Nid ffin o glawdd a phridd mo hon ond ffin ieithyddol a diwylliannol.

Dim ond mor ddiweddar ag 1939 y dechreuwyd defnyddio'r enw Landsker yng nghyd-destun Sir Benfro. Mae rhai o'r farn fod hon yn llinell neu ffin ieithyddol weddol amlwg a phendant hyd heddiw, ond yn hanesyddol mae'r llinell wedi symud yn ôl ac ymlaen gydag ymgyrchoedd Normanaidd / Seisnig i'r gogledd. Cestyll y Normaniaid ar ei hyd yw nodweddion gweladwy amlycaf y llinell Landsger.

Pan oeddwn yn sgwrsio â phobl wrth ysgrifennu'r llyfr hwn, doedd gan bobl ifanc yn aml ddim syniad beth oedd y llinell Landsger, a rhaid oedd esbonio mai ffin ieithyddol oedd hi. Roedd pobl hŷn, yn enwedig y di-Gymraeg, i weld yn fwy cyfarwydd â'r gair. Cefais wybod gan un gŵr yn Llandysilio mai'r A40 yw'r llinell, yn fras, sef y ffordd o Sanclêr i Hwlffordd– sydd yn sicr yn rhoi syniad i ni o'i ffiniau wrth deithio yn y car. I'r de o'r ffordd mae'r Englishry, i'r gogledd mae Sir Benfro a Sir Gâr Gymraeg.

Wrth ddarllen y gyfrol *Crwydro Sir Benfro* (1958) sylwais fod yr awdur, E. Llwyd Williams, yn cyfeirio at y Ffleminiaid (neu'r Fflandryswyr) fel 'Fflemingiaid' wrth esbonio sut mae trigolion y 'Lloegr Fach tu hwnt i Gymru' hwn yn 'gymysgedd o Fflemingiaid, Normaniaid, Sgandinafiaid, Gwyddelod ac eraill, a hwythau bellach ar ôl canrifoedd o gyfathrach wedi tyfu'n un llwyth cymdogol yn Anglia Transwallia'. Mae Williams yn gywir i gydnabod bod tafodiaith hynod y rhan ddeheuol hon o Sir Benfro yn un sydd wedi bathu ac addasu geiriau Sgandinafaidd a geiriau o'r Fflemineg. Rhai o enghreifftiau Williams yw 'drang' am dramwyfa rhwng tai, 'voor' am y gair cwys, neu'r cefn a ffurfir gan ddwy gŵys, a 'claps' am hel clecs neu straeon na ddylid eu dwyn o dŷ i dŷ.

Mae tafodiaith Cymry Sir Benfro hefyd yn hynod, a dyma sut y disgrifia E. Llwyd Williams y llinell Landsger yn nhafodiaith Sir Benfro: 'Nawr, ma' rhywbeth yn digwydd ichi wrth baso Penblewyn; ma'na lein tebyg i'r Icwetor yn rhedeg ar draws y wlad ffor'na ac yn newid iaith y dinion. Rhyw Sisneg-Gwyddeledd-Fflemingedd sy'r ochr isha i Benblewyn a dina iaith naw o bob deg yn Arberth.' 'Down Belaw' yw'r ochr Seisnig (isaf) i'r llinell. Yn ieithyddol, mae'r ffin orllewinol rhwng traeth Pen-y-cwm a Niwgwl ger Bae Sain Ffraid, ac awgrymir mai ffrwd Bandy Brook yw'r ffin ddaearyddol. Daw'r ffin ddwyreiniol i ben ychydig i'r gogledd o Dalacharn.

Gellir gweld tystiolaeth o'r Gymraeg yn ddigon amlwg yn Llandysilio o edrych ar enw'r ysgol gynradd, Ysgol Brynconin, a'r Capel, Blaenconin. Bu motel Nant y Ffin yn lleoliad ar gyfer gigs Cymraeg ar un adeg – rwy'n cofio trefnu gig i'r grŵp Anweledig yno rywbryd tua throad y Mileniwm – ond faint o Gymraeg sydd yn Nhyddewi a rhai o'r pentrefi i'r gogledd o'r llinell bellach? Rhaid cofio bod newid yn iaith y gymdeithas bellach yn batrwm drwy Gymru gyfan, ac nid yn rhywbeth unigryw ar hyd y llinell Landsger.

Ymgartrefodd pobl o dras Ffleminaidd ym Mhenrhyn Gŵyr, ac yn ne Sir Benfro yn benodol, ar gais Harri I (1068–1135): gwahoddodd (neu derbyniodd) Harri bobl Ffleminaidd o ardal Northumberland i boblogi cwmwd Cantref Rhos rhwng dwy afon Cleddau o 1107 ymlaen (Cleddy Wen a Chleddy Ddu). Ymhen amser, byddai'r ymgartrefu, neu goloneiddio, Ffleminaidd hwn yn ymestyn i ardal ehangach. Cyfeiriodd Gerallt Gymro yn 1188 at Ffleminiaid Sir Benfro fel 'a brave and hardy race, equally fitted for the plough and the sword, skilled in commerce and in the manufacture of woollen cloth.' Mae sawl safle yn Sir Benfro ag iddo enw Ffleminaidd: Wiston, Ambleston, Flemings Castle a Flemington.

Yn 1102 enillodd Harri I reolaeth dros ran ddeheuol Sir Benfro, gan ddisodli'r teulu de Montgomery am eu rhan yn cefnogi gwrthryfel ei frawd, Robert Normandy. O hynny ymlaen ymestynnodd grym a rheolaeth Harri I draw at Gaerfyrddin, ac ymhen ychydig flynyddoedd at Abertawe a Phenrhyn Gŵyr.

Gan fod grym Roger de Montgomery a'i deulu wedi datblygu'n fygythiad i'r brenin Harri, efallai fod modd egluro'r coloneiddio bwriadol Ffleminaidd fel ymdrech gan Harri nid yn unig i ddisodli'r Cymry ymhellach (a fyddai eisoes wedi eu gormesu, i raddau, gan y Normaniaid yn ne'r sir) ond hefyd i gael poblogaeth fwy ffyddlon iddo'i hun yn ardal Penfro. Roedd nifer o'r Ffleminiaid wedi ymsefydlu yng ngogledd Lloegr cyn hynny er mwyn amddiffyn a chryfhau'r ffin rhwng Lloegr a'r Alban, felly roedd Harri I yn defnyddio tacteg filwrol oedd wedi ei phrofi'n barod. Cyfeiria *Brut y Tywysogion* at y ffaith fod y Cymry lleol wedi eu halltudio o'u cartrefi. Beth yw hyn onid ffurf gynnar o *ethnic cleansing*?

Wrth adolygu'r gyfrol *Wales: A Study in Geography and History* gan E. G Bowen yn *Archaeologia Cambrensis*, mae H.J. Randall yn cyfeirio at yr *'Englishries of Pembroke and Gower'*. Credai Randall fod trafod y ffiniau hyn yn allweddol er mwyn dehongli hanes Cymru, gan awgrymu bod y ffin yn un na fu fawr o symud arni. Er i'r adolygiad gael ei gyhoeddi yn 1941 nid yw Randall yn defnyddio'r term Landsker.

Mewn gwirionedd roedd y llinell Landsger hefyd yn ffin amaethyddol, a'r Cymry yn cael eu symud (neu eu cadw) i'r bryniau yn y gogledd lle mae'r pridd asidig yn ei gwneud hi'n anodd i dyfu gwenith. O ganlyniad, ceirch a rhyg fyddai eu prif gnydau tra mae gwenith yn llewyrchu ar y calchfaen yn y de. Roedd y Normaniaid wedi hawlio'r tir amaethyddol gorau, felly. Wrth deithio ar hyd y llinell Landsger mae'r iseldir amaethyddol i'r de a'r bryniau llai maethlon i'r gogledd i'w gweld yn amlwg.

Hyd yn oed mor ddiweddar â'r ddeunawfed ganrif roedd amaethwyr cefnog de'r sir yn eu hystyried eu hunain o statws uwch na thyddynwyr y gogledd. Medd R.T. Jenkins yn *Hanes Cymru yn y Ddeunawfed Ganrif*: 'Yn Sir Benfro, yr oedd tyddynwyr Cymreig gogledd y sir yn destun gwawd i amaethwyr cefnog Penfro Seisnig; ystyriai'r Saeson, a hwy'n byw ar fara gwenith, mai bwyd i geffylau yn unig oedd ceirch.'

Cestyll Normanaidd ar y Landsger

Y Landsger Ddeheuol

Dyfynnaf eto o'r gyfrol *Crwydro Sir Benfro, Y Rhan Gyntaf*: 'Gwelir ar hyd yr hen ffin – y 'landsker' – gestyll wedi eu codi bron â bod yng ngolwg ei gilydd, bob rhyw bedair neu bum milltir, yn Arberth, Llanhuadain (Llawhaden), Hwlffordd a'r Garn (Roch). A gŵyr pob Cymro balch o'i dras a'i iaith paham y codwyd hwy.'

O edrych ar fap gellir gweld llinell weddol amlwg o gestyll ar hyd y Landsger, yn cynnwys cestyll Tyddewi, Pointz, Y Garn (Roch), Great Rudbaxton, Rath, Wiston, Dingstopple, Drim, Llanhuadain, Arberth, Green Castle, Templeton, Llanddowror, Sanclêr a Threfenty, ac yn olaf, castell Talacharn i'r gorllewin o afon Taf. Rwyf am ganolbwyntio yn bennaf ar y cestyll mwnt a beili neu gylchfur yn y bennod hon, gan osgoi trafod cestyll i'r de o'r llinell megis castell Hwlffordd. Sylwer fy mod hefyd yn crybwyll llinell arall o gestyll i'r gogledd o'r Landsger, isod.

Parc y Castell (Castell), Tyddewi
Cyfeirnod Map: OS 157 SM 744251

Parc y Castell, Tyddewi

Adeiladwyd y castell cylchfur a beili (*ringwork and bailey*) ar gyfer Esgob Tyddewi. Ymhen amser, symudodd yr Esgob i Blas yr Esgob yn Nhyddewi. Palisâd bren ar ben y clawdd fyddai wedi amddiffyn y castell hwn yn hytrach na muriau o garreg, a byddai afon Alun i'r dwyrain wedi ychwanegu at yr elfen amddiffynnol.

Gellir gweld y cloddiau o'r ffordd i gyfeiriad Clegyr Boia, ryw filltir i'r gorllewin o Dyddewi, drwy ddilyn y ffordd heibio maes parcio Plas yr Esgob. Drwy edrych yn ôl i gyfeiriad y dwyrain mae twr y gadeirlan i'w weld yn glir o Barc y Castell. O'i gymharu â chestyll mwnt a beili arferol, mae'r beili neu'r buarth o faint sylweddol. Nid yw mor hawdd cerdded ar hyd y cloddiau oherwydd y tyfiant eithin.

Castell Pointz, ger Solfach

Cyfeirnod Map: OS 157 SM 830237

Tomen gastell neu fwnt o'r 12fed ganrif yw hwn, wedi ei enwi ar ôl Punch neu Ponce a oedd yn denant i Esgob Tyddewi. Does dim ar ôl o'r beili (buarth), er bod awgrym yn y 1920au mai cae i'r gorllewin o'r enw Parc y Castell oedd safle'r beili. Byddai gorthwr pren wedi ei godi ar ben y domen, a gwelir y domen honno y tu ôl i'r adeiladau fferm ger Llwybr yr Arfordir i gyfeiriad Porthmynawyd.

Gwnaethpwyd mymryn o waith cloddio ar ochr y domen yn ystod y 19eg ganrif, ac yn ôl y sôn darganfuwyd darnau o arian efydd yn ogystal â charreg groes sydd bellach yn wal y ffermdy. Efallai mai dyma pam mae'r domen, sydd tua 6 medr o uchder, mewn cyflwr mor ddrwg. Gwelir y ffos o amgylch y domen ger y ffordd drwy'r fferm.

Heddiw, mae parlwr hufen iâ ym muarth y fferm a digonedd o le i barcio. Mae'r troad i'r fferm ychydig i'r de o bentref Solfach ar yr A487, ar ôl y troad i siambr gladdu Llaneilfyw (St Elvis).

Castell y Garn (Roch)

Cyfeirnod Map: OS 157 SM 880212

Adeiladwyd hwn yn ystod ail hanner y 12fed ganrif gan Adam de Rupe ar y llinell Landsger. Ystyr *roche* yn y Ffrangeg yw 'craig', a saif y castell ar ddarn o graig drawiadol. Heddiw mae'r castell

Castell y Garn

wedi ei adfer a'i addasu yn westy moethus pum seren, ac mae'n nodwedd ddramatig ar y tirlun wrth deithio i gyfeiriad Hwlffordd o Dyddewi.

Cas-lai; Hayscastle
Cyfeirnod Map: OS 157 SM 895256)
Castell tomen (a beili, o bosib) ychydig i'r gogledd o Gastell y Garn ac yn gorwedd ychydig i'r gogledd o'r llinell Landsger. Gwelwn y domen ger mynedfa Hayscastle Farm, ar ochr y ffordd wrth fynd i gyfeiriad yr eglwys. Os oedd beili rhwng y domen a'r eglwys (Eglwys Santes Fair) mae'n anodd ei weld, gan fod y tyfiant mor drwchus yma. Does dim modd croesi'r ffos at y domen gan fod y ffos mor wlyb a thyfiant dros y domen.

Gerllaw yn Hayscastle Tump (SM 902246) gellir gweld twmwlws claddu o'r Oes Efydd.

Mwnt Cas-lai

Castell Cas-blaidd; Wolf's Castle
Cyfeirnod Map: OS 157 SM 957265
Mwnt Normanaidd ger lle mae afonydd Cleddy Wen ac Angof yn
cyfarfod. Defnyddiwyd yr enw *Castum Lupi* ar y safle yn y 13eg

Mwnt a beili Cas-blaidd

ganrif – mae'n bosib mai enw personol Normanaidd fyddai 'Lupi'. Gwelir olion y beili i'r de-ddwyrain, a saif y mwnt i uchder o 7 medr a 15 medr ar draws.

Mae llwybr a grisiau yn arwain at leoliad castell Cas-blaidd ger mynedfa safle Dŵr Cymru (mae arwydd Mwnt a Beili ger y giât), sydd ger y ffordd drwy'r pentref ac ymlaen o dan y ffordd osgoi. Er bod bwrdd gwybodaeth cynhwysfawr wrth y beili, does fawr o olwg bod gwaith cynnal a chadw yn cael ei wneud yma. Mae'r glaswellt yn hir, a thipyn o gamp yw croesi'r beili at y mwnt.

Ger y ffos wrth y mwnt mae cerrig i'w gweld ar y llawr – mae'n anodd gwybod a ddefnyddiwyd cerrig i adeiladu yma ar ryw gyfnod.

Rudbaxton

Cyfeirnod Map: OS 157 SM 960205

Gellir gweld gweddillion mwnt ger y fynwent yn Rudbaxton. Parciwch ger Eglwys Sant Mihangel ac mae'r gweddillion y tu ôl i'r maes parcio ger y fferm. Wrth gerdded tuag at y fferm mae adeilad ar y chwith sydd wedi ei adeiladu yn erbyn y mwnt. Oherwydd yr holl goediach does dim modd cyrraedd na gweld y mwnt yn glir.

Does dim arwydd pentref wrth gyrraedd Rudbaxton, felly chwiliwch am yr arwydd bach am yr eglwys i ddarganfod y castell.

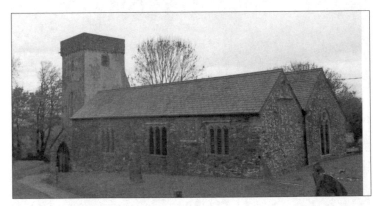

Eglwys Rudbaxton

Rath (Symon's Castle)

Cyfeirnod Map: OS 157 985189)

Castell cylchfur (*ringwork*) ger Crundale ar ffordd fechan oddi ar y B4329 o Crundale tuag at Scolton Manor. Daw'r enw Rath o'r gair Gwyddeleg *ráth* (*rath* yn Saesneg hefyd) sy'n disgrifio safle cylchog wedi ei amddiffyn yn Iwerddon yn dyddio gan amlaf o'r Oes Efydd. Cawn safleoedd tebyg yng Nghernyw (*rounds*) a hefyd de Cymru. Y tebygolrwydd yw mai cylchfur Canoloesol sydd yma, yn ailddefnyddio bryngaer o'r Oes Haearn yn hytrach na chaer neu *rath* o'r Oes Efydd – a go brin bod unrhyw gysylltiad Gwyddelig yma chwaith heblaw'r enw.

Coed yn ffos Castell Rath

Dyma safle trawiadol tu hwnt – mae ardal o faint cae wedi ei amgylchynu gan gloddiau a ffosydd sylweddol. Gellir cymharu'r beili â maint y beili yng Nghas-wis (isod).

Mae cilfan fechan ar ochr y ffordd er mwyn parcio, a llwybr cyhoeddus yn arwain drwy gae at gamfa sy'n dod â chi at fynedfa'r cylchfur. Rhaid pwysleisio mor drawiadol a sylweddol ei faint yw'r cylchfur hwn. Wrth gamu i lawr at y ffos cewch argraff gref fod hwn yn safle amddiffynnol.

Castell Cas-wis, Wiston
Cyfeirnod Map: OS 158 SN 025181

Dan ofal Cadw, dyma gastell mwnt a beili mewn cyflwr da gyda gorthwr diweddarach o garreg ar ben y mwnt. Cafodd ei adeiladu yn wreiddiol gan fewnfudwr Ffleminaidd o'r enw Wizo yn ystod hanner cyntaf y 12fed ganrif. O'r holl safleoedd ar y llinell Landsger, dyma un o'r goreuon i ymweld ag ef.

Cipiwyd y castell hwn yn ei dro gan Hywel Sais (mab yr Arglwydd Rhys) ac yn ddiweddarach gan Llywelyn ab Iorwerth, ac mae'n bosib bod y gorthwr carreg yn deillio o'r cyfnod ar ôl ymgyrch Llywelyn Fawr, pan adferwyd y castell gan William Marshal, Penfro. Dywed Rees (1992) fod arddull y bwa yn awgrymu ei fod o gyfnod cynharach, felly mae'n aneglur pryd yn union y codwyd y gorthwr carreg. Gallai Llywelyn fod wedi dinistrio rhan o'r gorthwr carreg yn ystod ei ymgyrch – tybed ai dyma'r esboniad am y cerrig sydd wedi disgyn ar ochr ogleddol y tŵr?

Wrth gerdded ar draws y beili ceir argraff o fuarth sylweddol iawn. Mae bwrdd gwybodaeth ger y beili a grisiau cerrig modern yn arwain at y gorthwr. Ger porth y gorthwr mae tyllau *drawbars*

Castell Cas-wis

yn amlwg, ac mae'n amlwg, yn ogystal, ble byddai'r drws wedi bod. Gwelir olion y grisiau i'r llawr cyntaf ar y dde wrth fynd i mewn i'r tŵr crwn.

Yn ddiweddar darganfuwyd caeran Rufeinig ger Cas-wis (SN 025 186) o'r awyr – ychydig i'r gogledd o safle'r castell Normanaidd.

Castell Dingstopple
Cyfeirnod Map: OS 158 SN 061185
Mwnt gyda man gwastad ar ei ben.

Castell y Drim (Drum)
Cyfeirnod Map: OS 158 SN 064196
Cylchfur clawdd ger Fferm Drim yn agos iawn ac ychydig i'r gorllewin o gestyll Dingstopple a Llanhuadain.

Castell Llanhuadain
Cyfeirnod Map: OS 158 SN 073175
Dyma un o'r cestyll mwyaf sylweddol ar y llinell Landsger, wedi ei adeiladu yn ystod y 12fed ganrif ac yn rhan o dir Esgobaeth

Porth Castell Llanhuadain o'r tu mewn

Tyddewi. Castell cylchfur a phalisâd pren oedd yma'n wreiddiol, a gellir gweld ffurf y cylchfur pridd o amgylch y castell carreg diweddarach.

Llwyddodd yr Arglwydd Rhys i gipio a dinistrio'r castell pren yn 1192, a rhywbryd ar ôl hynny, wedi i'r Esgobaeth ailgipio'r castell, y dechreuwyd adeiladu'r castell o garreg. Adeiladwyd â charreg o ddechrau'r 13eg ganrif, a bu datblygiadau diweddarach ar ddiwedd y 13eg ganrif a dechrau'r 14eg ganrif.

Trawsffurfiwyd y safle yn gastell amddiffynnol o statws a fyddai'n briodol ar gyfer Esgobaeth Tyddewi, a gwnaed ychwanegiadau pellach i'r porth yn hwyrach yn y 14eg ganrif. Saif y porth a'r ddau dŵr fwy neu lai i'w huchder gwreiddiol. Gwelwn y rhigol ar gyfer y giât porthcwlis, ac o edrych i fyny gallwn hefyd weld y *murder holes*, sef tyllau ar gyfer gollwng cerrig neu arllwys hylif poeth ar ben unrhyw ymosodwyr.

Dyma'r castell mwyaf cyflawn i mi ei drafod yn y bennod hon. Os ydych am ymweld, parciwch yng nghanol Llanhuadain a cherdded at y castell. Mae giatiau'r castell yn cau am 4pm bob dydd.

Castell Arberth

Castell Arberth

Cyfeirnod Map: OS 158 SN 110144

Adeiladwyd hwn oddeutu 1257. Mae tri thŵr crwn yn dal i sefyll, yn ogystal â darn o dŵr arall a darn o'r neuadd. Os ydych am ymweld â'r castell, mae ar waelod y brif stryd siopa, Stryd y Farchnad, ar yr A478 ar ochr ddeheuol y dref.

Green Castle

Cyfeirnod Map: OS 158 SN 128142

Gweddillion mwnt ger fferm Glyn Patel ychydig i'r dwyrain o Arberth.

Sentence Castle, Templeton

Cyfeirnod Map: OS 158 SN 110116

Castell cylchfur pridd ychydig i'r de o Arberth.

Castell Llanddowror

Cyfeirnod Map: OS 158 SN 253147

Tomen gastell bosib i'r gorllewin o Eglwys Cymun Sant Teilo yn Llanddowror.

Banc y Beili, Sanclêr

Cyfeirnod Map: OS 158 SN 281154

Mae hwn wedi ei leoli lle mae afonydd Tâf a Chynin yn cydlifo, mewn man lle byddai'r Normaniaid wedi gallu ei gyrraedd mewn cychod. Mae'r domen mewn cyflwr da ac yn dyddio o ddiwedd yr 11eg ganrif, o'r un cyfnod â'r priordy Clywinaidd yn Sanclêr. Dywedir bod y castell wedi bod ym meddiant yr Arglwydd Rhys, Hywel Sais a Llywelyn ab Iorwerth am gyfnodau, ond yn nwylo'r Saeson y bu'r castell wedyn hyd at ddiwedd y 14eg ganrif.

Trefenty

Cyfeirnod Map: OS 159 SN 298136

Mwnt a beili yn dyddio o'r 11eg ganrif, a elwir hefyd yn Castell Aber Taf. Dyma safle Canoloesol a oedd yn rhan o Arglwyddiaeth Oysterflow cyn i'r ffermdy drosglwyddo i ofal y teulu Perrot. Ymddengys fod y castell wedi ei addasu i fod yn safle lloc gyda

ffos a dŵr (*moated enclosure*) yn ddiweddarach yn y Canol
Oesoedd. Dyma enghraifft wych o safle amaethyddool Canoloesol.

Castell Talacharn
Cyfeirnod Map: OS 159 SN 302107
'The castle brown as owls,' meddai Dylan Thomas am gastell
Talacharn, a adeiladwyd o dywodfaen ar lan afon Coran ger aber
afon Taf. Unwaith eto, mae'n bur debyg mai castell cylchfur o
bren a phridd oedd yma yn y cyfnod Normanaidd cyn dyddiau
castell carreg teulu'r de Brians.

John Perrot yn y cyfnod Tuduraidd (Elizabeth I) oedd yn
gyfrifol am drawsnewid y castell yn blasty Tuduraidd. Prif gartref
Perrot oedd Castell Caeriw.

Cipiwyd y castell yn Nhalacharn am gyfnod gan yr Arglwydd
Rhys a dinistriwyd rhannau ohono yn ystod ymgyrchoedd
Llywelyn ab Iorwerth yn 1215. Felly er mai castell Normanaidd /
Seisnig sydd yma, fe chwaraeodd ei ran yn hanes tywysogion
Deheubarth a Gwynedd.

Cestyll i'r gogledd o'r llinell Landsger

Tybed a yw'r llinell hon o gestyll i'r gogledd o'r llinell Landsger yn
cynrychioli ymgyrchoedd Normanaidd i mewn i diroedd Cymreig
Gogledd Sir Benfro a'r ardaloedd i'r de o'r Preselau? Neu a
symudodd y llinell i'r gogledd wrth i'r Normaniaid gipio mwy o dir?
Y tebygolrwydd yw bod y Normaniaid wedi cipio tir y tu hwnt i'r
llinell Landsger. Dyma grybwyll rhai o'r safleoedd mwyaf amlwg.

Castell Maurice / Pen-cnwc / Casmorys
Cyfeirnod Map: OS SM 903316
Cafodd ei enwi, mwy na thebyg, ar ôl Maurice FitzGerald
(Arglwydd Llansteffan), brawd Esgob Dewi ac ewythr i Gerallt
Gymro. Mwnt.

Parc Moat, Treletert (Letterston)
Cyfeirnod Map: OS SM 937294
Mae'n debygol mai twmwlws o'r Oes Efydd sydd yma yn hytrach na mwnt Canoloesol. Mae Treletert yn enghraifft o bentref Normanaidd wedi ei gynllunio.

Casnewydd-bach (Little Newcastle)
Cyfeirnod Map: OS 157 SM 980289
Gweddillion mwnt yng nghanol y pentref.

Cas-mael (Puncheton)
Cyfeirnod Map: OS 157 SN 009297
Fe all y safle fod yn gaer o'r Oes Haearn a / neu gylchfur Canoloesol – mae'r ddau yn bosibiliadau. Saif ar ddarn o dir uwchben afon Angof, safle a fyddai'n weddol hawdd i'w amddiffyn.

Mwnt, Cas-blaidd (Castlebythe)
Cyfeirnod Map: OS 157 SN 021289
Gweddilion mwnt ar fferm Castlebythe.

Castellhenri (Henry's Moat)
Cyfeirnod Map: OS 157 SN 044275
Awgryma cofnodion Ymddiriedolaeth Archaeolegol Dyfed fod castell mwnt a beili yma, gyda'r mwnt yn sefyll i uchder o 15 troedfedd.

Y Mot (New Moat)
Cyfeirnod Map: OS 158 063253
Mwnt Normanaidd. Fel Treletert, mae'r Mot yn enghraifft o dref Normanaidd yn cael ei gosod yn yr ardal.

Y Gaer; Manor Pound, Maenclochog
Cyfeirnod Map: OS 158 SN 083272
Gweler adroddiad Hall a Sambrook (2006), *Maenclochog Castle Survey Report*. Does dim olion i'w gweld bellach, ac mae safle tebygol y castell Normanaidd o dan faes parcio'r pentref. O

ganlyniad i adroddiadau hanesyddol, gwyddom fod castell Normanaidd yma, a'i fod, mwy na thebyg, wedi cael ei ddinistrio gan dywysogion Deheubarth yn 1215 ac 1257.

Byddai Maenclochog, fel Y Mot, Castellhenri a Chas-llai, yn gestyll Normanaidd wedi eu hadeiladu ar gyrion deheuol y Preselau.

Castell Blaenllechog / Castell Pengawsai, Llangolman
Cyfeirnod Map: OS 158 SN 110280
Nodir fod yma *earthwork* ar y Map OS a does dim sicrwydd ei fod yn gastell Normanaidd. Gall y safle fod yn perthyn i'r Oes Haearn, ond mae Ymddiriedolaeth Archaeolegol Dyfed yn ffafrio cylchfur o'r Canol Oesoedd neu gartref amddiffynnol Canoloesol.

Castell Llanglydwen
Cyfeirnod Map: OS 158 SN 177267
Mwnt (neu dwmwlws?) sydd wedi cael ei aredig bron yn llwyr erbyn hyn mewn cae o'r enw Parc Castell. Safle Canoloesol ydyw, yn ôl yr awgrymiadau mwyaf tebygol.

Parc y Domen, Hebron, Llanglydwen
Cyfeirnod Map: OS 158 SN 181277
Mae cryn ansicrwydd yma ai gweddillion twmwlws ynteu mwnt sydd ym Mharc y Domen. Does dim gwybodaeth bellach ond mae'r enw yn awgrymu safle Canoloesol.

Castell Cossan; Castell Coshan; Parc Castell
Cyfeirnod Map: OS 158 SN202267
Mwnt neu dwmwlws ychydig i'r de-ddwyrain o'r groesffordd. Mae twmwlws cyfagos i'r gorllewin o'r gyffordd.

Castell Bach
Cyfeirnod Map: OS 158 SN 247275
Mwnt Canoloesol. Hefyd Castell Mawr (Cyfeirnod Map: OS 158 SN 246273)

Castell Mawr, Llanboidy
Cyfeirnod Map: OS 158 SN 219231
Castell mwnt a beili a'r mwnt yn sefyll i uchder o 2.6 medr a'r beili i'r gogledd-orllewin.

Llandysilio
Mae'n werth ymweld â'r eglwys yn Llandysilio (SN 119219) lle mae ambell garreg fedd yn dyddio o'r 5ed/6ed ganrif gydag arysgrif Ladin arni wedi ei hadeiladu i mewn i wal allanol corff yr eglwys. Mae carreg a chroes Faltaidd (*Maltese*) i'w gweld ychydig i'r gorllewin o'r porth, yn rhannol guddiedig gan bibell ddŵr o'r to. Gwelwn arysgrif Ladin ar garreg fawr amrwd sydd wedi ei gosod yn isel o dan y ffenestr fwyaf dwyreiniol ar ochr ddeheuol corff yr eglwys (yr un ochr â'r porth). Nid yw'r ddwy garreg arall sydd ag arysgrifau arnynt mor hawdd i'w darganfod.

Englishry Penrhyn Gŵyr
Er ein bod yn cysylltu'r llinell Landsger â Sir Benfro, cafodd Penrhyn Gŵyr hefyd ei rannu rhwng y Cymry a'r Normaniaid yn y cyfnod yma.

Daw enw Harri I i'r amlwg unwaith eto wrth drafod buddugoliaeth y Normaniaid dros Benrhyn Gŵyr, gan iddo roi gorchymyn i Henry de Newburgh, Iarll Warwick, fynnu rheolaeth dros y penrhyn yn 1106. Disodlwyd y Cymry a'u cyfyngu i'r *Welshry*.

Sefydlwyd Abertawe (neu Sweynesey, i roi iddi ei henw Llychlynnaidd) yn fwrdeistref Normanaidd, ac adeiladwyd toreth o gestyll Normanaidd ar hyd Penrhyn Gŵyr er mwyn cadw grym a rheolaeth ar yr ardal.

Pennod 12
Abatai Ystrad Fflur a Thalyllychau

Cyfnod: 12fed–16eg Ganrif Oed Crist

Gyda chymaint o sylw yn cael ei roi i gestyll Canoloesol Cymru, hawdd fyddai anghofio am ysblander ein habatai. Wrth fynd ati i drafod abatai Ystrad Fflur a Thalyllychau yn y bennod hon, dyma fachu ar y cyfle i roi sylw i agwedd arall ar fywyd yn ystod y Canol Oesoedd– a phwysleisio bod stori'r abatai ynghlwm â hanes y cestyll a'r tywysogion neu frenhinoedd oedd yn eu noddi. Rhan arall o'r stori yw hon, nid stori wahanol, ac rydw i'n parhau i ddilyn trywydd yr Arglwydd Rhys yn y bennod hon gan fod Rhys ap Gruffudd yn noddi abaty Ystrad Fflur erbyn y flwyddyn 1184, a sefydlodd Abaty Talyllychau yn y flwyddyn 1189.

O gyfnod y Normaniaid o ddiwedd yr 11eg ganrif ymlaen, gwelwyd twf mewn adeiladu eglwysi ac abatai o gerrig – ac eithrio rhai o'r caerau Rhufeinig a'r cestyll, dyma rai o'r adeiladau cynharaf i oroesi yng Nghymru. Prin iawn yw olion tai o'r 11eg, 12fed, 13eg a'r 14eg ganrif. Rydym wedi darganfod olion adeiladau megis tai a neuaddau o 1400 ymlaen, fodd bynnag, sef y cyfnodau ar ôl Gwrthryfel Glyndŵr.

Urdd y Sistersiaid oedd fwyaf amlwg yng Nghymru o safbwynt codi abatai, ac mae olion hynod drawiadol o abatai Sistersaidd i'w gweld yn Nhyndyrn, Dinas Basing, Cymer a Chastell-nedd. Efallai fod y cestyll Normanaidd wedi hawlio'r holl sylw – ond mae angen dathlu a gwerthfawrogi mwy ar abatai Canoloesol Cymru, yn fy marn i.

Os ydych am ymweld ag abatai Ystrad Fflur a Thalyllychau, byddwn yn awgrymu i chi ddefnyddio tywyslyfr Cadw (Robinson, 1992) gan eu bod yn cynnwys cynlluniau manwl o'r abatai yn ogystal ag awgrymiadau am deithiau o amgylch y ddau abaty. Dilyn cynllun y llyfrau tywys yw'r ffordd fwyaf effeithiol o gael gwibdaith addysgol a deall y nodweddion ar y ddaear yn weddol ddidrafferth.

Sefydlwyd abaty yn Citeaux, Bwrgwyn, gan Robert Molesme

yn 1098, ac o'r abaty hwn y datblygodd Urdd y Sistersiaid, gan gyrraedd Cymru, ac Abaty Tyndyrn yn benodol, yn y flwyddyn 1131. Sefydlwyd yr abaty yn Hendy-gwyn ar Daf yn 1140 ac oddi yno teithiodd y mynaich at lannau afon Fflur dan arweinyddiaeth Robert FitzStephen yn 1164.

Sefydlodd Norbert o Xanten abaty yn Prémonstré yng ngogledd-ddwyrain Ffrainc yn 1120, a hwnnw a roddodd ei enw i'r urdd Premonstratensaidd. Y Premonstratensiaid oedd yn Abaty Talyllychau, sy'n abaty llai adnabyddus nag Ystrad Fflur ond yr un mor ddifyr i ymweld ag ef. Gwelwn felly fod yr Arglwydd Rhys wedi cefnogi'r ddwy urdd o fewn ei diriogaeth yn Neheubarth, er mai'r Sistersiaid oedd fwyaf amlwg o ran presenoldeb.

Ystrad Fflur, Pontrhydfendigaid

Lleolwyd yr abaty Normanaidd gwreiddiol ar lan afon Fflur ryw ddwy filltir o'r safle presennol, ac o'r abaty gwreiddiol hwnnw y

Bwa gorllewinol Ystrad Fflur

251

daw'r enw 'Ystrad Fflur'. Ymddengys yr enw Old Abbey Farm ar fapiau OS (SN 718 647) ychydig i'r gogledd o Gors Caron, yn agos i lle mae afon Fflur yn ymuno ag afon Teifi. Saif yr abaty presennol ar lan afon Teifi ger Pontrhydfendigaid.

Yn ôl Gerallt Gymro, Norman o'r enw Robert FitzStephen sefydlodd yr abaty gwreiddiol yn 1164 fel is-gangen (*daughter house*) i'r Abaty Sistersaidd yn Hendy-gwyn ar Daf. Awgryma'r archaeolegydd Ralegh Radford (1949) fod yr olion ger Old Abbey Farm wedi eu clirio yn ystod y 18fed ganrif – Radford yw'r archaeolegydd a fu'n gyfrifol am waith cloddio arloesol yn Tintagel yn y 1930au, a bu hefyd yn Arolygwr Henebion Cymru a Sir Fynwy o 1929 ymlaen. Cafodd ei ethol i Orsedd Beirdd Cernyw yn 1937. Cyfnod y Canol Oesoedd cynnar a'r cysylltiad Arthuraidd oedd ei faes.

Archwiliwyd y caeau i'r dwyrain o Henfynachlog / Old Abbey Farm gan David Austin o Brifysgol Llanbed (gweler isod) drwy broses geoffisegol, ond hyd yma ni ddarganfuwyd nag olion nag argraff o'r abaty gwreiddiol. Cred Austin yw bod yr olion yn bodoli, rywle yn y cyffiniau, yn aros i gael eu darganfod.

Wrth i'r Normaniaid gwblhau eu concwest o Gymru erbyn troad y 12fed ganrif, roeddynt yn awyddus i gael trefn ar arferion yr eglwys (clas) Geltaidd / Gymreig – arferion oedd, ar adegau, yn ymddangos yn gyntefig iddynt. Yn y cyfnod hwn ailstrwythurwyd y drefn eglwysig yng Nghymru drwy sefydlu esgobaethau Bangor, Tyddewi, Llandaf ac ychydig yn hwyrach Llanelwy, gan wneud yr Eglwys yng Nghymru yn atebol i Gaergaint.

Erbyn 1166 roedd Rhys ap Gruffudd (yr Arglwydd Rhys) wedi adennill grym yn Neheubarth oddi ar y Normaniaid, ac efallai mai ei ddylanwad ef a'i gefnogaeth i'r Sistersiaid sy'n esbonio pam y cafodd yr abaty newydd ei ail-leoli a'i ailadeiladu oddeutu 1184 – Rhys ap Gruffudd sydd, fel arfer, yn cael ei gydnabod yn sylfaenydd Abaty Ystrad Fflur ar ei safle presennol. Awgryma Rees (1992) fod agweddau gwledig, amaethyddol a syml o fyw y Sistersiaid yn rhai oedd yn hawdd i'r Cymry uniaethu â nhw.

O safbwynt hanes Cymru mae Ystrad Fflur yn safle pwysig. Mae cysylltiad amlwg â thywysogion Deheubarth – mae rhai o feibion yr Arglwydd Rhys wedi eu claddu yma – ond mae awgrym hefyd bod hwn yn abaty diwylliannol bwysig, ac mai yma y casglwyd ysgrifau *Brut y Tywysogion*.

Mae'n debyg mai mynachod o Abaty Ystrad Fflur wnaeth y gwaith o gofnodi chwedlau Pedair Cainc y Mabinogi yn *Llyfr*

Beddau tywysogion Deheubarth yn Ystrad Fflur

Gwyn Rhydderch rywbryd ar ddechrau'r 14eg ganrif. Mae'n bosib hefyd mai Rhydderch ab Ieuan Llwyd o Barc Rhydderch a dalodd am y gwaith (daw enw'r llyfr o'r ffaith fod clawr gwyn arno yn wreiddiol).

Does dim prinder damcaniaethau ynglŷn â'r Mabinogi, ond un trywydd diddorol i'r archaeolegydd yw'r ffaith nad oes sôn am y Rhufeiniaid na'r Normaniaid yn y chwedlau. Ai straeon o gof gwerin yn dyddio'n ôl i'r Oes Haearn yw'r rhain felly (y cyfnod Celtaidd / Brythonaidd)? A yw'r fath beth yn bosib, hyd yn oed, o gofio ein bod yn sôn am dros fil o flynyddoedd ynghynt? Os yw'r straeon yn dyddio o'r cyfnod rhwng y Rhufeiniaid a'r Normaniaid gallai hynny esbonio'r absenoldeb – ond wedyn, hwnnw oedd yr union gyfnod lle bu ymosodiadau gan y Sacsoniaid (Saeson) a'r Llychlynwyr yn ddiweddarach.

Gyda llaw, un ddamcaniaeth yw mai menyw oedd yr awdur: un enw sydd wedi cael ei grybwyll yw Gwenllian ferch Gruffudd ap Cynan (gweler Pennod 9).

Bwriad yr Arglwydd Rhys felly oedd meithrin canolfan ddiwylliannol yn Ystrad Fflur, a gellir awgrymu mai bwriad tebyg oedd ganddo ar gyfer Abaty Cwm-hir yn y canolbarth (David Austin, 2016).

Ynghlwm â'r abaty roedd tir a roddwyd yn rhodd i'r Sistersiaid gan dywysogion Deheubarth ar gyfer ei ffermio. Ffermio defaid fyddai'n gyfrifol am ran helaeth o incwm a chyfoeth y Sistersiaid, a byddai eu tiroedd mewn ambell achos gryn bellter o'r abaty. Yn y caeau cyfagos byddent wedi tyfu'r llysiau a'r pethau angenrheidiol ar gyfer bywyd bob dydd yn yr abaty. Credai'r Sistersiaid mewn gwaith caled, llafur dyn a gweithio'r tir, felly roedd ffermio yn rhan o feddylfryd y mynaich.

Mae cysondeb yn ffurf a chynllun yr abatai Sistersaidd, gyda'r seintwar a'r côr ar ochr ddwyreiniol yr adeilad lle byddai'r allor neu'r uwch allor. Mewn eglwysi Canoloesol cyfeirir at ran ddwyreiniol yr eglwys, lle mae'r allor, fel y gangell. Byddai corff yr eglwys (nave) wedyn yn ymestyn tua'r gorllewin. Y naill ochr i'r côr byddai adenydd yr abaty, sef y transept gogleddol a'r transept deheuol, yn creu abaty ar ffurf croes.

Yn Ystrad Fflur gwelir dwy ystlys, un bob ochr i gorff yr eglwys gyda wal yn eu gwahanu oddi wrth y corff, a mynedfeydd iddynt drwy ddrysau ar yr ochrau gorllewinol a dwyreiniol. Rhennir corff yr eglwys ei hun yn saith rhaniad neu gilfach.

Yn arferol mewn abatai Sistersaidd mae'r cloestr, neu glos mynachlog, ar ochr ddeheuol corff yr eglwys. Adeilad sgwâr yw hwn gyda lawnt agored yn y canol a rhodfa dan do o amgylch y lawnt. Ychydig iawn o gloestr Ystrad Fflur sydd wedi goroesi.

I'r gorllewin o'r cloestr yn Ystrad Fflur mae'r adeiladau a oedd yn llety ar gyfer y gweithwyr lleyg fyddai wedi llafurio o amgylch yr abaty. Doedd y gweithwyr lleyg ddim yn cael cymysgu gyda'r mynaich, a byddai'r brodyr llai breintiedig hyn, a oedd heb eu hordeinio, wedi gorfod addoli yng nghorff yr abaty tra byddai'r mynaich yn defnyddio'r côr a'r seintwar.

Saif y côr yng nghanol yr abaty ac roedd yma bedwar bwa urddasol yn gwahanu'r côr a chorff yr eglwys, y transeptau a'r seintwar. Gellir gweld gwaelodion y colofnau addurnedig ym mhob cornel o'r côr, a byddai twr y gloch wedi bod uwchben y côr hwn. Yn ei ganol gellir gweld ffynnon o adeiladwaith cerrig, gyda stepiau ar ddwy ochr iddi yn arwain at y dŵr. Wrth edrych yn ofalus mae'n weddol amlwg nad yw llinell yr adeiladwaith hirsgwar o gerrig yn gorwedd ar union linell yr eglwys, felly mae dau gwestiwn amlwg yn codi. Ai rhywbeth diweddarach na'r abaty gwreiddiol yw'r ffynnon a'r gwaith cerrig, ynteu a oes posibilrwydd bod rhyw fath o ffynnon sanctaidd yma ar y safle cyn codi'r abaty? Cysylltir ffynhonnau sanctaidd yn aml â rhyw elfen o wellhad. Os yw'r gwaith cerrig yn ychwanegiad diweddarach i'r abaty gwreiddiol, byddai hynny'n awgrymu na pharchwyd llinell yr eglwys yn fanwl. Petai'r ffynnon yn nodwedd gynharach, efallai fod lle i ddadlau fod y pwll dŵr / ffynnon sanctaidd heb y wal gerrig wedi ei gynnwys yng nghanol y côr. Y tebygolrwydd yw bod y wal gerrig ar gyfer y pwll dŵr yn ddiweddarach na'r abaty, ac efallai ei bod wedi ei hadeiladu heb ormod o ystyriaeth i gadw at linell yr abaty. Ond wyddon ni ddim i

Colofnau bwa'r côr yn Ystrad Fflur

sicrwydd i ba gyfnod y mae'r pwll dŵr yn perthyn na beth oedd ei berthynas â'r abaty.

Awgryma David Austin fod posibilrwydd bod y ffynnon ar y safle cyn codi'r Abaty. Os felly, a adeiladwyd yr abaty ar safle sanctaidd blaenorol? Mae arolwg geoffisegol yn awgrymu y bu adeiladau blaenorol ar y safle cyn codi'r abaty presennol. Dim ond drwy gloddio archaeolegol er mwyn darganfod olion adeiladau pendant a gwrthrychau, a phrofion dyddio radiocarbon, y gallwn ddatrys cwestiynau fel hyn. Gan ein bod yn gwybod bod yr abaty gwreiddiol ar safle gwahanol, efallai fod yn rhaid ystyried nad oes cysylltiad rhwng unrhyw adeiladau cynharach ar y safle a'r abaty Sistersaidd.

Rhaid hefyd ystyried arwyddocâd y garreg neu'r slabyn bedd o'r 7fed – 11eg ganrif sydd bellach yn sefyll yn erbyn wal ddwyreiniol Eglwys Santes Fair, drws nesaf i'r abaty. Er bod cryn drafodaeth ynglŷn ag union ddyddiad y garreg groes gerfiedig, rydym yn gwybod iddi gael ei darganfod yn 1848 yn ystod gwaith cloddio yn yr abaty, a bod y garreg wedi ei hailddefnyddio ar fedd arall rywbryd ar ôl y goncwest Normanaidd. Hyd yn oed os cafodd y garreg ei hailddefnyddio yn ystod y cyfnod Normanaidd, mae lle i ddadlau ei bod ar y safle eisoes (neu yn weddol lleol). Dyma farn yr hanesydd a'r archaeolegydd Nancy Edwards, o ystyried maint y garreg. Os ydym am dderbyn bod y garreg yn dyddio o gyfnod rhwng y 7fed a'r 11eg ganrif, byddai hynny'n awgrymu'n gryf bod rhyw arwyddocâd i'r safle hwn cyn i Rhys ap Gruffudd adeiladu'r abaty yma.

I'r de o'r transept deheuol mae ystafell fechan gul, sef y gysegrfa (*sacristy*) lle cedwid yr urddwisgoedd, ac i'r de o'r gysegrfa gwelir adeilad y cabidyldy (tŷ'r siapter). Ystafell gwrdd fyddai yma.

Mae nifer o feddau cerrig gyda cherrig croes i'w gweld i'r dwyrain o'r transept deheuol (y tu allan i'r abaty) sy'n gysylltiedig â hanes tywysogion Deheubarth. Maent yn debyg o fod yn perthyn i feibion ac wyrion yr Arglwydd Rhys yn ôl ffynonellau hanesyddol – awgryma Robinson yn nhywyslyfr Cadw (1992) fod meibion Rhys a Gwenllian, Gruffudd, Maelgwn a Hywel Sais, wedi eu claddu yma. Yma hefyd mae beddau'r wyrion, Rhys Ieuanc, Owain a Maelgwn Fychan, yn ogystal â Chadell (brawd yr

Arglwydd Rhys). Fodd bynnag, does dim arysgrifau yn dynodi pa fedd sy'n gysylltiedig â pha un o'r tywysogion hyn, ond digon naturiol fyddai i dywysogion Deheubarth gael eu claddu yma o ystyried mai Rhys ap Gruffydd oedd yn gyfrifol am adeiladu'r abaty, ac mai ef oedd y prif noddwr. Gweler Pennod 9 am hanes rhai o'r cymeriadau hyn.

Stori arall sy'n cael ei chysylltu ag Ystrad Fflur yw mai yma y claddwyd y bardd Dafydd ap Gwilym. Mae cofeb lechen iddo i'w gweld ar wal y transept gogleddol, ac i'r gogledd-orllewin o'r abaty, ychydig i'r gogledd o Eglwys Santes Fair (bron gyferbyn â thalcen dwyreiniol yr eglwys) mae cofeb arall iddo, o garreg, ger coeden ywen. Dyma un arall o chwedlau'r ardal, sef bod yr ywen yn tyfu ar safle bedd Dafydd ap Gwilym, sy'n un o feirdd pwysicaf Cymru – ond awgryma adroddiadau'r hanesydd John Leland (1503–1552) fod 39 ywen yn y fynwent oddeutu 1536 (mae'r mwyafrif wedi eu clirio bellach, y rhan fwyaf ohonynt yng nghyfnod y teulu Steadman). Os felly, pa sicrwydd sydd mai o dan yr ywen arbennig hon y claddwyd Dafydd ap Gwilym? Yn 1951 y rhoddwyd y garreg goffa i Dafydd yma.

Cofeb garreg Dafydd ap Gwilym

Meddai George Borrow am Dafydd ap Gwilym: 'He has written poems of wonderful power on almost every conceivable subject.' Bu i George Borrow ymweld ag Ystrad Fflur ar ei daith o amgylch Cymru yn 1854. Roedd Dafydd ap Gwilym yn amlwg yn arwr mawr iddo:

> Such is the scenery that surrounds what remains of Strata Florida: those scanty broken ruins compose all which remains of that celebrated monastery, in which kings, saints and mitered abbots were buried, and in which, or in whose precints, was buried Dafydd ap Gwilym, the greatest genius of the Cimbric race and one of the first poets of the world.

Y bwa yn yr arddull Normanaidd neu Romanésg dros y porth gorllewinol yw un o nodweddion hynotaf yr abaty. Dyma'r ddelwedd y mae'r rhan fwyaf o bobl yn ei chysylltu ag Ystrad Fflur, a dyma ddelwedd sydd wedi ymddangos yn helaeth, dybiwn i, mewn llyfrau, ar gardiau post a thudalennau calendrau. Mae cysylltiad â'r byd pop Cymraeg hefyd – defnyddiodd y grŵp Ail Symudiad o Aberteifi lun o'r bwa ar glawr eu record sengl 7″ *Lleisiau o'r Gorffennol* (Fflach,1982). Er nad oes cymhariaeth mewn gwirionedd o ran maint, mae'r bwa dros borth gorllewinol Eglwys Sant Hywyn yn Aberdaron yn enghraifft arall wych o fwa Normanaidd / Romanésg o ran arddull bensaernïol, ac mae hwnnw hefyd yn werth ei weld.

Nodwedd arall o bwys, ac o ddiddordeb archaeolegol, yw'r teils Canoloesol addurnedig (14eg ganrif) sydd i'w gweld bellach o dan do yn y transept deheuol. Gwelir pob math o ddelweddau arnynt, o flodau a dail i groesau a tharianau. Y ddelwedd enwocaf ohonynt, efallai, yw dyn gyda drych – awgrymir bod hyn yn dehongli gwagedd neu falchder ffôl. Mae yn eu mysg hefyd ambell deilsen gyda griffwn arnynt – sef ffigwr hanner llew a hanner eryr sy'n cynrychioli Crist. Darganfuwyd y teils yn ystod gwaith cloddio archaeolegol yn yr 1880au, rai miloedd o ddarnau ohonynt, a'r tebygolrwydd yw eu bod wedi eu gosod ar loriau'r côr, y seintwar, y transeptau gogleddol a deheuol a'r capeli o fewn y transeptau.

Mae ambell deilsen i'w gweld yn y ddaear heddiw ger terfyn corff yr eglwys, cyn croesi'r wal (*pulpitum*) i mewn i ardal y côr. Gwelir gweddillion teils ar y llawr yng nghornel gogleddol y capel, ar ochr ddwyreiniol y seintwar, yn ogystal â gweddillion colofn gron fyddai wedi codi at fowt neu fwa'r to.

Bu cloddio archaeolegol yn Ystrad Fflur dan ofal Stephen Williams yn y 1890au, a diddorol yw sylwi mewn rhifyn o *Archaeologia Cambrensis* fod ganddo ddeg labrwr ac un saer maen yn ei gynorthwyo gyda'r gwaith. Ni fyddai'r labrwyr, yn amlwg, yn archaeolegwyr, a fydden nhw'n sicr ddim wedi gallu dehongli popeth i'r safon ddisgwyliedig heddiw. A fyddai Williams wedi cadw golwg fanwl arnynt, tybed? Dyna un rheswm pam mae gwerth mewn ailedrych ar ganlyniadau ac adroddiadau cloddio hynafol fel hyn heddiw, rhag ofn bod modd dehongli'r canlyniadau yn well, os nad eu hailddehongli'n llwyr. Yn sicr, mae gwerth ailymweld â hen adroddiadau neu nodiadau cloddio gyda llygad ffres yr 21ain ganrif – mae gwneud hyn hefyd yn osgoi costau cynnal archwiliad neu gloddio archaeolegol pellach, diangen.

Williams a ddarganfu'r cannoedd o deils a darnau o deils addurnedig Canoloesol yn ardal y transeptau, y côr a'r seintwar. Awgryma Williams fod cryn ddifrod i'r teils a'r abaty, a bod hynny wedi digwydd yn ystod cyfnod Gwrthryfel Glyndŵr pan ddefnyddiwyd yr abaty yn farics gan Harri V.

Ymddiriedolaeth Ystrad Fflur

Sefydlwyd Ymddiriedolaeth Ystrad Fflur yn 2006 yn dilyn proses a ddechreuwyd gan adran Archaeoleg Prifysgol Cymru, Llanbedr Pont Steffan, yn 1999 i ymchwilio i hanes Ystrad Fflur. Dros y cyfnod 2004–15 bu proses barhaus o fapio a chloddio archaeolegol dan ofal David Austin o Brifysgol Cymru y Drindod Dewi Sant (fel y'i gelwir erbyn hyn). Yn 2016 prynodd yr Ymddiriedolaeth adeiladau ffermdy hanesyddol Mynachlog Fawr sydd drws nesa i safle'r Abaty (mae'r abaty ei hun, wrth gwrs, dan ofal Cadw). Adeilad wedi ei restru (Gradd II) yn dyddio o ddiwedd yr 16eg ganrif neu ddechrau'r 17eg ganrif yw Mynachlog Fawr, a gafodd ei adeiladu ar gyfer y teulu Steadman. Yn amlwg, mae wedi ei adeiladu ar ben rhannau o olion yr abaty.

Amcanion yr Ymddiriedolaeth yw gwarchod y dreftadaeth hanesyddol, bensaernïol ac adeiladol sy'n gysylltiedig â Mynachlog Fawr ac i ddatblygu elfennau addysgol yng nghyd-destun Ystrad Fflur a'r dirwedd gyfagos.

Un canlyniad pendant i waith ymchwil Austin yw gwell dealltwriaeth o'r dirwedd o amgylch yr abaty ei hun. Roedd tua 3 milltir sgwâr o'r tir cyfagos yn cynrychioli'r demên, sef parth o gynhyrchu dwys, a dyma'r tir a fyddai wedi cynnal yr abaty o ddydd i ddydd. Mae Austin wedi llwyddo i adnabod neu ddiffinio'r ardal gaeëdig a fyddai o amgylch yr abaty ei hun, yn ogystal â'r ardal gaeëdig allannol sydd, i bob pwrpas, yn cynnwys y tir rhwng afonydd Teifi a Glasffrwd i gyfeiriad Pontrhydfendigaid i'r gorllewin. O ddehongli'r dirwedd fel hyn mae rhywun yn dechrau gweld yr abaty yn ei gyd-destun amaethyddol ehangach yn hytrach nag fel adfeilion Canoloesol yn unig. Rhaid wrth olwg ehangach fel hyn os ydym am ddeall cyd-destun economaidd a chymdeithasol sefydliad fel Abaty Ystrad Fflur yn y 13eg–14eg ganrif. Hawdd fyddai peidio â sylwi, er enghraifft, ar goedwig Coed Abaty i'r de o afon Glasffrwd – coedwig sy'n dal i fodoli heddiw ac a fyddai wedi bod yn ffynhonnell o goed ar gyfer tanwydd a deunydd adeiladu ar gyfer yr abaty.

Credai'r Sistersiaid mewn gwaith corfforol caled, bywyd syml a phurdeb, gan gredu y byddai hyn yn arwain at fywyd hunangynhaliol. Felly, roedd amaethyddiaeth yn allweddol i'w ffordd o fyw, ond roedd gweithio mwynau a metel, a hyd yn oed bragu cwrw, hefyd yn rhan o gynhaliaeth y mynaich. Datblygodd Pontrhydfendigaid yn wreiddiol yn bentref ar gyfer gweision yr abaty.

Mae hanes diweddar pentref Pontrhydfendigaid yn ddifyr: dyma fan geni Caradoc 'Crag' Jones a aned yn 1962, y Cymro cyntaf i ddringo i gopa Everest ar Fai 23,1995. Cyflawnodd y gamp pan oedd yn union yr un oed ag Edmund Hillary pan ddringodd Hillary i'r copa yn 1953. O ran diwylliant cyfoes Cymreig mae Pafiliwn Pontrhydfendigaid (er ei fod ar ei newydd wedd) yn eiconig. Dyma lle cynhaliwyd rhai o gyngherddau y grŵp pop Edward H Dafis yn ystod y 1970au, ynghŷd â sawl gig gofiadwy yn fwy diweddar.

Abaty Talyllychau

Saif yr abaty hwn yn Nyffryn Cothi, ryw 7.5 milltir i'r gogledd o Landeilo. Gelwir ef yn 'Talley Abbey' yn Saesneg – llygriad a thalfyriad o'r gair 'Talyllychau' yw hwn. Gwelir y llynnau sydd yn rhoi eu henw i Dalyllychau ychydig i'r gogledd o'r abaty.

Dyma unig abaty yr Urdd Bremonstratensaidd, neu'r Canonau Gwyn, yng Nghymru. Er eu bod yn dilyn rhywfaint o drefn y Sistersiaid, roedd y Premontratensiaid hefyd yn arfer y drefn Awgwstinaidd o weithio o fewn y plwyf a'r gymuned. Y gwaith hwn o fewn y gymuned, a'r degymau cysylltiedig, oedd yn dod ag arian i mewn i'r abaty, ond does dim awgrym i hwn erioed fod yn abaty cyfoethog iawn. Roedd y Sistersiaid yn ymneilltuo'u hunain ychydig mwy oddi wrth y gymuned, o'u cymharu â'r Premontratensiaid.

Pan sefydlwyd yr abaty gan Rhys ap Gruffudd yn 1189 ar gyfer y Premontratensiaid, roedd yr Urdd hefyd wedi ei sefydlu yn

Abaty Talyllychau

261

Lloegr dan nawdd Ranulf de Glanville, prif ustus Harri II. Dyma gyfnod cymharol sefydlog rhwng tywysogion Cymru a brenhiniaeth Lloegr ac efallai fod hyn yn esbonio pam y cafodd y Premonstatensiaid dir yma yn Nhalyllychau gan Rhys. Gyda chwymp Ranulf ni sefydlwyd unrhyw dai Premonstratensaidd pellach yng Nghymru. Yr awgrym yw bod abatai ac urddau yn ddibynnol iawn ar nawdd unigolion, ac os oedd yr unigolion hynny'n colli grym neu ddylanwad, gallai rhoddion o nawdd ddiflannu'n sydyn iawn.

Claddwyd Rhys Fychan (Rhys Ieuanc), a fu farw yn 1271 yn Ninefwr, yma. Roedd Rhys Fychan yn un o orwyrion yr Arglwydd Rhys ac ŵyr i Rhys Gryg, sy'n awgrymu parhad o'r cysylltiad rhwng yr abaty a thywysogaeth Deheubarth. Wrth i'r rhyfel rhwng Llywelyn ap Gruffudd ac Edward I ddatblygu yn ystod 1277 mae'n debyg i abatai Ystrad Fflur a Thalyllychau ddioddef, ac erbyn 1278 roedd Talyllychau ym meddiant y Brenin.

Bu hanes digon cythryblus i Ganoniaid Talyllychau. Roedd

Teils ar lawr Abaty Talyllychau wedi goroesi

Sistersiaid Hendy-gwyn ar Daf yn amheus iawn ohonynt ac roedd cryn ddrwgdeimlad tuag at y Canoniaid Gwyn. Adroddodd Gerallt Gymro fod yr Abad Pedr o Hendy-gwyn wedi ceisio hudo rhai o'r Canoniaid Gwyn at urdd y Sistersiaid. Amheus hefyd oedd Edward I o deyrngarwch Cymreig y Canoniaid, gan eu cyhuddo mewn llythyr o fyw yn anfoesol, ac yn 1284 bygythiodd osod canoniaid Saesneg eu hiaith yno er mwyn cael gwell trefn arnynt. Abaty Welbeck yn swydd Nottingham oedd y prif abaty Premonstratensaidd yng nghyfnod Edward I.

Lladin fyddai iaith bob dydd y mynaich oedd wedi eu hurddo a chael addysg, ond yn sicr byddai nifer o swyddogion yr abatai wedi gorfod defnyddio'r Gymraeg gyda'r gymdeithas leol, amaethwyr, teithwyr, staff gweinyddol ac ati. Mae'n debyg bod y mynaich oedd yn trawsgrifio dogfennau yn hyderus neu'n rhugl eu Cymraeg, ac efallai fod sgwrs yn y Gymraeg yn digwydd y tu allan i'r digwyddiadau Lladin mwy ffurfiol. Yn ddiweddarach, wrth i'r dylanwad Seisnig gynyddu, byddai'r iaith Saesneg wedi dod yn fwyfwy amlwg. Mae'n anodd bod yn sicr o'r niferoedd neu'r ganran o siaradwyr Cymraeg – does dim tystiolaeth yn bodoli i gadarnhau hyn.

Er gwaethaf ymdrechion i Seisnigeiddio Talyllychau dros y blynyddoedd, llwyddodd y Premonstatensiaid i oroesi hyd at Ddiddymiad y Mynachlogydd yn 1536. Efallai fod yr hanes cythryblus yn esbonio pam nad adeiladwyd corff yr eglwys i'r maint a fwriadwyd, fel yr egluraf isod. Yn 1772 adeiladwyd eglwys blwyf newydd yn Nhalyllychau, a dirywio fu hanes adeilad yr abaty Canoloesol wedi hynny.

Ymddengys fod dau gyfnod gwahanol o adeiladu i gorff yr eglwys ac mai'r darn dwyreiniol (yr agosaf at weddill yr abaty) yw'r darn a gwblhawyd. Mae'n ymddangos hefyd fod y Premonstratensiaid wedi bwriadu i'r corff fod yn llawer mwy yn wreiddiol – dim ond y wal ddeheuol a ddechreuwyd yn y darn gorllewinol. Er mwyn gwahaniaethu rhwng y ddau ddarn heddiw gwelir glaswellt dan draed yn y darn anorffenedig a cherrig mân ar lawr y darn a gwblhawyd. Am fwy o fanylion, edrychwch ar gynllun yr abaty yn nhywyslyfr Cadw, (1992).

Bwriadwyd codi ystlys ogleddol i gorff yr eglwys ac mae darn

Y pisgina yn Nhalyllychau

bychan (anorffenedig) o hon i'w weld yn arwain at y transept gogleddol. Mae'r ystlys ddeheuol yn fwy cyfan. Gwelir gweddillion y cloestr i'r de o gorff yr eglwys. Dim ond ochrau gogleddol a dwyreiniol y tŵr sy'n dal i sefyll heddiw, a dyma nodwedd amlycaf Abaty Talyllychau wrth edrych draw arni o gyfeiriad y pentref. Mae'n nodwedd drawiadol iawn i deithwyr ar hyd Dyffryn Cothi o'r ffordd rhwng Llanbed a Llandeilo.

Nodwedd arall sydd o ddiddordeb yw'r pisgina (*piscina*) sydd i'w weld yng nghapel deheuol y transept gogleddol. Powlen yn agos i'r allor oedd pisgina yn yr eglwys Gatholig a Chanoloesol, ac arllwysid dŵr i mewn iddo ar ôl offeren. Hefyd yn y transept gogleddol gwelir olion grisiau troellog a fyddai, ar un adeg, wedi arwain at y llawr cyntaf.

Bu Stephen Williams yn gwneud gwaith cloddio archaeolegol yn Nhalyllychau rhwng 1892 ac 1894 – fo fu hefyd yn cloddio yn Ystrad Fflur. Roedd D. Long Price o Talley House yn goruchwylio gwaith Williams. Bu cloddio pellach yn Nhalyllychau yn y 1930au dan ofal y Weinyddiaeth Gweithfeydd – dyma'r cyfnod pryd sefydlogwyd ochrau'r tŵr.

Un gwrthrych diddorol a ddarganfuwyd oedd lamp garreg neu *cresseto*, sef lamp symudol yn mesur rhyw 4 modfedd o uchder a 3¾ modfedd sgwâr gyda thwll yn ei chanol ar gyfer dal olew i'w losgi. (Gweler Long Price, D., 1879 'Talley Abbey', *Archaeologia Cambrensis* tt. 161-185).

Eglwys Sant Mihangel, Talyllychau

Hardd Laswen Ywen Llwyn Eos Dyfi
Mae Dafydd i'th agos
Mae'n y pridd y gerdd ddiddos
Di ddawn yw pob dydd a nos

Iolo Goch a'i Gant
(Englyn ar feddfaen Dafydd ap Gwilym)

Adeiladwyd yr eglwys newydd, Eglwys Sant Mihangel, yn
1772–73. Mae dadl rhwng cefnogwyr Ystrad Fflur a Thalyllychau
ynglŷn â ble yn union y claddwyd y bardd Dafydd ap Gwilym.
Wrth reswm, mae cefnogwyr Talyllychau yn honni mai yno y
claddwyd Dafydd, ac yn 1984 dadorchuddiwyd cofeb iddo yn y
fynwent. Mae awgrymiadau fod Dafydd ap Gwilym wedi ymddeol
i Dalyllychau ar ddiwedd ei oes (Long Price,1879).

Nid hawdd yw darganfod cofeb Dafydd ym mynwent yr
eglwys yn Nhalyllychau. Camarweiniol hefyd yw sôn am 'gofeb',

gan ei bod ar union ffurf carreg fedd ac i'w gweld ar ochr chwith y llwybr sy'n arwain heibio i ochr ogleddol yr eglwys tuag at y llynnoedd. Saif y garreg fedd ger bonyn ywen ychydig ar ôl pasio cangell yr eglwys, gyda'r llythrennau 'D' a 'G' o'r enw Dafydd ap Gwilym wedi eu paentio mewn aur. Llwyd-wyn yw'r garreg bellach a does dim arwyddion i'ch cyfeirio ati.

Mae ysgrifen yn y Gymraeg ar un ochr i'r garreg ac yn y Saesneg ar yr ochr arall – ond fel y dywedaf uchod, nid hawdd yw ei darganfod. Honnir bod man claddu Dafydd ap Gwilym o dan fonyn yr ywen sydd y drws nesaf i'r garreg.

Oddeutu 1350 yw dyddiad marwolaeth Dafydd yn ôl rhai, a hynny o'r pla du, ond mae Thomas Jones, Tregaron yn *Book of Pedigrees* yn awgrymu dyddiad o'r ddeugeinfed blwyddyn yn nheyrnasiad Edward III, a fyddai'n rhoi dyddiad o 1367 i ni.

Dadlau o hyd mae'r academyddion ynglŷn â dyddiad marwolaeth Dafydd ap Gwilym. Awgryma'r Athro Jason Walford Davies nad oes modd profi'n derfynol pa abaty yw man gorwedd Dafydd ap Gwilym, er ei fod yn awgrymu bod achos Ystrad Fflur yn gryfach o drwch blewyn. Cwestiwn agored yw hwn yn ôl yr Athro Dafydd Johnson, gan mai cywydd Gruffudd Gryg i'r ywen uwchben bedd Dafydd ap Gwilym yw'r sail i gredu ei fod wedi ei gladdu yn Ystrad Flur.

Mae'n debyg bod Gruffudd Gryg wedi cyfansoddi'r cywydd tra oedd Dafydd ap Gwilym yn dal yn fyw, sy'n awgrymu, o bosib, mai yn Ystrad Fflur y bwriadwyd claddu Dafydd. Ond nid yw hyn yn dystiolaeth ddogfennol hanesyddol gadarn a all gadarnhau safle'r bedd unwaith ac am byth. Ond rhoddaf y gair olaf i Johnson:

Y drafodaeth orau ar fan claddu Dafydd yw nodiadau Barry Lewis i'w olygiad o'r cywydd i'r ywen yn *Gwaith Gruffudd Gryg* (2010) yng nghyfres Beirdd yr Uchelwyr, tt. 146-50, a'i gasgliad ef yw bod y dystiolaeth rywfaint yn gryfach o blaid Ystrad Fflur.

Dogfen ar ffurf nodyn wedi'i ysgrifennu â llaw gan Robert

Vaughan o ganol yr 17eg ganrif yw'r unig dystiolaeth i ffafrio
Talyllychau, a gan fod hyn rai canrifoedd ar ôl y digwyddiad mae'r
archaeolegydd ynof yn amheus o gadernid tystiolaeth o'r fath.

Carreg fedd Dafydd ap Gwilym ym mynwent Talyllychau

Abatai Ystrad Fflur a Thalyllychau

Ystrad Fflur, Pontrhydfendigaid

Cyfnod: 12fed –16eg ganrif Oed Crist
Cyfeirnod Map: OS Landranger 135 SN746658
Mae arwyddion am yr abaty i'w gweld o ganol
Pontrhydfendigaid (y B4343). Dilynwch Ffordd yr Abaty
(Abbey Road) am 1.1 milltir, ac mae maes parcio a thai bach
gyferbyn â mynedfa'r abaty. Codir tâl mynediad gan ei fod yn
un o safleoedd Cadw.

Abaty Talyllychau

Cyfnod: 12fed –13eg ganrif Oed Crist
Cyfeirnod Map: OS Landranger 146 SN633328
O'r A40 i'r gogledd o Landeilo trowch ar y B4302. Dilynwch y
ffordd am 7 milltir nes y byddwch yn cyrraedd Talyllychau.
Mae'r abaty ar y chwith i lawr ffordd wledig, gul. Mae digonedd
o le i barcio a throi'r car ger yr eglwys. Mynediad am ddim.

Pennod 13
Archaeoleg Amgen

Cyfnod: 20fed Ganrif

Y diffiniad o 'amgen' yw rhywbeth sy'n wahanol i'r arferol neu'r traddodiadol, ac yng nghyd-destun maes archaeoleg Cymru credaf fod angen chwistrelliad o 'amgen'! Dim ond drwy fod yn fwy agored, dim ond drwy agor ein llygaid, dim ond drwy fabwysiadu arferion y seicoddaearyddwyr o grwydro a sylwi – dim ond drwy ddulliau a meddylfryd amgen – y mae modd i ni weld y darlun cyflawn.

Does dim rheswm, oni bai am feddylfryd ceidwadol neu saff, pam na ellid plethu diwylliant Cymru, yr iaith Gymraeg a'r dirwedd archaeolegol. Rwy'n awgrymu yma fod dulliau o arsylwi a dadansoddi archaeolegol hefyd yn berthnasol o safbwynt dadansoddi a gwerthfawrogi gwahanol elfennau o ddiwylliant yng Nghymru.

Cofeb FWA, Plas Glandenys / Glan Denys, Silian
Cyfeirnod Map: OS SN 582 509
Ysgrifennais yn *Cam i'r Gorffennol* (2014) am yr angen i gofnodi graffiti'r FWA (Free Wales Army), ond ychydig iawn o olion archaeolegol sydd i'w gweld mewn gwirionedd yng Nghymru y gallwn eu cysylltu â'r FWA. Cofeb Glandenys yw un o'r ychydig enghreifftiau bellach – ers cyhoeddi'r gyfrol uchod yn 2014 mae'r graffiti FWA ar bont reilffordd Machynlleth, er enghraifft, wedi erydu'n sylweddol wrth i'r paent gwyn olchi i ffwrdd o'r wal. Prin y byddai rhywun yn sylwi ar y graffiti hwnnw bellach.

Plas Glandenys yn Silian, ger Llanbed, oedd cartref William Julian Cayo-Evans (1937–1995) o'r FWA. Wrth droi i mewn at y neuadd, bron yn union ar y gyffordd rhwng y ffordd am Silian a'r A485 (Tregaron i Lanbed), gwelwn gofeb y FWA a'r eryr sy'n cynrychioli Eryr Gwyn Eryri (yn aml defnyddir 'Eryr Wen' wrth gyfeirio at arwydd y FWA). O amgylch y gofeb mae ffens haearn, a'r tu ôl i honno mae llun o Cayo wedi ei osod ar goeden. Saif yr eryr gwyn, sy'n mesur 70cm x 50cm, ar ben pentwr o gerrig gwynion cwarts. Oddi tano mae llechen ac arni mae'r isod:

ER COF AM Y GWLADGARWYR
A FU FARW YN ABERGELE:
DROS RYDDID CYMRU 1 GORFFENNAF 1969
ALWYN JONES + GEORGE TAYLOR
ER GWYCHTER YR HARDD FEDDRODAU
I'R SAINT A BRENNINOEDD Y GÂD
MAE'R CYFAN YN EILRADD I'R SAWL
WISG AMDANO O FANER EI WLAD

Sylwer yn y llun du a gwyn (isod) o Cayo hefo John Jenkins a Neil ap Siencyn bod yr eryr yn wahanol i'r hyn a welir yno heddiw. Deallais gan Rhodri, mab Cayo, mai canlyniad difrod neu fandaliaeth yw hyn, a bod y gofeb wedi ei hadfer. Erbyn heddiw

Cayo, John Jenkins a Neil ap Siencyn

mae golwg fel bod angen ychydig mwy o ofal a chynnal a chadw arni.

Heb os, mae hanes y FWA yn ystod y 1960au yn un o'r penodau mwyaf diddorol yn hanes Cymru yn ystod yr 20fed ganrif, ac yn ei ddydd roedd Cayo yn feistr ar ddenu sylw.

Gwelwyd y FWA yn gyhoeddus am y tro cyntaf yn agoriad swyddogol Tryweryn. Yng ngeiriau Cayo Evans;

> With two of my column, Wyn Jones and Dafydd Williams, I went up there for the opening ceremony. We had bought three peaked army forage caps from a market stall, and had dyed them green and fastened White Eagle badges on a red flash above the peak. Our first attempt at creating a uniform.

Fel eglurodd yr awdur Roy Clews yn *To Dream of Freedom*, roedd Cayo wedi llwyddo i greu'r peiriant cyhoeddusrwydd roedd yn ei ddeisyfu ar gyfer y FWA.

Wrth sefyll ger y gofeb gallwch weld bod afon Denys yn llifo o dan yr A485, a heblaw prysurdeb y ffordd o Dregaron i Lanbed mae'n fangre fach dawel a braf. Treuliais amser yma yn synfyfyrio, a chrwydrodd fy meddwl yn ôl i ddechrau'r 1980au pan deithiais yma ar fy moto-beic Honda CB250 er mwyn cyfarfod Cayo. Fy mwriad oedd recordio'i atgofion am ei gyfnod yn y FWA, a bu i'r ymweliad ddwyn ffrwyth gan i Cayo gytuno i sgwrsio â mi ar dâp, a chwarae alawon

Cofeb Glandenys

traddodiadol ar yr acordion yn ystod y recordiad. Rai blynyddoedd wedyn penderfynais fod yr holl recordiad yn werth ei ryddhau, gan ei fod o ddiddordeb hanesyddol a diwylliannol yn ogystal â cherddorol, a chafodd geiriau a cherddoriaeth Cayo eu cynnwys ar CD *Marching Songs of the Free Wales Army* (Recordiau Anhrefn 018). Cyfrannodd Lyn Ebenezer a merch Cayo, Sian Dalys Cayo-Evans, at nodiadau'r clawr. Yn ddiweddar, cysylltodd Cerys Matthews â mi er mwyn trwyddedu fersiwn Cayo o 'Men of Harlech' ar gyfer CD roedd hi'n ei churadu o'r enw *The Ultimate Guide to Welsh Folk* (2017) – mewn ffordd, felly, mae stori Cayo yn parhau i ddilyn llwybrau newydd.

Cofeb Pont Trefechan

Cyfeirnod Map: OS SN 582 813

Os ydych am ymweld â'r gofeb hon, gallwch gyfuno'ch ymweliad â thaith gerdded un ai at fryngaer Pen Dinas neu o amgylch Castell Aberystwyth.

Pont yn croesi afon Rheidol yw Pont Trefechan, ar y ffordd allan o Aberystwyth i gyfeiriad y de. Mewn gwirionedd, Aberrheidol ddylai'r enw cywir ar Aberystwyth fod, gan fod afon Ystwyth yn llifo ychydig i'r de o Ben Dinas.

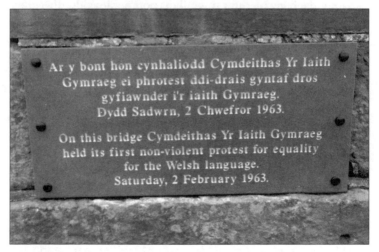

Cofeb Pont Trefechan

Yma, ar yr ail o Chwefror 1963, y cynhaliwyd y gwrthdystiad torfol cyntaf yn enw Cymdeithas yr Iaith Gymraeg. Blwyddyn ar ôl darlith Saunders Lewis, 'Tynged yr Iaith', dechreuwyd ar ddull di-drais o weithredu gan y Gymdeithas. Eisteddodd myfyrwyr ar y bont a rhwystro'r traffig, gan wybod yn iawn fod posibilrwydd y bydden nhw'n cael eu harestio. Dadleuaf fod y gofeb i'r brotest hon bellach yn wrthrych archaeolegol, o ddiddordeb ac o bwys hanesyddol.

Murluniau

Does dim dwywaith nad yw'r diffyg Cymry Cymraeg, y diffyg siaradwyr Cymraeg, neu gyfuniad o'r ddau, o fewn y maes archaeoleg yng Nghymru yn un o wendidau mawr y maes o safbwynt sicrhau plethiad didrafferth archaeoleg a'r diwylliant Cymraeg. Mewn gwirionedd, heb yr iaith mae'n debygol y bydd y diwylliant Cymraeg (a Chymreig ar adegau) yn cael ei golli, ei anghofio a'i anwybyddu, gan ddod yn eilbeth i'r archaeoleg. Nid felly y dylai pethau fod. Un darn o dir sydd yma. Ein cyfrifoldeb ni fel archaeolegwyr yw dehongli'r dirwedd honno gan gwmpasu archaeoleg, hanes a diwylliant. Does dim modd eu gwahanu.

Anoddach yw plethu'r diwylliant pop poblogaidd diweddar a'r archaeoleg, ond does dim rheswm o gwbl pam na ddylai hyn ddigwydd. Gyda'r murlun 'Cofiwch Dryweryn'ger Llanrhystud mae'r ddadl yn hawdd i'w chyfiawnhau. Mae'n rhywfaint anoddach dadlau o blaid murlun y Lolfa yn Nhal-y-bont, ac rwy'n gwthio mymryn ar y ffiniau drwy gynnwys y murlun dros dro o Dave Datblygu yn Aberteifi.

Murlun Cofiwch Dryweryn, A487, Llanrhystud

Gallwn ddadlau mai'r wal hon a'r murlun 'Cofiwch Dryweryn' arni yw'r wal fwyaf eiconaidd yng Nghymru. A dweud y gwir, does fawr o gystadleuaeth o safbwynt hanes gwleidyddol Cymru. Paentiwyd y slogan gwreiddiol yn fuan ar ôl boddi Capel Celyn ger y Bala i greu cronfa ddŵr ar gyfer Dinas Lerpwl yn 1965.

Mae'n debyg mai'r diweddar awdur Meic Stephens (tad y DJ a'r cyflwynydd Huw Stephens) oedd yn gyfrifol am baentio'r slogan yn y lle cyntaf. Yr hyn sy'n gwneud yr archaeoleg ychydig yn fwy diddorol yw bod y murlun wedi ei ailbaentio sawl gwaith ers 1965. Nid dyma'r paent gwreiddiol, ond does dim ots am hynny. Mae'r wal, y stori a'r graffiti yn ychwanegu at y cyfanwaith yn yr achos hwn.

Fandaleiddiwyd y wal yn 2008 ac yn 2010, ac yn 2008 ychwanegwyd y geiriau 'Anghofiwch Dryweryn' arni. Yn 2010 paentiwyd tag graffiti dros y slogan gan orfodi rhywun ar ran Cymdeithas yr Iaith i ailbaentio'r slogan gan ychwanegu cofnod o'r flwyddyn. Bu arni hefyd wyneb yn gwenu (*Smiley Face*), delwedd a gysylltir â'r diwylliant Rêf, ar ben y murlun ar un adeg.

Yn 2017 paentiwyd arwydd Eryr Eryri (arwydd y FWA) ar y wal, ac ychwanegwyd ail linell: 'Cofiwch Aberfan'. Wrth i mi orffen ysgrifennu'r gyfrol hon, cafodd enw Elvis ei baentio dros y geiriau eiconaidd, gan sbarduno nifer helaeth o Gymry i gondemnio'r weithred a galw am i'r wal gael ei gwarchod yn barhaol. Pharodd Elvis ddim yn hir – ymhen llai na deuddydd roedd criw o bobl ifanc wedi ailbaentio'r slogan gwreiddiol yn ôl ar y wal.

Y murlun yn 2017

Felly, nid cofeb statig yw hon o bell ffordd. Ydi, mae rhan o'r wal a'r paent gwreiddiol wedi hen fynd ond mae'r slogan yn beth byw – sy'n rhywbeth anarferol yn y byd archaeolegol.

Gan fod y murlun yn un mor eiconaidd, efallai mai dim ond mater o amser oedd hi cyn i rywun ei herio o fewn cyd-destun diwylliant Cymraeg a Chymreig. Gwnaeth y grŵp Y Ffug o ardal Crymych hynny drwy ryddhau CD o'r enw 'Cofiwch Dryweryn' (CD058J) yn 2014 ar Label RASP, un o is-labeli Cwmni Fflach o Aberteifi. Er bod teitl y CD yn parchu'r hanes traddodiadol, bu'r grŵp ifanc yn ddigon craff i sicrhau sylw ar y cyfryngau drwy drydar 'Anghofiwch Dryweryn' o gyfrif Trydar Y Ffug (@BandYFfug).

Ar y cyfrif Trydar hwn, ymddangosodd llun o'r pedwarawd pync yn dangos eu penolau o flaen y murlun, gan godi storm fechan yn y gwpan de, ys dywed y Sais. Ar glawr mewnol CD Y Ffug mae lluniau o'r murlun a dynnwyd yn 2013, pan oedd arwydd y FWA o dan y geiriau 'Cofiwch Dryweryn'. Rhyfedd meddwl bod lluniau ar glawr CD grŵp pop Cymraeg yn gofnod o gyfnod penodol yn hanes y murlun.

Murlun y Lolfa, Tal-y-bont

Cymeriadau amlwg, yn wleidyddol a diwylliannol, sy'n ymddangos ar y murlun ar ochr adeilad gwasg y Lolfa, Tal-y-bont. Am ryw reswm, rydw i wedi fy nghynnwys ar y murlun, yn folnoeth ac yn chwarae fy gitâr fas. Delwedd wedi ei chopïo o lun o'r Anhrefn yn canu'n fyw yw hwn. Camsillafwyd yr enw Anhrefn ar y murlun – 'Anrhefn' a ysgrifennwyd, ac mae'r camgymeriad yno o hyd, yn anffodus.

Gwynfor Evans, Meic Stevens, Eirwyn Pontshân a Non Bowyer, y ferch sy'n dal y placard 'Carchar am Garu Iaith!' yw sêr go iawn y murlun. Mae Rala Rwdins, y cymeriad plant a grëwyd gan yr awdures a'r ymgyrchydd iaith Angharad Tomos, yma hefyd, sy'n gwneud y murlun yn fwy swreal byth. Mae gan y cymeriadau oll ryw gysylltiad â'r Lolfa, felly rhaid bod hynny wedi llywio'r dewis.

Eirwyn Pontshân oedd awdur llyfr cyntaf y Lolfa, *Hyfryd Iawn*, yn 1966, a sefydlwyd y Lolfa yn wasg ac argraffwyr

Murlun y Lolfa

masnachol gan Robat Gruffudd y flwyddyn ganlynol. Tynnwyd y llun o Non Bowyer yn ei chôt hir yn protestio yng Nghaerdydd ym mis Ionawr 1970 – roedd yn cefnogi Dafydd Iwan oedd wedi ei garcharu am dri mis am ei ran yn ymgyrch paentio arwyddion ffyrdd Cymdeithas yr Iaith.

Ruth Jên o Dal-y-bont ger Aberystwyth yw'r arlunydd. Mae ei gwaith diweddar, 'Menywod Cymreig', yn gyfuniad o luniau gwreiddiol, printiadau cyfyngedig a thorluniau leino sy'n portreadu'r wisg draddodiadol Gymreig ac yn rhoi'r ffocws ar yr 'hen fenyw Gymreig'. Cymeriadau braidd yn afreal a diwyneb yw'r merched, gyda'r hetiau a'r siolau yn diffinio llinellau'r llun. Yn sicr, mae elfen o swrealaeth yn perthyn i luniau Ruth.

Murlun Datblygu, Aberteifi
Safle: O flaen Fforest / Pizza Tipi, 1 Cei Cambrian (gyferbyn â'r castell)

Bu i mi ymweld â safle'r murlun hwn yn 2017. a dyma a ysgrifennais bryd hynny:

'Paneli pren yw'r rhain yn portreadu David R. Edwards (Dave

Y murlun yn 2017

Datblygu), prif leisydd y grŵp eiconaidd amgen o Aberteifi, Datblygu. Gosodwyd y paneli ar wal Fforest Pizza Tipi er mwyn dathlu Dydd Miwsig Cymru, ac mae'r murlun i'w weld wrth ddod o amgylch castell Aberteifi a heibio'r bont ar y ffordd un-ffordd yn ôl am ganol y dref.

'Gan mai paneli pren yw'r murlun, mae'n gwestiwn pa mor hir y bydd y llun hwn yn goroesi yn nhirwedd ddiwylliannol / archaeolegol Aberteifi. Am ba hyd y caiff lonydd, ac am sawl blwyddyn y gall y llun oroesi ac yntau'n agored i'r tywydd?

'Y munud y caiff llun ei osod ar wal, mae'n cael ei ystyried yn "olion materol dyn", a dyna pam rwyf yn cynnwys llun fel hwn yn rhan o'r dirwedd ddiwylliannol yn ogystal â rhan o'r dirwedd archaeolegol.'

Dychwelais i Aberteifi ar 28 Ebrill 2018 ar gyfer gig pen blwydd y label recordio Libertino, oedd yn cael ei gynnal yn y Pizza Tipi. Doedd dim golwg o'r murlun paneli pren bryd hynny – dim ond y llun dynnais ohono sydd gen i yn brawf ei fod wedi bodoli o gwbl. Dyma gadarnhau pwysigrwydd tynnu llun, a phwysigrwydd cofnodi'r hyn sydd o'n blaenau. Os bu'r murlun

yn nodwedd archaeolegol / ddiwylliannol, dros dro yn unig y bu
hynny.

Gan fod cofeb Eisteddfod 1176 yr Arglwydd Rhys gyferbyn â'r
Pizza Tipi mae elfen o barhad yma – onid David R. Edwards yw
gwir dywysog Cymru, y bardd a drodd y drych craciedig yn ôl i
wynebu'r Cymry ar ddiwedd yr 20fed ganrif a dechrau'r 21ain
ganrif?

Murlun Datblygu ar ochr y Pizza Bar, Aberteifi

Pennod 14
Archaeoleg Milwrol

Tyrau Martello, Doc Penfro
Cyfnod: 1851

Wrth gerdded o amgylch Doc Penfro yn chwilio am ddau dŵr Martello cefais fy atgoffa o'r dywediad *'off the beaten track'*. Teimlwn fy mod wedi gadael y 'Byd Cymraeg' yma yn Noc Penfro, wedi croesi'r ffin, neu fath o linell Landsger, anweledig. Roedd y strydoedd Front a Fort sy'n rhedeg yn gyfochrog â hen safle'r dociau milwrol yn dirwedd anghyfarwydd, ddieithr. Ddylai 'run darn o Gymru deimlo fel hyn.

Adeiladwyd tyrau Martello yn ystod y 19eg ganrif, yn bennaf ar hyd yr arfordir, i amddiffyn rhag ymosodiadau o Ffrainc yng nghyfnod Napoleon. Yn naturiol, felly, mae nifer sylweddol ohonynt ar arfordir dwyreiniol Lloegr – adeiladwyd 103 ohonynt yn Lloegr rhwng 1805 ac 1812. Gwelir tyrau Martello yn Iwerddon yn ogystal, ac mewn gwledydd oedd yn rhan o'r Ymerodraeth Brydeinig bryd hynny, fel Canada a Jamaica.

Roedd trwch y waliau (hyd at 13 troedfedd) yn eu hatgyfnerthu yn erbyn taflegrau canon, a'r to gwastad yn darparu llwyfan ar gyfer gynnau mawr, neu ganonau lle roedd modd saethu mewn cylch cyfan drwy symud y canon o amgylch y to.

Daw'r enw 'Martello' o'r gaer gron ar Martello Point yn Corsica, a adeiladwyd yn 1565. Pan ymosododd llongau rhyfel Prydeinig ar y gaer dros ddeuddydd yn 1794, llwyddodd y tŵr i wrthsefyll yr ymosodiad, gan ysbrydoli Prydain i ddefnyddio'r un cynllun ar gyfer eu tyrau hwy.

Tŵr Martello gogledd-ddwyreiniol, Front Street
Cyfeirnod Map: OS 158 SM 964 038
Adeiladwyd y tŵr hwn er mwyn gwarchod ochr ogledd-ddwyreiniol y dociau, ac mae'n wynebu allan dros aber y ddwy afon Cleddy. Yr ochr arall i'r afon mae Neyland.

Adeilad tri llawr rhestredig (Gradd II) a geir yma, wedi'i adeiladu o feini nadd calchfaen, ac mae carreg yn dangos y dyddiad 1851 arni uwchben y fynedfa. Bu amgueddfa yma ar un adeg – Amgueddfa Doc Penfro, dan ofal y Cyngor – yn olrhain hanes y dociau milwrol, ond mae'r amgueddfa bellach wedi cau.

Nid yw hwn yn dŵr crwn Martello nodweddiadol / arferol, ac mae'n dyddio o gyfnod hwyrach na'r rhai yn Lloegr. Mae'n debyg, felly, bod cynllun tebyg i'r Martello wedi'i ddefnyddio ar gyfer y tŵr hwn, gan ei greu ar ffurf siâp 'D' gydag ochrau crwn iddo. Er hyn mae'n cael ei alw yn 'Dŵr Martello' ers y cyfnod Fictoraidd, ac yn enghraifft hwyr iawn o'r math hwn o adeiladwaith amddiffynnol.

Mae'r wefan Victorianforts.co.uk yn nodi bod y gost adeiladu yn £9,230.00.

Tŵr Martello de-orllewinol, Fort Street

Cyfeirnod Map: OS 158 SM 955 036
Wynebu Aberdaugleddau mae'r tŵr de-orllewinol, yn y man lle mae'r aber yn agor allan. Adeilad pedwar llawr ydyw, yn

Y tŵr gogledd-ddwyreiniol   *Y tŵr de-orllewinol*

wythochrog bron ar ffurf D, ac yn rhestredig (Gradd II). Fel yn y twr arall, mae carreg ag arni'r dyddiad 1851 uwchben y fynedfa. Dechreuwyd ar y gwaith adeiladu ar 11 Tachwedd 1848 a chwblhawyd y twr ar 30 Mai 1851 – dyma un o'r tyrau Martello olaf i gael eu hadeiladu ym Mhrydain.

Saif y twr i uchder o 16m, ac yn ôl cofnodion gwefan *Coflein* roedd gwn 32 pwys yma ar lwyfan haearn oedd yn croesi'r to, pedwar gwn Howitzer 12 pwys, a gariswn o 32 o ddynion. Byddai modd saethu drwy unrhyw un o'r ffenestri. Cafodd y safle ei ddatgomisiynu yn 1881.

Yn ystod y Rhyfel Mawr cafodd y twr ei ddefnyddio'n wylfan, a chafodd ei ddefnyddio drachefn yn ystod yr Ail Ryfel Byd pan osodwyd gynnau gwrth-awyrennau ar y to. Addaswyd tu mewn yr adeilad yn ystod yr Ail Ryfel Byd, pan ychwanegwyd drws haearn, pwmp i godi dwr o ffynnon, ty bach a stof goginio. Byddai milwyr wedi aros yma. Gwn mortar sbigod, mae'n debyg, oedd ar y to (gweler trafodaeth mortar sbigod yn y gyfrol *Cam i'r Gorffennol*).

Dros bont droed mae cyrraedd y twr. Ar wefan *Coflein* mae disgrifiad o du mewn y twr – eglurir bod y llawr isaf yn storfa ar gyfer powdwr tanio a bod yma hefyd danc dwr a fyddai'n gallu dal 4,520 galwyn o ddwr yfed. Roedd grisiau troellog haearn yn cysylltu'r gwahanol loriau.

Bellach mae'r twr mewn dwylo preifat, a phan ymwelais ag ef yn 2017 roedd gwaith adeiladu / addasu yn cael ei wneud ar du mewn yr adeilad.

RAF Breudeth / Brawdy

Agorwyd RAF Breudeth yn swyddogol ar 2 Chwefror 1944 yn ail neu is-safle ar gyfer RAF St Davids (sefydlwyd yn 1943), ac yn 1946 trosglwyddwyd y safle i ofal y RNAS (Royal Navy Air Service).

Yn 1953 daeth awyrennau Hawker Sea Hawk i Freudeth. Gadawodd y Llynges Frenhinol y safle yn 1971.

Erbyn 1974 roedd yr RAF wedi dychwelyd yma gyda hofrenyddion (Whirlwind Harr.10) ar gyfer ymgyrchoedd hedfan achub a darganfod fel rhan o D Flight 22 Squadron.

Yn yr un flwyddyn, ymunodd 229 Operational Conversion

Unit (y Tactical Weapons Unit yn ddiweddarach) â D Flight ym Mreudeth yn dilyn cau RAF Chivenor. Datblygodd y safle yn ganolfan ar gyfer yr Hawker Hunter dan ofal y Tactical Weapons Unit ac yn ddiweddarach, yn yr 1980au hwyr, ar gyfer y BAe Hawk T.1A (234 a 79 Squadron) a'r Sea King (202 Squadron, B Flight).

Gadawodd yr RAF yn 1992 ac mae'r safle bellach dan ofal y Weinyddiaeth Amddiffyn, y Fyddin a'r Royal Signals, ac yn cael ei adnabod fel Cawdor Barracks. Heddiw, rhyfel electronig sy'n hawlio sylw'r milwyr ar y safle.

Yr arwydd ym Mreudeth

Yn hwyr yn 1973 sefydlwyd safle yma ar gyfer Llynges America, a bu i'r Americanwyr aros yma hyd at 1999. Enw swyddogol y ganolfan Americanaidd oedd yr Oceanographic Research Station, a defnyddiwyd Breudeth i ddilyn llongau tanfor Sofietaidd (*Tracking Station*). Yn dilyn rhyddhau gwybodaeth gyfrinachol o'r 1970au o'r Archif Genedlaethol, daeth yn amlwg y byddai RAF Breudeth wedi bod yn darged ar gyfer taflegrau niwclear Sofietaidd yn ystod y Rhyfel Oer. Ymosodiad ar safle Breudeth gan longau tanfor Sofietaidd oedd y bygythiad.

Mae'n debygol iawn hefyd y byddai awyrennau V-Bombers (Vulcans) a oedd yn cludo arfau niwclear wedi eu gyrru yma petai rhyfel wedi dechrau. Ymestynnwyd y glanfeydd yn y 1960au cynnar fel bod Breudeth yn gallu gweithredu fel un o dri maes awyr yng Nghymru a allai ymateb yn gyflym, sef y meysydd awyr QRA (*Quick Reaction Alert*).

Y safle Americanaidd a dyfodiad yr Americanwyr sy'n arwain at y digwyddiad rwyf am ei drafod yma, sef yr orymdaith o Gaerdydd i Freudeth rhwng 27 Mai a 5 Mehefin 1982 gan grŵp o'r enw Women For Life on Earth, (WFLOE), a oedd yn gwrthwynebu'r arfau niwclear Americanaidd oedd yn RAF Breudeth. Yn ôl yr hanes roedd 96 o daflegrau niwclear (*cruise missiles*) yn cael eu cadw yn RAF Breudeth.

Grŵp gwrth-niwclear heddychlon oedd Women for Life on Earth, a sefydlwyd gan Ann Pettit, tyddynwraig leol, a grŵp o'i ffrindiau yn ystod 1981. Y daith gyntaf a drefnwyd ganddynt oedd un o Gaerdydd i Gomin Greenham i wrthwynebu taflegrau niwclear a chenhadu dros heddwch. Yng nghyd-destun y cyfnod roedd y Rhyfel Oer yn dal i rygnu ymlaen, a'r bygythiad o ryfel niwclear yn un gwirioneddol a allai ddinistrio'r blaned.

Wrth ymweld â'r safle yn ystod 2018, roedd cwestiwn amlwg yr oeddwn am geisio'i ateb – a oedd unrhyw dystiolaeth archaeolegol o'r gwrthdystiad wedi goroesi? Chefais i ddim mynediad i'r safle ei hun, wrth reswm, ac yn wir, wrth gyrraedd y maes parcio allanol daeth milwr ifanc at y car â gwn (*machine gun*) yn ei law i holi pam roeddwn yno. Gwenais yn gwrtais gan esbonio fy mod yn sgwennu am olion milwrol Sir Benfro. Cefais wên yn ôl a chaniatâd i dynnu lluniau'r blychau gwarchod ger y maes parcio cyn ei throi hi am adref. Doedd dim awgrym o gwbl fod unrhyw dystiolaeth archaeolegol wedi goroesi o'r gwrthdystiad yn 1982 ar y safle a doedd dim pwrpas gofyn i'r milwr – go brin ei fod wedi ei eni yn 1982.

Does dim chwaith i'w weld wrth deithio am hen eglwys Breudeth (Gweler Pennod 7) o Ben-y-cwm ar hyd ffin ddwyreiniol y maes awyr, heblaw'r ffens a rhybuddion i gadw allan. Baneri neu rubanau fyddai'r gwrthrychau mwyaf tebygol o oroesi o gyfnod y protestiadau, ond go brin y byddai unrhyw beth a glymwyd i'r ffens wedi cael llonydd, nac wedi goroesi'r tywydd. Mae'n annhebygol felly fod unrhyw dystiolaeth o'r brotest wedi goroesi ar y safle, ond credaf fod gwerth mewn gofyn y math yma o gwestiwn damcaniaethol, yn y gobaith y gellid cael atebion yn y maes archaeolegol.

Mae un o'r baneri a ddefnyddiwyd gan y merched yn 1982 wedi ei gofnodi ar ffurf cerdyn post yn archif Casgliad y Werin (www.casgliadywerin.cymru/items/575946), a nifer o bapurau'r grŵp Women for Life on Earth bellach gan Archifau Morgannwg.

Blychau Amddiffyn

Blwch Amddiffyn, Stryd y Bont, Llanbedr Pont Steffan
Cyfeirnod Map: OS 146 SN 580 477

Saif y blwch amddiffyn 6 ochrog FW3/24 ar ochr orllewinol (ochr y dref) i'r bont tri bwa (1932) sy'n arwain am Lanbed o'r de, a ger y rheilffordd. Adeiladwyd y blwch amddiffyn o goncrit wedi ei atgyfnerthu yn 1940–41, gan ddilyn y cynllun FW3/24 oedd â

Blwch amddiffyn Llanbedr Pont Steffan

saith ffenestr saethu iddo. Byddai'r blwch wedi amddiffyn y bont a'r rheilffordd dros afon Teifi.

Mae'n debyg bod y cerrig ar y to wedi eu gosod yn unionsyth yn y concrit er mwyn cuddio ffurf y blwch, fel elfen o *camouflage*. Heddiw mae glaswellt a mieri yn tyfu ar ben y to. Mae silffoedd pren o dan y ffenestri saethu, ac yn ffodus i ni archaeolegwyr a haneswyr mae'r blwch amddiffyn yn adeilad Rhestredig.

Blwch Amddiffyn Llanychaer

Cyfeirnod Map: OS 157 SM 990 351

Blwch amddiffyn sgwâr yw hwn gydag agoriad ar ffurf 'L', o'r math sy'n cael ei adnabod fel FW3/26. Mae hwn eto wedi'i adeiladu o goncrit wedi'i atgyfnerthu, ac yn sefyll ar ymyl y B4313 yn Llanychaer. Byddai'r blwch yma ar gyfer amddiffyn RNAD Trecwn (Royal Navy Armaments Depot) ger Abergwaun.

Blwch amddiffyn Llanychaer o'r cefn

Blwch amddiffyn Castell Aberteifi

Blwch Amddiffyn Castell Aberteifi

Cyfeirnod Map: OS 145 SN 177459

Gyda dyfodiad yr Ail Ryfel Byd yn 1940/41, codwyd blwch amddiffyn ar ochr ddeheuol y castell er mwyn cadw golwg dros y bont ac afon Teifi. Enghraifft o flwch amddiffyn o fath FW3/22 ydyw, yn ôl gwefan tracesofwar.com. Bu 40 aelod o'r South Wales Borderers yn gwersylla yma tan 1942, a bu aelodau o'r Royal Engineers yn defnyddio Tŷ'r Ardd gerllaw hyd at ddiwedd y Rhyfel.

Gweler hefyd: Pennod 9, Castell Aberteifi.

ATODIAD: Safleoedd o ddiddordeb

Pennod 2

Carreg Fedd 'Tegid', Nanhyfer

Er iddo gael ei eni yn y Bala, ym mynwent Sant Brynach, Nanhyfer y claddwyd y Parchedig John Jones (1792–1852). Disgrifir Tegid (neu Ioan Tegid) yn y Bywgraffiadur Cymreig yn glerigwr a llenor, ac un o'i weithredoedd mwyaf arwyddocaol oedd cyfieithu Llyfr Coch Hergest ar gyfer Arglwyddes Llanofer. Iddi hi mae'r diolch iddo gael gofal plwyf Nanhyfer yn 1841.

Ym Mhennod 2 rwy'n cynnwys adroddiadau Tegid am gromlech Pentre Ifan, a chan fod y rhain yn dyddio o ganol y 19eg ganrif (*Archaeologia Cambrensis*, 1847) maent yn gipolwg gwerthfawr ar ddamcaniaethau a chyflwr y cofadail dros 150 o flynyddoedd yn ôl. Wrth ysgrifennu'r cyfrolau hyn ar archaeoleg rwyf wedi cael deunydd diddorol a gwerthfawr o ganlyniad i bori drwy hen rifynnau o *Archaeologia Cambrensis*.

Saif carreg fedd Tegid ym mhen pella'r fynwent ar yr ochr ogledd-ddwyreiniol.

Yr Ywen Waedlyd, Nanhyfer

Nodwedd arall o ddiddordeb i'r ymwelydd ym mynwent ac eglwys Sant Brynach, Nanhyfer yw'r ywen waedlyd. Cyfeiria Eirwyn George at yr ywen yn ei gyfrol *Meini Nadd a Mynyddoedd* (tud 98) ac mae'n dyfynnu'r soned isod o waith Dillwyn Miles:

> Ymlaen drwy rengoedd rhyw warchodlu du
> Yr aethom, lawlaw, parth â phorth y llan;
> Pob gwyliwr yn ei lifrai – deilliog lu -
> Ond un a'i glwyf yn gwaedu dros y fan
> Yr ywen waedlyd friw ...

Cofiaf weld yr ywen hon pan oeddwn yn blentyn – roedd i mi yn rhywbeth rhyfeddol, bythgofiadwy – ond fel y dywed Eirwyn George, 'Onid yw'r gwyddonydd, yn aml iawn, yn lladd y rhamant sy'n perthyn i lên gwerin?' Resin o'r goeden yw'r 'gwaed' yn hytrach na rhyw fisglwyf arallfydol, er bod y stori leol fod llanc wedi cael ei grogi ar gam yma yn y 19eg ganrif, a bod y goeden yn gwaedu ers y camwri hwnnw, yn dipyn mwy difyr.

Oes, mae'n rhaid derbyn y gwirionedd a'r ffeithiau ... ond does dim rhaid osgoi stori dda chwaith, nac oes?

'Tafarn Bessie': y Dyffryn Arms, Cwm Gwaun

Dyma'r unig le i dorri syched wrth deithio yng nghyffiniau Cwm Gwaun. Mae Bessie Davies yn dal i weini yno, daw'r cwrw o jwg a'r unig ffordd o ddisgrifio'r profiad yw fel camu yn ôl mewn amser. Dyma beth yw profiad go iawn! Bob tro i mi ymweld â Thafarn Bessie rwyf wedi cael sgyrsiau difyr gyda chymeriadau lleol, sy'n siarad gydag acenion hyfryd Cwm Gwaun.

Yn wir, dros flynyddoedd o weithio a theithio gyda grwpiau pop Cymraeg, roeddwn yn aml yn gwneud *detour* yno pe byddai gig yn yr ardal, er mwyn i'r cerddorion gael y profiad o fod yn Nhafarn Bessie.

Dethlir y flwyddyn newydd ar ffurf yr Hen Galan, 13 Ionawr, yng Nghwm Gwaun hyd heddiw.

Pennod 4

Cofeb Beca, Efail-wen

Cyfeirnod Map: OS SM 134253

Gwelir y gofeb ar ochr ddeheuol Efail-wen ar ymyl yr A478. Codwyd tollborth newydd yn Efail-wen gan Gwmni Tyrpeg Hendy-gwyn ym mis Mai 1839. Rhwng trethi'r degwm a chostau ychwanegol y doll tyrpeg teimlai'r werin leol eu bod yn cael eu trethu o bob cyfeiriad, a chododd rhai yn erbyn y giatiau tyrpeg newydd. Dyma ddechrau ar Derfysg Beca a chafodd y giât yn Efail-wen ei dinistrio o leiaf dair gwaith.

Roedd angen i'r ffermwyr fynd ag anifeiliaid i'r farchnad a chludo calch ar gyfer achlesu'r tir, ac roedd yn rhaid talu bob tro wrth ddefnyddio'r ffyrdd tyrpeg – y costau ychwanegol hyn oedd wrth wraidd Terfysgoedd Beca. Dros nos ar 13 Mai 1839, bu i

Twm Carnabwth (Thomas Rees) a chriw o'i gyfoedion wisgo fel merched a duo eu hwynebau rhag cael eu hadnabod, a chwalu'r giât yn Efail-wen. Claddwyd Twm Carnabwth ym mynwent Capel Bethel, Mynachlog-ddu.

Os ydych am ymweld ag Efail-wen mae'n werth cyfuno hynny â phaned neu ginio yng Nghaffi Beca (SA66 7UY).

Pennod 9

Twr Paxton, Llanarthne
Cyfeirnod Map: OS SN 541 191
O ganol pentref Llanarthne (B4300) yn Nyffryn Tywi mae arwyddion yn eich cyfeirio i fyny'r allt i gyfeiriad Twr Paxton, sydd ryw filltir i'r gogledd o'r Ardd Fotaneg Genedlaethol. Wrth gyrraedd y porthdy ar ben yr allt mae maes parcio yn perthyn i'r Ymddiriedolaeth Genedlaethol, ac mae'r twr ar agor bob amser. Dau neu dri munud o waith cerdded sydd wedyn ar draws y cae at y twr.

Daeth y 'canwr' Edward Tudor-Pole i amlygrwydd drwy sgrechian-weiddi yn ffilm y Sex Pistols, *The Great Rock'n Roll Swindle*, a chafodd yrfa wedyn yn rhyddhau recordiau ar label STIFF, yn cynnwys y sengl 'Throwing My Baby Out With the Bath Water' (1981) a'r record hir 'Let the Four Winds Blow' (1982).

Cysylltodd y grŵp pop Oblong o Lanelli â mi pan oeddwn yn ysgrifennu'r llyfr hwn i f'atgoffa fod y lluniau ar gloriau recordiau grŵp Ed, Tenpole Tudor, wedi eu tynnu yng Nghastell Carreg Cennen ac yn Nhŵr Paxton – lleoliadau addas ar gyfer delweddau Canoloesol / Tuduraidd / Stiwartaidd y grŵp.

Ffolineb neu 'ffug-dŵr' neo-Gothig yw'r tŵr a adeiladwyd gan Thomas Paxton (1745–1824), i gofio am y Llyngesydd Nelson. Y pensaer oedd Samuel Pepys Cockerell (1754–1827). Awgrymir sawl rheswm dros adeiladu'r 'ffug-dŵr':

- Ar ôl ei fethiant i gael ei ethol yn Aelod Seneddol, dywedir i Paxton godi'r tŵr i ddangos nad oedd yn fethdalwr.
- Er iddo addo codi pont dros afon Tywi, gwariodd yr arian

ar godi'r ffug-dŵr hwn, a dyma sut y cafodd y tŵr y llysenw 'Tower of Spite'.

- Adeiladwyd ef yn wylfan ar gyfer gwylio'i geffylau'n rasio ar stad Middleton.

Er yr holl straeon, roedd ffug-dyrau fel hyn yn ffasiynol iawn gan y boneddigion, a'r tebygolrwydd yw mai tŵr ar gyfer mwynhau cwmni a diddanu ymwelwyr fyddai adeilad o'r fath. (Gweler sefyllfa debyg yn achos y ffug-dŵr yng Nghastell Dinefwr, Pennod 9). Mae modd dringo'r grisiau at y llawr cyntaf i fwynhau golygfeydd ar hyd Dyffryn Tywi, a chestyll Dryslwyn a Dinefwr.

Pennod 10

Sgriniau Preifatrwydd Toiledau ger Castell Aberystwyth

Cyfeirnod Map: OS SN 580 815

Gweler adroddiad Ymddiriedolaeth Archaeolegol Dyfed ar y rhain (Meek, 2011). Mae dwy sgrin breifatrwydd addurnedig o flaen adeilad y toiledau ger Castell Aberystwyth yn enghraifft o archaeoleg o ddechrau'r 20fed ganrif. Wedi eu gwneud o haearn bwrw ac wedi eu paentio'n las, saif y sgriniau o flaen drysau gogleddol a deheuol adeilad y tai bach, ac ystyrir hwy yn nodweddion cymharol anghyffredin. Mae'n syndod, mewn ffordd, eu bod wedi cael llonydd i oroesi.

Tŵr Paxton

Sgrin toiledau Aberystwyth

Llyfryddiaeth a Ffynonellau

Archwilio (gwefan)

Annels, A. E & Burnham, B. C., *The Dolaucothi Gold Mines, Geology and Mining History*, 2013

Armit, I. & Reich, D., 'The Beaker phenomenon and the genomic transformation of northwest Europe', *Nature*, 2018

Armit, I. & Reich, D., 'How Ancient DNA is changing the way we think about prehistoric Britain', *British Archaeology*, May/June 2018

Atkinson, R.J.C., *Stonehenge*, 1956

Austin, D., *Prospectws Ymddiriedolaeth Ystrad Fflur*, 2016

Barber, C. & Williams, J.C., *The Ancient Stones of Wales*; 1989

Barnwell, E. L., 'Notes on some South Wales Cromlechs', *Archaeologia Cambrensis*, tt. 6–143, 1872

Bevins, R. & Ixer, R., 'Craig Rhos-y-Felin, Pont Saeson is the dominant source of the Stonehenge Rhyolitic Debitage', *Archaeology in Wales*, 2011

Bevins, R. & Ixer, R., 'Chips off the old block: The Stonehenge debitage dilemma', *Archaeology in Wales*, 2013

Borrow, G., *Wild Wales*, 1862

Bradford, C. A. & Raleigh, *Kidwelly Castle, Carmarthenshire*, 1952

Burnham, B.C. & Davies, J. L., *Roman Frontiers in Wales and the Marches*, 2010

Burnham, H., *A Guide to Ancient and Historic Wales, Clwyd and Powys*, Cadw, 1995

Caple, C. & Davies, W., 'Surveys and Excavations at Nevern Castle', *Archaeology in Wales*, 2008

Caple, C. & Davies, W., 'Nevern Castle – Castell Nanhyfer', *Archaeology in Wales*, 2009

Caple, C. & Rees, S. E., *Dinefwr Castle Dryslwyn Castle*, Cadw, 1999, 2007

Clews, R., *To Dream of Freedom*, 1980

Coflein (gwefan)

Colyer, R, J., *The Teifi: Scenery and Antiquities of a Welsh River*, Gomer, 1987

Craster, O. E., *Cilgerran Castle, Pembrokeshire, Ministry of Public Building and Works, Official Guide-book* 1957

Cummings, V. & Richards, C., 'The Essence of the Dolmen: the architecture of megalithic construction', *Préhistories Méditerranéennes* 2014

Darvill, T., James, H., Murphy, K., Wainwright, G. & Walker E, A., *Pembrokeshire County History Volume I Prehistoric, Roman and Early Medieval Pembrokeshire*, 2016

Driver, T., *The Hillforts of Cardigan Bay*, 2016

Elis-Gruffydd, D., *100 o Olygfeydd Hynod Cymru*, Y Lolfa, 2014

George, E., *Meini Nadd a Mynyddoedd*, Gomer, 1999

Grimes, W, F., 'Pentre-Ifan Burial Chamber, Pembrokeshire', *Archaeologia Cambrensis*, tt.3–23, 1948

Gresham, C. A., 'The Roman Fort at Tomen-y-Mur', *Archaeologia Cambrensis*, tt.192–211, 1938

Grimes, W. F., 'Priory Farm Cave, Monkton, Pembrokeshire', *Archaeologia Cambrensis*, 1933

Grimes, W. F., 'Presidential Address', *Archaeologia Cambrensis*, tt.1–18, 1964

Hall, J, Sambrook, P., *Maenclochog Castle Survey Report*, Trysor, 2006

Hilling, J. B., *Cilgerran Castle, St Dogmaels Abbey, Pentre Ifan Burial Chamber*, Cadw, 1992

H.L.J., 'Pembrokeshire Antiquities', *Archaeologia Cambrensis*, tt.281–285, 1865

Hopewell, D., *Roman Roads in North-West Wales*, Ymddiriedolaeth Archaeolegol Gwynedd, 2013

Hughes, G. 'A Roman Fort at Dinefwr Park, Llandeilo. Commentary on a Geophysical Survey by Stratascan', *Cambria Archaeology Report No 2003/49*, 2003

Humphries, P., *On the Trail of Turner, In North and South Wales*, Cadw, 1995

James, H., 'Roman Pembrokeshire AD 75 – 410', *Pembrokeshire County History Volume I Prehistoric, Roman and Early Medieval Pembrokeshire*, 2016

John, B., *The Bluestone Enigma, Stonehenge, Preseli and the Ice Age*, 2013

John, B., Elis-Gruffydd, D. & Downers, J., 'Observations on the
supposed 'Neolithic Bluestone Quarry' at Rhosyfelin,
Pembrokeshire', *Archaeology in Wales*, 2015

Johnson, G. K., *Cardigan Castle A Guide for Visitors*, 2105

Jones, C., *Thomas Kendrick, Llandudno's Cave Man*, 2013

Jones, E., *Carreg Cenneg Castle Guide Book*

Jones, Parch J., (TEGID)., 'Correspondence', *Archaeologia
Cambrensis*, tt.373–74, 1847

Kenney, J., 'Parc Cybi, Holyhead: a large multi-phase site in
Anglesey', *Archaeology in Wales*, tt. 71–77, 2007

Kenney, J., 'Parc Cybi, Holyhead, Anglesey: Revisited',
Archaeology in Wales, t.61, 2009

Kenyon, J. R., *Kidwelly Castle*, Cadw, 1986

Lacaille, A. D., Grimes, W. F., 'The Prehistory of Caldey',
Archaeologia Cambrensis, 1955

Lacaille, A. D., Grimes, W. F., 'The Prehistory of Caldey Part 2'
Archaeologia Cambrensis, 1961

Lewis, J. M., *Carreg Cennen Castle*, Department of the
Environment Official Guidebook, 1960

Llwyd Williams, E., *Crwydro Sir Benfro, Y Rhan Gyntaf*, 1958

Llwyd Williams, E., *Crwydro Sir Benfro, Yr Ail Ran*, 1960

Lloyd Jones, O., *Cilgerran Castle, North Pembrokeshire,
Descriptive and Historical Sketch*, 1953

Long Price, D., 'Talley Abbey', *Archaeologia Cambrensis*,
tt.161–185, 1879

Longden, G., 'Iconoclasm, Belief and Memory in Early Medieval
Wales', *Archaeology of Remembrance*, Springer, Boston,
MA, 2003

Ludlow, N., *Castell Penfro Teithlyfr*, 1991

Ludlow, N., *Pembroke Castle Birthplace of Henry VII*

Lynch, F., 'Portal Dolmens in the Nevern Valley,
Pembrokeshire', *Prehistoric Man in Wales and the West*,
1972

Lynch, F., *A Guide to Ancient and Historic Wales, Gwynedd*,
Cadw, 1995

Marriott, H., St *David's Cathedral, Eglwys Gadeiriol Tŷ
Ddewi*, Pitkin, 1970

McK Clough, T. H., Cummins, W. A., 'Stone Axe Studies'; CBA
    Research Report No 23, 1979
Meek, J., *Arfordir Coastal Heritage 2010–2011*,
    Ymddiriedolaeth Archaeolegol Dyfed, 2011
Meek, J., 'Wiston, Churchill Farm, SN 0254 1864 & SN 0262
    1842', *Archaeology in Wales,* Cyfrol 54, 2015
Mytum, H. C., Webster, C. J., 'A Survey of the Iron Age
    enclosure and Chevaux-de-Frise at Carn Alw, Dyfed',
    Proceedings of the Prehistoric Society, 1989 (ar-lein 2014)
Nash, G., Stanford, A., Therriault, I. & Wellicome, Th.,
    'Transcending Ritual Boundaries, From Dolmen to
    Maenhir: The Excavation of the Trefael Stone, South-West
    Wales', *Archaeology in Wales,* Cyfrol 51, 2012
Nash, G., 'Brief Note of the recent discovery of Upper
    Palaeolithic Rock Art at Cathole Cave on the Gower
    peninsula, SS 5377 9002', *Archaeology in Wales,*
    tt.111–114, 2012
Nash, G., *Phase 1 Report on fieldwork undertaken at
    Trellyffaint Monument Pembrokeshire*, Welsh Rock Art
    Organisation, 2107
Nash-Williams, V. E., 'Some Dated Monuments of the "Dark
    Ages" in Wales', *Archaeologia Cambrensis,* tt.31–56, 1938
Nash-Williams, V. E., *The Early Christian Monuments of
    Wales*, 1950
O'Neil, B. H, & S.T., J., 'Talley Abbey, Carmarthenshire',
    Archaeologia Cambrensis, tt.69–91, 1941
Owen, E., 'A Contribution to the History of the
    Premonstratensian Abbey of Talley', *Archaeologia
    Cambrensis*, 1893
Owen, E., 'A Contribution to the History of the Premonstratensian
    Abbey of Talley', *Archaeologia Cambrensis*, 1894
Owen, G, D., *Nest*, 1949
Parker, M., *Real Powys*, Seren, 2011
Parker Pearson, M., *Stonehenge, Exploring The Greatest Stone
    Age Mystery*, 2012
Parker Pearson, M., 'The Origins of Stonehenge: On the Tracks
    of the bluestones', *Archaeology International*, 2017

Parker Pearson, M., 2018, '*The Welsh Origins of Stonehenge*', https://www.rfamfound1.org/proj23find.html

Parker Pearson, M. et. al., 'Megalithic Quarries for Stonehenge's bluestones', *Antiquity*, 201?

Radford, C. A., Ralegh., *Strata Florida Abbey, Cardiganshire*, Ministry of Public Buildings and Works: Ancient Monuments and Historic Buildings, 1949

Randall, H. J., 'Reviews and Notice of Books', *Archaeologia Cambrensis*, tt.216, 1941

Redknap, M., *Discovered in Time, Treasures From Early Wales*, Llyfrau Amgueddfa Genedlaethol Cymru, 2011

Rees, C., Jones, M., 'Excavations at Llanfaethlu, Anglesey 2014–2015'; Cymdeithas Hynafiaethwyr a Naturiaethwyr Môn, Trafodion 2015–16

Rees, S., *A Guide to Ancient and Historic Wales, Dyfed*, Cadw, 1992

Rees, S. E. & Caple, C., *Dinefwr Castle, Dryslwyn Castle*, Cadw, 1999

Robinson, D. M., *Strata Florida Abbey. Talley Abbey*, Cadw, 1992

Rowlands, H., *Mona Antiqua Restaurata*, 1723

Saer, D. J., *The Story of Cardiganshire*, The Welsh County Series

Savory, H. N., 'Excavations at the Hoyle, Tenby in 1968', *Archaeologia Cambrensis*, 1973

Smith, G., Caseldine, A. E., Griffiths, C. J., Lynch, F. & Tellier, G., 'The Bryn Gwyn Stone Circle, Brynsiencyn, Anglesey', *Archaeoleg yng Nghymru,* Cyfrol 52, 2013

Smith, G., Caseldine, A. E., Griffiths, C. J., Lynch, F. & Tellier, G., 'The Bryn Gwyn Stone Circle, Brynsiencyn, Anglesey', *Archaeoleg yng Nghymru,* Cyfrol 53, 2014

Smith, G. S., *Recent Research on Parks, Gardens and Designed Landscapes of Medieval North Wales and the Shropshire Marches*, PDF ar-lein Welsh Historic Gardens Trust

Tudur, G., *Wyt Ti'n Cofio? Chwarter Canrif o Frwydr yr Iaith*, 1989

Watkins, A., *The Old Straight Track*, 1925

Watkins, D., *Deg o Dywysogion*, Llyfrau'r Dryw, 1963
Whittle, E., *A Guide to Ancient and Historic Wales,
Glamorgan and Gwent*, Cadw, 1992
Williams, J. Ll., *Geiriadur Termau Archaeoleg*, 1989

1859, 'Cardigan Meeting – Report', *Archaeologia Cambrensis*,
t.336
1950 / argraffiad 2016, *The Church of St Brynach, Nevern,
Pembrokeshire* (pamffled o'r eglwys)
The Cathedral Church of St David, A Handbook (pamffled o'r
eglwys, 1970au)
Darganfod Ystrad Fflur (taflen Cadw)
Dewch i Ddarganfod Castell Caeirw (taflen Parc Cenedlaethol
Arfordir Penfro)
Llawlyfr Arbennig Castell Caeriw (Parc Cenedlaethol Arfordir
Penfro)

CD: *Marching Songs of the Free Wales Army* (Recordiau
Anhrefn 018)
CD: *The Ultimate Guide to Welsh Folk* (Arc Music, 2017)

Gwefannau:
Casgliad y Werin (gwefan)
Monastic Wales (gwefan)
www.bristol.ac.uk/news/2017/february/trellyffaint.html
http://www.dyfedarchaeology.org.uk/projects/wistonromanfor
t.htm
www.forces-war-records.co.uk/units/556/raf-brawdy/
www.ruthjen.co.uk
www.strataflorida.org.uk/
www.tracesofwar.com
www.victorianforts.co.uk

Diolchiadau

Dymunaf ddiolch i'r canlynol:

Myrddin ap Dafydd, Gwasg Carreg Gwalch.
Nia Roberts, Gwasg Carreg Gwalch.
Angharad Price (am awgrymu fy mod yn sgwennu llyfr
   archaeoleg yn Gymraeg yn wreiddiol)
Diolch arbennig i: Frances Lynch, Dyfed Elis-Gruffydd, George
   Nash (Adran Archaeoleg ac Anthropoleg, Prifysgol Bryste),
   David Hopewell a Jane Kenney, (Ymddiriedolaeth
   Archaeolegol Gwynedd), Delun Gibby (Parc Cenedlaethol
   Arfordir Penfro)

Archifdy Gwynedd
David Austin, Prifysgol Cymru y Drindod Dewi Sant, Campws
   Llanbedr Pont Steffan / Ymddiriedolaeth Ystrad Fflur
Cheryl Cracknell (Cadw / Ystrad Fflur)
CR Archaeology: Catherine Rees a Matthew Jones
Jason Walford Davies, Prifysgol Bangor
Adam Dawson (Cadw / Castell Cilgerran)
Sarah Griffiths (Castell Henllys / Parc Cenedlaethol Arfordir
   Penfro)
Iolo James (Y Ffug)
Ruth Jên
Dafydd Johnston, Canolfan Uwchefrydiau Cymreig a Cheltaidd
   Prifysgol Cymru
Staff Llwyngwair Manor, Trefdraeth
Oblong – y grŵp pop o Lanelli am yr wybodaeth am Tenpole
   Tudor
Mike Parker Pearson
Ffion Reynolds, Cadw
Martin Roberts (Castell Henllys)
Adam Stamford, Aerial Cam
Staff Trewern Arms, Nanhyfer
Ymddiriedolaeth Archaeolegol Dyfed: Felicity Sage

Os oes gennych ddiddordeb yn hanes Cymru beth am ddarllen y nofel ogleisiol hon gan Daniel Davies, yn seiliedig ar arwyr ein cenedl.

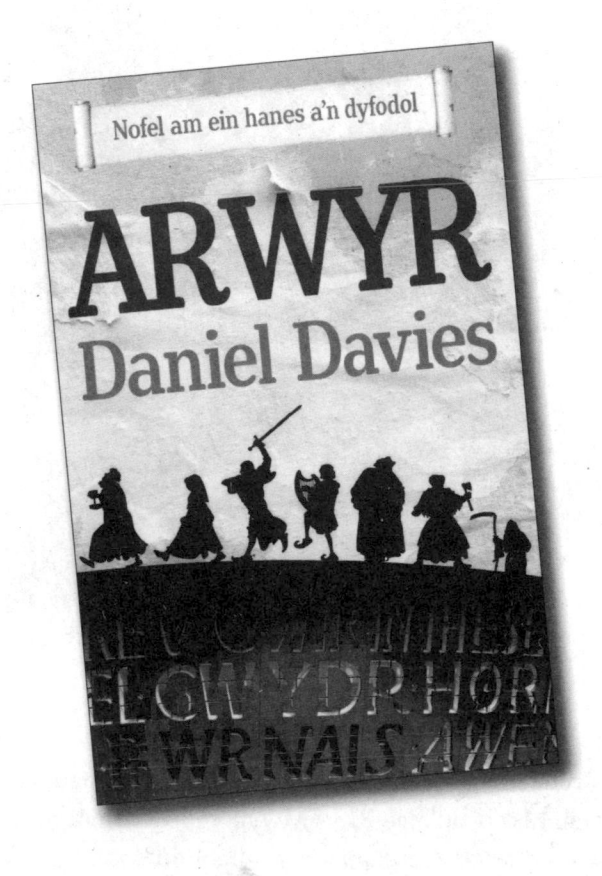

'... mae hon yn nofel ddoniol a hawdd ei darllen. Mae'n waith pryfoclyd a direidus sy'n llwyddo i godi nifer o gwestiynau diddorol am gwrs hanes Cymru.'

Geraint Phillips,
adolygiad o *Arwyr* ar www.gwales.com

'Mae archaeoleg yn aml yn codi mwy o gwestiynau nag y mae'n eu hateb, ac mae Rhys Mwyn yn mwynhau trafod y gwahanol ddamcaniaethau am y safleoedd ... Mae'n rhoi digon o wybodaeth, ond dim gormod chwaith, gan drafod gwahanol dechnegau a mathau o archaeoleg, ac mae'n amlwg iddo ailgydio yn y pwnc â brwdfrydedd heintus.'

Cerian Arianrhod, adolygiad o *Cam Arall i'r Gorffennol*
ar www.gwales.com